湘潭大学非洲法文库

XIANGTAN DAXUE FEIZHOUFA WENKU

◎ 洪永红 总主编

非洲实用商事法教程

◎ 洪永红 郭炯 主编

湘潭大学出版社

XIANGTAN UNIVERSITY PRESS

图书在版编目（CIP）数据

非洲实用商事法教程 / 洪永红，郭炯主编. -- 湘潭：湘潭大学出版社，2023.4
ISBN 978-7-5687-1082-4

Ⅰ. ①非… Ⅱ. ①洪… ②郭… Ⅲ. ①商法—非洲—教材 Ⅳ. ①D940.399

中国国家版本馆 CIP 数据核字（2023）第 069903 号

非洲实用商事法教程

FEIZHOU SHIYONG SHANGSHIFA JIAOCHENG

洪永红 郭炯 主编

责任编辑：刘文情
封面设计：张　波
出版发行：湘潭大学出版社
社　　址：湖南省湘潭大学工程训练大楼
电　　话：0731-58298960 0731-58298966（传真）
邮　　编：411105
网　　址：http://press.xtu.edu.cn/
印　　刷：长沙鸿和印务有限公司
经　　销：湖南省新华书店
开　　本：710 mm×1000 mm 1/16
印　　张：17
字　　数：306 千字
版　　次：2023 年 4 月第 1 版
印　　次：2023 年 4 月第 1 次印刷
书　　号：ISBN 978-7-5687-1082-4
定　　价：52.00 元

洪永红　郭　炯　主　编
张小虎　刘功奇　副主编

目　录

第一章　导　论

第一节　非洲的国家与地区

非洲总面积为3020万平方公里，是世界第二大洲。非洲有54个国家和6个地区，分为东西南北中5大区域。

北非有6个国家和2个地区。6个国家为：埃及、苏丹、利比亚、突尼斯、阿尔及利亚和摩洛哥。2个地区为亚速尔群岛和马德拉群岛。这两个群岛均由葡萄牙占领。

东非有11个国家。即：埃塞俄比亚、厄立特里亚、索马里、吉布提、肯尼亚、坦桑尼亚、乌干达、卢旺达、布隆迪、塞舌尔和南苏丹。

中非则有8个国家，它们是：乍得、中非、加蓬、刚果（布）、喀麦隆、赤道几内亚、圣多美及普林西比、刚果（金）。

西非有16个国家和两个地区。两个地区分别是西班牙占领的加那利群岛和尚处于争议的西撒哈拉。16个国家是：塞内加尔、布基纳法索、毛里塔尼亚、几内亚、科特迪瓦、贝宁、尼日尔、马里、多哥、几内亚比绍、佛得角、塞拉利昂、利比里亚、冈比亚、加纳和尼日利亚。

南非共有13个国家和两个地区。这13个国家是：南非共和国、斯威士兰、莱索托、博茨瓦纳、津巴布韦、马拉维、赞比亚、纳米比亚、安哥拉、莫桑比克、马达加斯加、科摩罗和毛里求斯。留尼旺和圣赫勒拿两个地区则分别被法国和英国占领。

第二节　非洲法的历史演变

非洲法源远流长，历经沧桑，荟萃了人类各主要法系，成为世界法律的

“万花筒”。世界上最早的埃及法诞生于非洲。非洲固有的法主要为本土习惯法。大约公元前6世纪，印度教法传入非洲。公元1世纪，犹太教和基督教法传入今埃塞俄比亚。公元7世纪，伊斯兰教法开始在非洲传播。15世纪后，随着欧洲殖民者在非洲的扩张，欧洲大陆法和普通法移植到非洲。到20世纪50—60年代，独立后的非洲国家在继承了西方法的同时保留了传统的习惯法、伊斯兰教法、印度教法等。

一、远古非洲习惯法及其发展

非洲本土的固有法为习惯法。在欧洲殖民者到来之前，除少数地区（如古埃及）存在成文法外，大多数非洲国家和民族的法律状态还停留在习惯法阶段。

对于什么是非洲习惯法，众说不一。有人使用“起源于习惯的法律或规范”这一概念，有的采用“传统非洲法”概念。而在大多情况下是针对非洲某一特定种族法的称呼，如“芳蒂习惯法”或“布干达法”“努尔法”等。①

实际上，非洲习惯法不只是指某一种具体法律，而是包括了大量不同特性的非洲各不同部落或民族的习惯法。尽管不同部落、不同民族、不同种类的习惯法存在诸多不同程度的差异，但它们彼此之间有许多相似之处。我们一般把这些不同部落、不同民族的源于非洲本土习惯的法统称为“非洲习惯法”。非洲习惯法的内容很丰富，按照现代部门法划分，涉及家庭法、继承法、土地出租法和刑法等广大领域，具有以下几个特点。

1. 形式上主要表现为“口头法”。尽管我们不能完全否认非洲习惯法有文字形式②，但其主要表现形式仍是口耳相传的“口头传说”。口头传说是保存和传播（非洲）人民积累的没有文字记载的社会和文化创造品的真正活宝库。③

2. 内容上诸法合一，民事规范为主要内容。非洲习惯法在内容上无严

---

① 洪永红，夏新华等：《非洲法导论》，湖南人民出版社2000年版，第57－64页。

② 如已出土的非洲麦罗埃象形文字因尚未释读，对是否存在习惯法的文字形式，或是否存在成文法，有待进一步研究。参见联合国教科文组写：《非洲通史》（第2卷），中国对外翻译出版公司1984年版，第221－222页。

③ 联合国教科文组写：《非洲通史》（第1卷），中国对外翻译出版公司1984年版，第5页。

格意义上的部门法划分，而是诸法合一，民刑不分。如对犯有强奸、杀人等的非洲人，可以实施刑事惩罚，也可以通过财物补偿方式处理。而且，根据非洲习惯法多由受害人或其亲属起诉，在审判中可由原、被告双方协商和解，甚至可以采用财物补偿代替死刑。因而有学者认为“这种法律与其说是刑事的还不如说是民事的”①。后来欧洲殖民当局将非洲刑事习惯法当作“严刑峻法”而废除，非洲习惯法逐渐限于婚姻家庭关系方面，民事规范成为其主要内容。

3. 其经济基础是公有制。在撒哈拉沙漠以南的非洲广大地区，土地等生产资料属于部落（村社）所有，社员只享有用益权。如加纳的土地分为“凳子土地”（酋长土地）、“公共土地”和“家族土地”，但各自只享有用益权，其所有权归村社全体成员所有。

4. 崇拜神灵和祖先②，常采用神明裁判方式。习惯法与非洲传统的多神宗教密切相关。远古非洲习惯法即源于这种特殊的价值观念，祖先被认为是部落风俗和法律的监护人。③ 裁判方式上，常常采取神明裁判。对于已发现犯罪结果，但无法确认被告时，常采取的调查方式是占卜、发誓和残酷考验等，求助于上天。④

5. 强调家族和睦、社会和谐，注重和解方式解决争端。在非洲人的观念中，人类社会就是由死者、生者和尚未出生的人组成的一个连续不断的家系。人与社会的关系意味着个人属于整个社会，个人权利的表现在于履行其义务。因而，解决争端重在和解，以保证集体的一致和恢复部落成员间的协调与秩序。社会道德主张宽容和谦让，胜诉的人常常放弃判决的执行。他们所关心的只是与时间毫无关系的集团（部族、等级、村庄和族等），而不是像西方那样关心个人、夫妇、家庭这样一些不持久的因素。⑤

---

① T. Olawale Elias, The Nature of African Customary law, Manchester University Press, 1956, p. 115.

② 在非洲人观念中，祖先也是神灵。他们所崇拜的神灵包括自然神、图腾神、部落神、祖先神等。参见宁骚：《非洲黑人文化》，浙江人民出版社 1993 年，第 121 – 167 页。

③ 洪永红，夏新华等：《非洲法导论》，湖南人民出版社 2000 年版，第 23 页。

④ 洪永红，夏新华等：《非洲法导论》，湖南人民出版社 2000 年版，第 87 页。

⑤ 勒内·达维德：《当代主要法律体系》，漆竹生译，上海译文出版社 1984 年版，第 515 页。

二、伊斯兰教法在非洲的传播

伊斯兰教法在非洲的传播始于公元7世纪。穆斯林通过战争、通商和移民等方式征服了非洲广大地区，随之将伊斯兰教法传入非洲。

1. 北非地区。公元639—642年，阿拉伯人侵入埃及并确立其统治，开始将伊斯兰教法传入非洲。公元670年，阿拉伯人到达今日摩洛哥的丹吉尔并于公元702年占领了整个马格里布，完成了对北非地区的征服。到公元10世纪和11世纪，埃及和马格里布地区大致先后完成了阿拉伯化与伊斯兰化。北非成为穆斯林世界的核心地区。

2. 撒哈拉以南非洲。伊斯兰教法主要以通商方式，通过两条线路传入撒哈拉以南地区。一条线路是，阿拉伯人征服北非后，以通商方式越过撒哈拉沙漠将伊斯兰教法传入西非。另一条线路是，穆斯林从红海和印度洋将伊斯兰教法传入东非和东北非。通过这两条线路，再向非洲中部和南部渗透。

殖民统治时期，欧洲殖民者一方面对穆斯林进行限制和打击，另一方面又利用他们向非洲内陆扩张，将伊斯兰教法传播到非洲更广大的地区。随着贸易商路从撒哈拉沙漠扩展到西非海岸，穆斯林人数成倍增长，如塞拉利昂穆斯林人数占人口的比例从1891年的10%增至1931年的26.2%。①

伊斯兰教法传入非洲后首先与非洲本土的传统习惯法融合，逐渐成为非洲“本土法”的一部分。在欧洲殖民者来到非洲以前，在非洲绝大部分地区，伊斯兰教法已成为非洲“本土法”。欧洲殖民者占领非洲后，随着西方法的不断移植，不仅与非洲习惯法产生冲突，也与非洲伊斯兰法产生冲突。但“在殖民统治时期，伊斯兰教的处境似乎比传统宗教好得多。殖民大国到来之前已经建立起穆斯林统治的地区，伊斯兰法已提供了区域的而不是部族的一致性，它能左右人们对权威的服从；这有利于高效率的行政管理和商业”。②

各殖民地当局对待伊斯兰教法的态度不一。在比属刚果，殖民当局绝对禁止设立穆斯林学校。在法属殖民地，殖民当局试图“同化”所有的非洲

① 联合国教科文组写：《非洲通史》（第7卷），中国对外翻译出版公司1991年版，第420页。

② 联合国教科文组写：《非洲通史》（第7卷），中国对外翻译出版公司1991年版，第420页。

人。在英属非洲，英国往往采取“间接统治”方式，通过扶植“听话的”穆斯林，达到有效控制非洲的目的，从而迫使穆斯林接受西方法。最终，非洲伊斯兰国家的法律“要么进入了大陆法系，要么进入了普通法系，仅仅很少一些条款仍带有穆斯林法的痕迹”。①

三、西方法在非洲的移植

1415年，葡萄牙在摩洛哥休达地区建立第一个欧洲殖民地，西方法逐渐移植到非洲。这一时期以1885年柏林会议为界，前一时期殖民统治限于非洲沿海地区，后一时期则逐步扩张到非洲整个大陆。西方法在非洲的移植就其适用范围来说可分为三个阶段。

第一阶段，西方法只对在非洲殖民据点的欧洲人适用。在这一时期，欧洲殖民地主要限于非洲沿海地区。这些据点最初只是欧洲人从事奴隶贸易、进行殖民掠夺的临时居住点，欧洲人如果要在这些据点通过司法途径解决纠纷要回到欧洲本土才能解决。随着聚居的欧洲人越来越多，相互间的纠纷也就越来越多。于是，在这些据点设立欧式法院，以解决欧洲人之间的纠纷。

第二阶段，西方法在适用欧洲人同时，逐步扩大到适用在殖民据点及其势力范围内的非洲人。在这一时期，主要通过传教、办学等方式，逐步使非洲人接受欧洲人的生活方式，而使非洲人“自愿服膺”西方法。最初，愿接受西方法管辖的主要是改信基督教的非洲人。

第三阶段，欧洲殖民者通过各种方式，迫使所有非洲人接受西方法。在这一时期，欧洲殖民者已完全占领非洲，并推行殖民统治，强行移植西方法。

欧洲殖民政府把西方法移植到非洲，通常规定一个特定的实施日期。如1888年11月1日，英国在冈比亚颁布法令，确定英国法在冈比亚殖民地的实施日期。法国法在法属西非统一实施的日期为1902年4月15日。在法属赤道非洲，1903年3月17日颁布的一项法令改组了法院系统，正式实施法国法。

四、独立后非洲国家法律现代化

独立后非洲国家在继受西方法的同时，仍保留传统的习惯法、伊斯兰教

① 洪永红，夏新华等：《非洲法导论》，湖南人民出版社2000年版，第133页。

法和印度教法。西方法与非洲本土的习惯法、伊斯兰教法等均开始现代化历程。

非洲习惯法的现代化主要从两个方面进行：一是非洲习惯法内容和形式的现代化，二是非洲习惯法法院的现代化。前者采取的方式主要有：对习惯法予以搜集和记录；对非洲习惯法内容的修改：编写法律报告。后者采取的方式则主要是：加强对习习惯法法院的监控；加强对惯法法院法官的选任，例如传统行政长官如果担任习惯法法院法官必须放弃他们传统的行政权力并通过一定的考试或进行相应训练。

独立后的非洲伊斯兰国家经过改革，在刑法、诉讼法和民商法领域，大量采纳西方资本主义国家的法律制度和原则，已基本实现世俗化；而在婚姻法、家庭法和继承法等领域，虽也引入一些西方法律观念，但从整体上来看，仍由传统伊斯兰教法调整。

总之，独立后原属于英国殖民地的非洲国家继受了英国法，成为普通法系国家；原属于欧洲大陆国家殖民地的非洲国家继受了各宗主国的法律，成为大陆法系国家；而那些在历史上遭受过英国和欧洲大陆国家统治的非洲国家则呈现混合法特色，如南非、毛里求斯和埃及等。独立后的非洲国家废除了带有殖民特色、危及非洲国家主权的西方法，把西方法转变为非洲新独立国占主导地位的一般法，构建了现代非洲国家的法律体系。

1. 宪法。独立后的非洲国家宪政制度的发展大致可分为四个时期。（1）模仿时期：独立初期，非洲国家基本上承继了原宗主国的政治模式，同时都仿照美国模式颁布了成文宪法，实行君主立宪制或共和制。（2）变革时期：大约起始于 20 世纪 70 年代，终至 20 世纪 80 年代末，其突出特点是许多国家宣称走“社会主义”道路。它们修改宪法，在经济上采取国有化措施，强调民族经济的发展，反对外资渗入。在政治上，它们大多废除多党制，实行一党制。（3）转型时期：20 世纪 90 年代初至 2001 年，非洲大陆掀起了以多党民主选举为主要内容的民主化浪潮，先后有 42 个非洲国家进行了程度不同、效果各异的政治改革，废除一党制，实行多党竞选。（4）新探索时期：非洲联盟于 2002 年正式运作，牵扯非洲十几个国家的刚果（金）内战也宣告结束，非洲整体态势平稳，工作重心大多转移至经济建设上来，非洲经济得到较好发展，非洲国家也进一步展开了立足于本国国情的宪法制度新探索，宪法作为各种冲突立场的交汇点被越来越多地倚重。

2. 刑法。主要继受了原宗主国的法律。有的对原宗主国的法律稍加改造后加以确认而直接适用。而大多数大陆法系非洲国家，仿照西方国家刑法模式，颁布新的刑法典。因而，非洲国家主要刑法是西方模式的刑法。如非洲国家大都将犯罪分为重罪、轻罪和违警罪三大类，其刑罚种类主要有死刑、监禁、没收财产、罚金等。

3. 民法。有的仍继续适用原宗主国的民事法律，有的则颁布了新的民事法典。非洲国家的民事法律主要参照西方法，并有所发展，但在婚姻法、家庭法方面则保留了较多的习惯法规范。如撒哈拉沙漠以南的非洲第一个独立的国家加纳制定的公司法是对英国公司条例的模仿，1969 年的合同法对经典的对价原则作了修正，同时保留了习惯法的地位。①

4. 诉讼法。非洲国家独立前的诉讼法制可分为两大类，一是传统诉讼法制②，二是西方殖民者的诉讼法制。非洲国家独立后尽管传统诉讼法制仍保留，但适用的范围已很小，占主导地位的是其继受的西方诉讼法制。现代非洲的诉讼法呈现三大特色：（1）诉讼模式多元化，包括大陆法系的诉讼模式、普通法系的诉讼模式、习惯法系的诉讼模式和宗教法诉讼模式；（2）诉讼立法西方化，无论是内容上还是立法技术与体例上，均以西方法为蓝本；（3）诉讼运作本土化，在解决纠纷时强调非洲传统文化中的和睦与和解。

5. 国际贸易投资法。非洲国家的贸易投资法多采取法典形式，同时遵守国际条约和国际贸易惯例。在外国投资法方面，在 20 世纪 70 年代一度盛行国有化，但现在各国均采取各种优惠措施吸引外资。内容上主要包括：（1）外资投资领域与比例方面，对农业、基础设施、能源等领域多鼓励，对金融、邮电、通信等领域则限制较多；（2）在税收方面一般给予外资优惠，但因其鼓励与限制的领域不同，优惠的幅度也不一样；（3）在利润与原本汇出方面，越来越采取宽松政策；（4）在国有化方面，大多保证不征收，如出于国家和社会公共利益必须征收时，也多规定遵守“公正、适当、及时”的补偿原则；（5）在争端解决方面，不再一味强行规定适用本国法，也可选择适用母国法、第三国法或国际条约。此外，对外资管理机构、劳工

---

① 洪永红，夏新华等：《非洲法导论》，湖南人民出版社 2000 年版，第 236－238 页。

② 非洲传统诉讼法制包括宗教诉讼法制和习惯诉讼法制。参见洪永红，夏新华等：《非洲法导论》，湖南人民出版社 2000 年版，第 432－441 页。

与移民、自由贸易区或特区等也作了一些规定。

6. 人权法。非洲国家在人权保护方面主要通过了三个区域性公约：1969 年的《关于非洲难民地位公约》、1981 年的《非洲人权和民族权宪章》、1992 年的《突尼斯宣言》。非洲国家主张不仅保护第一代人权，也保护第二代和第三代人权；不仅保护个人人权，也保护集体人权；不仅保护普遍的人权，更保护特殊群体的人权；在规定每个人的权利的同时，也规定了尊重和不侵犯他人权利的义务；坚持不干涉他国内政原则，反对“人权高于主权”等。①

第三节　现代非洲的法系

对于是否存在非洲法系，目前存在不同的观点。一些学者认为非洲法很难找到共同性，非洲各国也没有在立法上相互合作的迫切要求，因此谈不上非洲法系。另一些学者则认为有一个独立的非洲法系。

德国比较法学家茨威格特和科兹在对世界法系进行划分时，将世界各地法分为八大法系，不包括非洲法，因为他们认为非洲法很难找到共同性，非洲各国也没有在立法上相互合作的迫切要求，因此谈不上非洲法系。法国比较法学家勒内·达维德先把世界主要法律体系分为五类：西方法律体系（包括两个集团：法国集团和英美集团）；苏联法律体系；穆斯林法律体系；印度法律体系和中国法律体系。1964 年，他则进一步把世界法律体系分为罗马－日尔曼法系、社会主义法系、普通法系和其他法系。在其他法系中，他首次列出了一个马达加斯加和非洲各国法，以及伊斯兰教法、印度教法、远东各国法。

法国法制史学家和比较法学家艾斯曼将世界法律体系分为罗马法系、日耳曼法系、盎格鲁－撒克逊法系，斯拉夫法系和伊斯兰教法系。② 另一法国学者乌尔曼于 1922 年曾把法律体系分为三大法系，即大陆法系、英语国家法系和伊斯兰法系。绍尔·哈尔把世界各国法律体系划分为印欧法系、犹太法系、蒙古法系以及未开化民族法系，并且在印欧法系之下又进一步划分为：印度、伊朗、凯尔特、希腊、罗马、日耳曼、盎格鲁－撒克逊和立陶宛

---

① 洪永红：《中非人权观比较》，载《西亚非洲》2001 年第 2 期。

② 朱景文：《比较法导论》，中国检察出版社 1992 年版，第 91 页。

-斯拉夫“子系”。美国西北大学教授威格摩尔将全世界法律体系按其出现的时间顺序分为十六个法系：（1）埃及法系；（2）美索不达米亚法系；（3）希伯来法系；（4）中国法系；（5）印度法系；（6）希腊法系；（7）罗马法系；（8）日本法系；（9）穆罕默德法系；（10）凯尔特法系；（11）斯拉夫法系；（12）日耳曼法系；（13）海商法系；（14）教会法系；（15）罗马化法系；（16）英国法系。并认为，以上十六个法系之中的六个是死法系，即埃及、美索不达米亚、希腊、希伯来、凯尔特和教会法系已经消失；有五个法系是残存的但已成为混杂的，即罗马、日耳曼、斯拉夫、海商和日本法系；有三个是残存的但不太混杂，即中国、印度和教会法系；而罗马化法系和英国法系却是晚近出现的、混杂的法。日本穗积陈重分为“法律五大族”，即印度法族、支那法族、回回法族、英国法族和罗马法族。后来他把五大法族又扩充到七大法族，外加日耳曼和斯拉夫，仍没有非洲法的内容。瑞典学者马尔姆斯特雷姆主张将当代世界各国的法律体系划分为四大法群：（1）西方法群（欧美法群），包括罗马法律体系、日耳曼法律体系、拉美法律体系、北欧法律体系、普通法法律体系；（2）社会主义法群，包括苏联法律体系、人民民主国家法律体系、中华人民共和国和远东人民民主国家法律体系；（3）亚洲非共产主义法群；（4）非洲法群。

非洲学者塞内加尔最高法院第一任院长哥巴·姆巴耶从法哲学角度探讨了非洲法。他认为，如果假定法律就是确认和保护与集体相对应的个人权利与自由，那么，自然得出的结论是：传统的非洲社会中，调整社会行为的规则恰恰是对法律的否定，因为就非洲而言，个人信奉图腾崇拜、崇拜祖先或尊奉神灵，个人是很难从集体中区别出来。但是，这种法律观是普通的吗？它难道不是西方世界发展起来的法律观念，即法律是一种现存的力量而不是一种潜在的力量吗？非洲传统法不同于西方法，它以义务为理念，以集体为本位，法律是“绝对权威”，人人必须遵守。非洲的这种法律观念与康德的法律哲学具有相似性。

我国比较法专家朱景文教授则提出了“第三世界法律体系”这一分类。他认为从历史传统上来看，第三世界法律体系有下列一些特征：（1）第三世界国家都有着自己悠久的文化历史传统，其中也包括特殊的法律文化传统，即使在当代社会这些法律文化在调整社会关系方面仍然起着重要的作用；（2）第三世界国家在历史上都受到过西方帝国主义、殖民主义的侵略，不同程度地受到它们的奴役，伴随着西方国家的军事、经济和文化侵略，这些国家也程度不同地建立了西方式的法律体系，用以调整具有现代性的社会关系；（3）这些国家取得民族独立以后，原有的民族法律体系与西方式的法律体系相互交融在一起，各自有自己的作用领域，同时又互相渗透。第三世界中的有的国家走上了资本主义道路，成为发达国家中的一员，虽然仍然保持着自己民族传统的某些方面，但整个来讲，已属于西方法律体系即资本主义法律体系，而不再属于第三世界的法律体系。另外有的国家走上了社会主义道路，虽然保持着自己的民族特色，但就其社会阶级本质而言，也不宜再把它们视为第三世界的法律体系，而属于社会主义法律体系。但就绝大多数国家来讲，仍然属于第三世界法律体系的范畴。

从以上关于非洲的法系的各种观点可以看出，之所以产生这些不同的观点，一是因为各自划分法系的标准不同，二是对“非洲法”这一概念的理解上的差异。我们知道，在非洲国家独立以前，西方学者是不承认非洲法或非洲法系的。那时，西方只有人类学者对于非洲本土的习惯法感兴趣。而且，他们只把它当作非洲的风土人情和习惯，而鲜有将其视作一种法律的。随着非洲独立运动的兴起，越来越多的非洲国家独立，西方学者才开始关注非洲的习惯法，一些西方学者承认以前那种所谓“习惯”是一种不同于西方观念的法律。他们把这些习惯法统称为“非洲法”。这与殖民统治时期的西方学者不承认非洲有法律相比，确实已进了一大步。

他们虽承认了非洲习惯法，却把其统称为非洲法，则是以偏概全，否认了非洲其他法律的存在。首先，从历史上来看，自从古埃及法产生以来，非洲就不只有习惯法，而是有多种不同的法律。如果我们只承认一个非洲法系，会妨碍对古代非洲各种不同法的进一步研究。例如，除古埃及法外，古麦罗埃王国也有麦罗埃文记载的文献，由于我们尚无法识读这些文字，我们就无法肯定也无法否定其法律的有无。其次，非洲国家独立后，不仅保留了非洲习惯法，也继受了殖民时期被西方列强强制移植而来的欧洲法，因而提出非洲法系这一概念不符合非洲的现实。第三，如前所述，一些学者所谓的“非洲法系”，实际上是指非洲习惯法。因而，我们认为提出非洲习惯法系这一概念比较妥当，比较符合非洲的历史与现实。其实，非洲许多大学也开设了“非洲习惯法”这一课程。非洲习惯法已成为非洲大多数国家适用的一种法律。

尽管非洲存在众多法系，但现今主要的法系是：非洲习惯法系、非洲伊斯兰法系、非洲大陆法系、非洲普通法系和非洲混合法系。非洲习惯法主要在撒哈拉以南非洲适用。即使曾不承认非洲习惯法的南非，在1994年的新宪法中也规定南非的法院可以适用习惯法。在北部非洲的柏柏尔人部落也适用习惯法。伊斯兰法则在非洲广大地区适用，特别是在北部非洲适用。非洲大陆法主要在原欧洲大陆殖民地的非洲国家适用，如塞内加尔、尼日尔、几内亚、马里、刚果（金）、刚果（布）、中非共和国、乍得、多哥、安哥拉、莫桑比克、卢旺达、布隆迪、吉布提等。非洲普通法则主要在原属于英国和美国殖民地的非洲国家适用，如加纳、尼日利亚、肯尼亚、坦桑尼亚、利比里亚等。从广义上说，非洲国家都是混合法国家，两种或两种以上法系并存适用。但我们这里所说的非洲混合法系国家是参照了比较法学家帕尔梅提出的标准。帕尔梅认为混合法系是世界的第三大法系，它具有三大特征：一是建立在普通法和大陆法双重基础之上；二是从数量上和心理上来看，这种双重法特性十分明显；三是从结构上来看，其私法领域主要是大陆法，公法领域主要是英美法。非洲的混合法系国家主要指那些既接受大陆法又接受普通法的非洲国家，如南非、博茨瓦纳、津巴布韦、赞比亚、纳米比亚、莱索托、喀麦隆、毛里求斯等。

第四节 学习非洲法的意义

对于学习和研究非洲法是否有意义，有人认为非洲贫穷、落后，对其法律没什么研究价值，而应更多地研究西方国家法律。事实并非如此。相反，从比较法的角度来说，在中国法、非洲法和西方法三者间，中国法和非洲法之间具有更多的可比性。因为西方法是原生态的，是自发演变的，而中国法和非洲法都是在面对西方列强的压力的情况下，被迫移植西方法，才逐渐构建本国的现代法律制度的。

当然，笔者并不是主张借鉴非洲法比借鉴西方法更重要，而只借鉴非洲法。为防止对原生态的西方法认识上的偏差，研究西方法之本源固然十分重要。但在研究本源性的西方法同时，我们完全有必要研究这种法律移植他乡之后，是否有排已和变异？也就是说，中国和非洲都面临同一个法律问题：在法律现代化的过程中，如何借鉴西方法？而且，非洲大陆在移植西方法方面，与中国香港、澳门地区差不多，要比中国内地早很多，他们在移植过程中有哪些成功或失败的经验教训？这对我们会有很大的启示作用。研究非洲法，至少可以开阔我们的视野，为我国的法治建设找到新的参照物，提供新的思路，也许会更好避免盲同，少走弯路。

笔者曾针对20世纪90年代我国银行大量不良债权难以收回的现实，比较了加纳的情况，发现中国不良债权的成因与加纳十分相似，而与西方国家迥异，因而主张加纳的解决方法更值得中国借鉴。加纳在20世纪80年代末，银行出现大量债权难以收回，其原因不同于西方是市场失灵，而是两大非经济原因：一是政策性贷款所致，二是“人情”贷款所致。这与我们国家有些类似。但加纳并没有将所有不良债权实行债转股的方式处理，而是在1990年颁布了专门的《不良债权回收法》，成立了不良债权回收委员会和回收法庭。

回收委员会是独立的法人机构，其职能是：（1）代表国家接管根据《回收法》让渡给回收组织的任何银行不良债权；（2）采取一切必要的措施收回所有这种受让后的不良债权；（3）依法管理不良债权回收基金；（4）可出售或拍卖涉及不良债权的企业或公司，或是这种企业或公司的资产；（5）商定或重新规定已受让的不良债权的偿还办法；（6）采取任何其他符合回收组织目的的行为。回收法庭由3名法官组成。这些法官均在征求加纳首席法官意见后，由政府指定。回收法庭享有独立的司法权，负责受理所有与清偿不良债权有关的案件。回收法庭尤其针对那些有偿还能力而拒不偿还的企业或个人采取强制措施，帮助回收委员会收回不良债权。

《回收法》把不良债权分为两大类六大种。

第一类是银行贷款，包括三大种：（1）任何根据加纳银行的公告或规章进行规定的各种期限都已超过而仍未偿还的贷款本金、利息或其他分期付款的贷款；（2）任何根据加纳银行的公告或规章进行登记的其贷款到期无法偿还或其工厂或商店业已停业的贷款；（3）凡到期未支付利息的任何透支，或核准期限届满之后未偿还的透支，或在加纳银行发出公告期内仍然超过贷款限额的透支，或银行已按规定提高了信贷限额的透支。在这一类不良债权中有一个明确的时间界限，超过这一时间界限的便认定为不良债权。这个时间界限为公告期满后90天。

《回收法》规定的第二类不不良债权主要指银行在下列企业的投资；（1）该企业的亏损已超过其实缴资本申报的储备金和公积金；（2）该企业已被宣告破产；（3）该企业停止生产的时间已超过加纳银行规定的期限，并且该企业的市场前景不佳，银行已面临受损的风险。

回收委员会在接管不良债权后，对其进行甄别，然后按照不同情形，分别处理：对于企业有偿还能力而拒不偿还的，交回收法庭强制收回；对于企业暂无偿还能力的，可以延期偿还；对于企业根本没有偿还能力的，宣告破产清偿；对企业有发展潜力，但缺少资金的，才采取债转股的方式，帮助企业解除困境。在清理不良债权时发现有违法犯罪行为的，回收法庭还可以移送司法机关处理。加纳的做法收效很好。

笔者到非洲学习后，将中国的法律制度与非洲国家，尤其是与南非的法律制度和法学进行了一些比较，非洲国家，也有我们可以借鉴的地方。例如，笔者认为南非刑法方面关于犯罪要素说，还是不如我国的犯罪构成说强。犯罪要素说，主要解决的是某行为是否构成犯罪问题，但难以解决此罪与彼罪的区别问题。而我国的犯罪构成说，则不仅解决了是否构成犯罪问题，更主要的还解决了此罪与彼罪问题。但我们在关于受害人的保护方面却不如南非。在南非的警察局，设有专门的心理医生，帮助受害人抚慰心理和精神创伤。笔者与南非警察局的一个心理医生交谈过，她说大多数受害人遭受的不仅仅是物质损害和生理伤害，而主要的是心理伤害。前两者能在较短时期内得到弥补，但抚慰心理伤害则需要很长时间，短则几个月，多则几年。尤其是遭到性侵害或绑架的受害人，往往在很长一段时间内难以治愈心灵创伤。对于这一问题，我国的学界研究很少，我国的实务部门对此更是空白。

当笔者2013年在埃塞俄比亚学习时，面对该国到处的拆旧建新的法律问题产生了浓厚的兴趣。即：他们有没有像中国这样的“拆迁难”问题？经过近一年的考察，发现该国自2005年开始大规模的拆迁，近10年来尚未出现因拆迁引发的公共事件和恶性事件，于是笔者把自己的所见所思写成了一篇短文发表在《法制日报》上。① 这篇文章得到了几十家媒体的转载，但其中有一家的按语，倒是很有意思，特意摘录了短文中的一句话，即“如果土地持有者接到征收令和补偿款后，在规定的时间内没有交付土地，政府当局可以使用警力接管土地”。这种做法，且不说是其断章取义，但特意摘录这句，体现编者对于该文的不理解，或是其本人的一种偏好，似乎没有警力介入，就没有拆迁。实际上，埃塞俄比亚的情况恰恰相反，其拆迁鲜有警力介入，大多是主动拆迁，无需强权介入。他们的经验是什么？

---

① 洪永红：《看埃塞俄比亚如何处理“拆迁”》，《法制日报》2015年3月11日。实际上，至今埃塞俄比亚也未出现因拆迁引发的大事件。

早在2005年，埃塞俄比亚早就颁布了一部专门的“拆迁法”，名叫《因公共目的土地持有权的征收及补偿支付法》。该法很简短，只有15条。

该法将埃塞俄比亚的土地分为两种：一是城市土地，二是农村土地。“拆迁法”对拆迁补偿的数额作了原则性规定。埃塞俄比亚的所有土地都属于国家所有，所以从法律上说，国家征收土地对土地本身是不需要补偿的，所补偿的是土地上的附属物和财产。对于征收城市土地使用权，其补偿的基本原则是：在被征收土地上财产的补偿数额应当相当于更新取代该财产的费用；或给予城市居民的补偿数额无论如何不得少于其在相关地区建造同等面积住房的最低费用。对于征收农村土地使用权的补偿原则是：如果是永久征收土地，给予农村土地持有者的补偿数额相当于该土地最近5年的平均年收入的10倍金额；如果是临时性征收土地，每年给予农村土地持有者的补偿数额相当于该土地最近5年的平均年收入，直至土地归还之日止。

这些规定很原则，那么在实际中如何确定具体数额呢？为此，埃塞俄比亚成立了专门的确定补偿数额的机构，叫做“财产评估委员会”。根据“拆迁法”的规定，在农村地区的财产评估委员会由市政当局指定的不多于5人的有资质的专家组成；在城市中心地区的财产评估委员会由市政当局指定的有资质的专家组成。这些专家一般包括与该次拆迁无利害冲突的会计师、审计师、工程师、建筑师和律师等。这种评估机构并不是常设机构，而是每拆迁一次，由政府临时指定组成，一旦评估完毕，即解散。但其评估的结果具有权威性，政府或其他机构无权更改财产评估委员会的评估结果。

一旦确定了补偿数额，剩下的就是拆迁了。对此，埃塞俄比亚规定了严格的拆迁程序。根据“拆迁法”的规定，任一政府机构征收土地时，应事先告知当事人政府为了公共目的征收农村或城市土地持有权，且相信征用土地的公共团体、私人投资者、合作组织或其他机构的目的是埃塞俄比亚的发展。而且政府机关应当至少提前90天书面通知当事人其土地腾空的时间和补偿款数额。接到通知的当事人应当自得到补偿款之日起90天内交付被征收的土地。如果被征收的土地是空地，没有农作物、植物或其他财产，则土地持有者应当自接到征收令之后的30天内交付土地。

如果土地持有者接到征收令和补偿款后，在规定的时间内没有交付土地，政府当局可以使用警力接管土地。这就是强制拆迁了。任一政府机构如果要强制拆迁，必须依法事先支付了所有补偿款，并且超过了规定的当事人自愿交付土地的时间。如果当事人拒绝接受补偿款，则埃塞政府将确定的补偿款全部存入政府机构指定的银行账户，并告知当事人。当事人自愿履行交付土地的时间，则自政府告知该补偿款存入指定的银行账户之日起算。

当事人对补偿数额不服的可以向市政机构或法院投诉，对于市政机构或法院的裁定不服的，可以上诉到上诉法庭，上诉法庭的裁决是终局的。而且，土地征收令的执行不因当事人的投诉和上诉而延迟。到目前为止，尚无因当事人投诉或上诉而改变补偿款数额的实例。由于补偿款的确定性、恰当性和统一性，当事人试图通过非法方式获得额外的利益是不存在的，也就没有出现暴力抗法的事件。

综上可以看出，我们遇到的一些法律问题与发达国家不同，而与非洲国家极其相似。因此，非洲国家的成功经验值得我们借鉴。

第二章 非洲公司法

第一节 公司概述

一、公司的概念

公司，是最重要的企业形式，也是社会经济活动最主要的主体。非洲大陆有54个国家，由于立法习惯以及法律体系的差异，公司的概念不尽相同。整体而言，受普通法影响较深的国家，不注重对其概念进行严格界定。例如，肯尼亚2015年《公司法》第3条，公司根据本法注册成立。受大陆法影响较深的非洲国家，多采取概括规定的方式，是指依法定程序设立的以营利为目的的社团法人。OHADA《商业公司和经济利益集团统一法》第4条规定，商业公司是由2个或多个人员通过合同形式，约定投入资金或实物于某一活动，目的在于从这一活动中分享利润。成员保证在本统一法规定条件下分摊亏损。商业公司的成立是为了其成员的共同利益。

二、公司的种类

公司种类一般是根据公司法的规定而确认和划分的，具有法律的约束力。

1. 受普通法影响较深的非洲国家按公司股票掌握的对象及其转让方式把公司分为封闭式公司和开放式公司，如南非、纳米比亚等国。

封闭式公司在英语中称为Close Corporation，又称为私公司或不上市公司。这种公司的特点是股票全部或几乎全部由建立该公司的少数几个人占有。股票的转让受到严格限制，股票不得在市场上公开交易。开放式公司，又称为公公司或上市公司。这种公司的股票可以在股票交易所挂牌，上市公开交易。

南非最早的公司立法可追溯到1861年颁布的《开普联合股份有限公司法》。该法是参照英国1856年的英国《有限责任公司法》而制定。1892年，南非参照英国1862年的公司法制定了第一部现代意义上的公司法，即《开普公司法》。1961年，南非脱离英联邦，成立南非共和国，于1973年颁布了在南非共和国统一适用的南非《公司法》，对有限责任公司和股份有限公司作了明确规定。① 该法经多次修订，适用至今。但该法规定的设立条件严格、注册程序烦琐、公司运作复杂，主要适用于大中型公司，而难以适用于南非越来越多的小企业。面对愈来愈大的压力，南非开始考虑专门针对小企业予以立法。② 1984年7月，南非议会正式通过《封闭公司法》（Close Corporation Act），于1985年1月1日起正式施行。依据该法，南非封闭公司是指由一个或多个自然人以现金、财产或劳务作为出资设立，其股份不得上市或随意转让，每个成员以其投资份额为限对公司承担责任，实行所有权和经营权合二为一，组织机构简便，无法定资本限额且资本运作灵活的企业法人。此后，该法又于1986年、1988年、1991年1992年和1997年相继修订，适用至今。南非制定《封闭公司法》的目的主要在于为成员只有一人或几人的中小型企业提供一种简单、廉价而且灵活的法律制度，它迎合了中小企业主的需要，并为他们赋予了独特的法人优势，而“不用负担那些对南非公司法所规定的对他们经营方式毫无意义的法律规范”③。

2. 受大陆法影响较深的非洲国家往往依照股东的责任形式，把公司划分为有限责任公司、股份有限公司和两合公司等形式。如在埃塞俄比亚，贸易公司（亦称商业组织）共有6种：普通合伙、合营、一般合伙、有限合伙、上市股票公司和有限责任公司。

埃及的公司包括有限责任公司、股份有限责任公司和两合公司三种形式。埃及法人应该具备四个条件：一是拥有自己的财团；二是设立文书或法律规定的限度内的行为能力；三是享有单独起诉的权利；四是拥有独立的住所。埃及《公司法》共317条，分为5个部分，第一部分的规定涉及公司

① 钟丽：《1973年南非公司法评析》，湘潭大学2006年硕士研究生学位论文。

② S. J. Naude. The Need for a New Legal Form for Small Business [J]. Mcxlemizalion Business Law, 1982, 5: 4.

③ S. J. Naude. The South Africa Close Corporation [J]. Journal for Juridical Science, 1984.9: 118.

成立，这不仅包括股份公司和合股公司的成立，还包括了有限责任公司的成立、公开发布；第二部分是不同形式公司的有关规定；第三部分是公司的合并和改组；第四部分是公司的监督与检查；第五部分是外国公司分公司和代表处。

两合公司是埃及特有的一种公司组织形式，对于此类公司的概念，埃及《公司法》作了如是描述：两合公司的资本可由一个或数个股东的部分财产组成，也可超过股东的财产；公司资本被划分为若干等额股份并由股东认购，且股份可以通过法定的方式转让；公司的普通股东对公司的债务承担无限责任，而有限股东则对公司的债务承担有限责任，以其所持有股份的价值为限；公司的名称中可以包含一个或数个普通股东的名称，而不能包含有限股东的名称。① 由此概念来看，埃及的两合公司与我国的有限合伙企业在制度上有一定的相似之处，其中最大的相似之处莫过于两者都将进行出资的成员区分为承担有限责任和无限责任的两种。当然，我国的有限合伙企业属于合伙的范畴，是不具有法人资格的，而埃及的两合公司在性质上属于公司法人，是具有法人资格的。

根据塞拉利昂《公司法》第 18 条规定了 3 种公司类型，由股东根据公司章程，以其所认缴的出资额对公司承担有限责任，即有限责任公司；由股东根据公司章程，以其所作出的保证在公司清算时向公司承担提供资产的数额对公司承担有限责任，即担保有限责任公司；由股东对公司承担无限责任，即无限责任公司。

OHADA 将公司分为有限责任公司、股份有限公司、两合公司等形式。根据《商业公司和经济利益集团统一法》第 293 条，普通两合公司是一个或多个对公司债务承担无限连带责任的被称为“普通合伙人”成员与一个或多个对公司债务承担有限责任的被称为“有限合伙人”的成员共同组成的公司。

3. 以公司的国籍为标准，非洲国家一般将公司分为本国公司和外国公司。

本国公司，即依据本国法律，在本国批准登记设立的公司。凡依照公司法规定的条件程序设立的公司，即为该国的本国公司。外国公司，是依照外

① 埃及 1981 年《第 159 号股份有限公司、两合公司和有限责任公司法执行条例》第 2 条。

国法律设立、登记的公司。对本国来说，外本国公司实际上是一种特殊的分公司。非洲各国一般都允许外国公司在本国开展业务活动，享有与本国公司相同的权利能力和行为能力，但对其业务范围往往有所限制。如关系国计民生的重大或特殊行业，一般禁止或限制外国公司经营。

认定公司国籍的学说有多种，有的以设立认许国为国籍；有的以多数股东的国籍或出资占多数的股东的国籍为国籍；有的以公司住所所在地为国籍。多数国家以公司设立的注册地或登记地所在国为国籍。

第二节　公司设立

公司设立，是指发起人为组建公司，使其取得法人资格所进行的一系列法律行为的总称。非洲各国法律一般都规定公司作为营利性经济实体，只有在符合法定条件，依法进行登记注册后才能成立，享有权利能力和行为能力。

历史上，设立公司的立法原则，特别是股份有限公司的立法原则，经历了四个阶段：即特许主义阶段，核准主义阶段，准则主义阶段和严格准则主义阶段。17 世纪的荷兰、英国等国家采取特许主义，即设立公司要经过国王或国会的特别许可。18 世纪的法、德等国采取核准主义，即设立公司必须经过行政机关审核批准。到 19 世纪末，为了适应社会经济发展的要求，各国普遍采取准则主义，即只要符合法律规定的要件，公司即可成立。为防止滥设公司，现代国家采取严格准则主义，一方面加重设立要件及设立责任；另一方面加强法院及行政机关对公司的监督。

一、公司设立的条件

（一）发起人

发起人是指依法订立发起人协议，提出创立公司的申请，认购公司的股份，对公司设立承担责任的创办人。设立公司必须先有发起人，如股份有限公司，各国法律规定为 5—7 人，其他公司为 2 人以上。在塞拉利昂，任何两人或两人以上的人均可成立公司，私有企业可以由一人成立。埃及《公司法》规定有限责任公司的设立人数为 2—50 人。根据埃及 1981 年《股份有限公司、两合公司和有限责任公司法执行条例》的规定，两合公司的股东人数不得少于 2 人。根据埃及《公司法》执行条例的相关规定，两合公司的股东人数不得少于二人。[①] 此规定背后的法理并不难理解，因为两合公司要求同时具备普通股东和有限股东这两种形式的股东，因此在逻辑上其股东人数是不应当也不可能少于二人的。此外，由于两合公司要将资本划分为若干等额股份，并要求股东以购买股份的方式入股公司，这就表明此类公司具备很强的资合性，因此，同股份有限公司一样，埃及《公司法》及其执行条例在制度上也未给两合公司的股东人数设定上限，任何有资本的人都可以通过购买股份的方式入股公司成为其股东，这也充分发挥了两合公司的资合性优势。

发起人的资格，多数国家没有限制。一般发起人既可以是自然人，也可以是法人。自然人作为发起人应具备下列条件：第一，必须是完全行为能力人；第二，受到法律上特别限制的人不能作为发起人。在塞拉利昂，未满18周岁者、精神状况不健康者、未免除债务的破产者以及清算法人团体不得参与公司成立。

（二）资本

资本是公司营运的物质基础，也是公司生存的血液，公司就是资本经营者。各国的公司法都规定设立公司必须具有足够的资本，其数额根据不同公司有所不同。

根据埃及《公司法》，不公开募股的埃及股份制公司的发行资本为25万埃镑，而公开募股的最低发行资本为50万埃镑；公司在设立时必须支付发行股本的10%，在公司成立后3个月内支付数额必须达到25%，其余的必须最迟在5年内支付完毕；此外，该公司还可以在其公司章程中制定不超过发行资本10倍的授权资本。

根据埃及1981年《股份有限公司、两合公司和有限责任公司法执行条例》的规定，两合公司的发行资本不得少于25万埃镑，并且在公司成立时以现金形式支付的数额不得少于发行资本的25%。

OHADA《商业公司和经济利益集团统一法》第311条规定，除非国家立法另有规定，有限责任公司的注册资本至少为100万西非法郎。注册资本应分为票面价值不低于5000西非法郎的同等股权权益。第387条规定，股份有限公司的最低注册资本为1000万西非法郎。公司资本分成公司章程可

① 埃及1981年《股份有限公司、两合公司和有限责任公司法执行条例》第1条。

自由规定票面价值的股份。股份的票面价值应以整数表示。

（三）公司章程

公司章程是由发起人或公司早期股东起草或委托他人起草，经全体股东同意，规定公司组织与营运的基本规则。实质上是公司运作的基本规范，形式上是记载上述规范的书面文件。

章程的性质，部分学者认为，章程是当事人之间法律行为的合同条款。大部分学者认为，章程是某一团体的自治法规或内部宪章。股份有限公司的章程由发起人制订。其他公司的章程由公司最初的全体股东制订。制订章程是一种多数人的共同行为，必须经全体制订人同意，才能形成章程。制订章程，是一种要式行为，应形成书面文件，发起人应在章程上签名或盖章。

根据南非 1973 年《公司法》的规定，公司章程必须载明公司的名称、目的、住所、公司发起人的姓名和住址、股东责任、公司注册资本的总额和每股具体面额（如果是包含股份资本的公司发行的是有票面价值的股份）或者股份数额以及股东所认购的数额（如果发行的是无票面价值股份）或公司成员担保的资本数额（如果是保证有限责任公司）、股东认购的股份数额（不得少于一股）、章程全体签署人设立公司的共同法律意愿书等。如果该公司是股份公开公司，公司章程需有 7 名以上股东签字；若为私人公司，需有 1 人以上的股东签字。认购者的签名必须至少有 1 名证人在场作证。

二、公司设立的方式

公司设立可采取募集设立和发起设立两种方式。

发起设立，又称单纯设立，是指由发起人认足全部公司资本，不向外公开募集设立的公司。这种设立方式，各种公司都可采用。

募集设立，也称募股设立，是指由发起人认购公司应发行股份的一部分，其余部分向社会公众募集而设立。募集设立方式只适用于股份有限公司。依照我国公司法的规定，我国的股份有限公司可以采取发起设立，也可以采取募集设立。

三、公司设立的程序

公司必须符合法定要求，经过法定程序才能成立。一般而言，公司设立的程序包括：发起人认缴部分股份、制定招股说明、报主管机关审核批准、招募与认股、召开创立大会、注册登记等。

根据OHADA《商业公司和经济利益集团统一法》的规定，公司自其公司章程签署之日起成立，或在适用时由成立大会通过公司章程之日其成立。自公司成立之日至在商事和动产信用登记处登记之前，成员之间的关系受公司章程和有关合同和义务的一般法律规则调整。作为上述规定的例外，成员可以决定不对公司进行登记。此类公司将被称为“隐名合伙公司”，不得具有法人人格。

南非1973年《公司法》第42条规定，任何发起人在申请设立公司之前，都必须预先到比勒陀利亚的公司注册署核准公司名称。经核准后，发起人再向注册署提交公司章程、公司细则、注册前合同等法律文件。①

埃及《公司法》规定外国公司可以在埃及设立分公司，但是必须在埃及公司管理部门进行特殊登记注册；外国公司分公司必须遵守埃及法律，包括公司管理、税收、劳动、社会保险和外汇的法律，而且必须聘请1名稽核员；外国公司可以在埃及设立代表处，但必须在埃及公司管理部门注册，代表处不得从事任何商业活动，其唯一目的就是研究埃及市场及其外国公司的产品在该市场的潜力。②

南非制定《封闭公司法》的一大原因就在于《公司法》的程序规则对于小企业而言太过复杂和深奥，执行成本高并且耗时。同时，那些来源于历史发展的普通法中极其重要的概念和原则对小企业而言也并不适宜。而《封闭公司法》精简了很多传统的规则和程序，符合了小企业的发展趋势。例如，南非《封闭公司》的注册是由南非贸工部的公司注册署负责执行的。南非《封闭公司法》第12条规定，任何符合条件的南非或者其他国家的公民，都可向南非公司注册署申请成立封闭公司。南非封闭公司的注册没有最低资金的限制，封闭公司的申请人只需向南非公司注册署递交三份“成立报告”，可以到注册办公室当面递交，也可以通过邮寄递交。同时，注册时不需要注册审计师，也不需要律师。根据南非《封闭公司法》第14条规定，如果封闭公司申请人递交的成立报告符合法定要求，且经营方式及范围合法，南非公司注册署将分配给封闭公司一个公司注册码，并在南非《政

---

① 1973年南非《公司法》根据公司类型的不同，制订了A、B两类公司章程样本，为投资人提供了有效指引。

② Tarek Fouad Riad. Egyptian Business and Commercial Law [M]. lueiden/Boston: Yearbook of Islamic and Middle Eastern Law. Vol. 12. 2 (X) 7: 20.

府公报》上公示，则此公司正式成立。一般获得批准的时间只要 5—8 天，注册费用大约只需要 900 兰特。可见，注册过程相当简便。

第三节　股份股权

股份是股份有限公司资本构成的最小单位，即公司的全部资本分为金额均等的股份，全部股份金额的总和即为公司资本的总额。

股权，即股东权，是指股东因向公司出资而享有的权利，在任何公司类型中的股东都普遍享有此种权利。

南非《封闭公司法》对资本制度持比较宽容的态度。首先，该法第 24 条规定，封闭公司登记注册时，公司成员的出资可以是承诺向公司交付现金或财产（包括有形的和无形的）、提供劳务或者约定在未来提供劳务。可见，南非封闭公司法大大地扩展了成员出资的范围，封闭公司的出资承认了如人力资本、知识资本等无形资产在企业中的重要地位。其次，封闭公司资本组成的灵活性还体现在财产的永久继承权上。自然人可以不直接对公司进行出资，而通过获得遗产的方式成为封闭公司的一员。最后，封闭公司无须遵循《公司法》对其他类型公司资本保持原则①的限制和约束，而是用公司资金的清偿能力和流动性来替换了传统公司法的资本保持。资金的清偿能力是指在较长时期内用现金承兑到期的财务承诺的能力，而资金的流动性是指考虑了某一时期的财务承诺以后近期内现金的可用性。南非《封闭公司法》第 39 条、第 40 条、第 51 条都规定，封闭公司可以为获得成员的份额，而对封闭公司的成员进行资金支付或财政资助，但必须在获得所有成员书面同意的情况下，并满足封闭公司回购成员份额所依据的资金偿付能力和流动性的“三原则”。即：（1）这种支付完成时，公司的财产经过法定评估，必须超过其所有的债务之和；（2）公司能够偿付按正常业务运作到期的债务；（3）特殊情况下，这个支付不能改变公司无法清偿到期债务的事实，但能使封闭公司较普通公司更为灵活地运用资金进行商业活动。

南非《封闭公司法》最重要的特点和优势就是对封闭公司成员的“有

---

① 资本保持指的是保持投入资本的完整无缺，并且认为只有超出投入资本以上的部分才能确认为收益资本保持理论是计算成本、计量收益和衡量资本保值、增值的重要依据。

限责任”保护。封闭公司成员仅以其出资份额为限对公司负责，而对公司及公司的债权人不负任何财产责任，公司的债权人亦不得直接向公司成员主张债权或请求清偿。但是根据南非《封闭公司法》第63条的规定，在下列8种情况下，特定的公司成员将失去有限责任的保护并为封闭公司特定的债务承担连带责任。

(1) 如果封闭公司未能依据该法第22条第1款的规定在公司名称上附加“CC（封闭公司）”或者“BK”① 字样，那么，任一有责任的成员、授权人或者明显同意这一省略的人将对任一因为这一省略未能知晓公司性质的人在与公司进行交易时产生的债务承担责任。

(2) 任一成员未能根据第24条第4款的规定支付金钱或者移交或转让财产给公司，那么，他对于公司自注册之日起到要求执行时止的任何债务都承担责任。

(3) 当公司的成员超过了第28条特别规定的人数时，任一成员对公司自达到超过法定人数之日起至持续超过时止的债务承担责任（此条被1997年修正案取消）。

(4) 如果存在法人或者信托投资人直接或间接的违反《封闭公司法》第29条的规定持有份额，那么，该法人或者信托投资人（或他们的代理人）将对这一期间该封闭公司所产生的债务承担责任，尽管这种持有是无效的。

(5) 如果某一公司违反该法第39条的规定回购其成员的份额。那么，在该时间内的任一成员以及那些接受回购的成员或者是前成员都对回购前的所有债务承担责任，除非该成员能证明当时他曾采取合理的措施来制止该行为。

(6) 如果公司会计师空缺达6个月。凡知道该空缺的任一成员以及在该时间内退休的成员将对空缺存续期间发生的任一债务承担责任。

此外，如果在公司经营过程中欺诈对方当事人或者有任何欺诈的企图，法庭都将对公司主管、成员、债权人或者清算人等任一知晓该行为的人追究债务责任以及其他责任，甚至包括刑事责任。②

---

① BK，“Beslote Korporasie”的缩略语，南非阿非利卡语，意为“封闭公司”。

② R. C. Beuthin, S. M. Luiz. Beuthin * s Basic Company Lavv [M]. Durban: Bullerworths, 1992: 37.

在埃塞俄比亚，贸易公司（亦称商业组织）共有6种：普通合伙、合营、一般合伙、有限合伙、上市股票公司和有限责任公司。普通合伙指的是并非专门从事商业活动的合伙的法律形式，因此和一般合伙相类似，但后者属于商业形式。普通合伙的合伙人对合伙债务负有个人责任，并对第三人负连带责任，除非合伙协议另有规定并且为第三人所知晓。普通合伙的股份不得自由转让。合营是由合伙人协议经营但组织的存在并不公示于众的一种商业组织，它是法律上唯一不作为法律实体看待的商业组织形式。合营的股份不得自由转让，合伙人彼此之间的责任按照公司章程规定办理，经理的责任类似于普通合伙的合伙人（即以其私有财产分别负担个人责任），一般合伙是无限责任合伙的通常形式，合伙的债务由合伙人连带负责，不仅在合伙人之间，对合伙人和对第三人都是如此，股份也不得自由转让。有限合伙不同于一般合伙，有些合伙人（但并非所有合伙人）对合伙债务所负的责任仅限于他们投入合伙的股份额，股份也不得自由转让。上市股票公司与上述四种合伙完全不同，不仅股份可以自由转让，而且所有股东的责任都限于他们认购的股份额。有限责任公司具有合伙和上市股票公司的双重特性：一是股份不能自由转让，二是所有股东均负有限责任。

根据埃及《公司法》，股份制公司的股东责任仅限于其在该公司中所拥有的股份；一般来说，不公开募股的埃及股份制公司的发行资本为25万埃镑，而公开募股的最低发行资本为50万埃镑；公司在设立时必须支付发行股本的10%，在公司成立后3个月内支付数额必须达到25%，其余的必须最迟在5年内支付完毕；此外该公司还可以在其公司章程中制定不超过发行资本10倍的授权资本；

埃及1981年《股份有限公司、两合公司和有限责任公司法执行条例》规定，同股份有限公司一样，两合公司也是以对外发行股份的方式来吸收股东的，因此其制度中亦有发行资本这一概念。根据埃及《公司法》执行条例的规定，两合公司的发行资本不得少于25万埃镑，并且在公司成立时以现金形式支付的数额不得少于发行资本的25%。单从数值上来看，两合公司的发行资本与埃及的非上市交易的股份有限公司相同。

此外，该条例还规定：两合公司成立或增资时，49%的股份需向埃及自然人或法人公开发售一个月，但以下情况除外：

第一，发起人在公开发售前已认购上述比例；

第二，在一个月结束前已有埃及人认购上述比例；

第三，该两合公司为根据投资法建立的允许外国人拥有的公司。

在乌干达，“半国营机构”在其经济生活中有着重要地位。它是指股份资本全部或者部分由乌干达政府认购的公司。正常情况下，政府拥有全部股份，但在有些“半国营机构”中，政府仅拥有大部分股份（通常是51%），典型的“半国营机构”是全国住房公司，公司的管理机构是董事会，主持董事会的是董事长。

塞拉利昂《公司法》第85条规定，公司注册时章程出资人应缴付不低于公司章程所声明的股份资本的25%。现有公司所缴付股份资本低于该最低限额的，应在指定之日起30日内增加公司股份资本至少至最低限额，并发行至少25%的股份资本。违反规定的，处该公司300万利昂的罚款，对其相关责任人处违规期间每日50万利昂的罚款。上述出资人应作为公司股东登记在股东登记簿上，其他经书面同意且被登记在股东登记簿上的人也被视为公司股东。但是，精神病人或被法院认定为精神状况不正常的、尚未清偿债务的以及未满18周岁的个人不得成为公司股东。

第四节　公司组织机构

公司的组织机构是公司赖以存在和运营的组织保障，是为了适应公司的组织技能而依法设置的实现其民事权利能力和商事行为能力的有机统一的组织系统。因此，公司法在造就公司法人的同时，也设计了公司的组织机构。

非洲国家的公司法一般规定了股东会、董事会、监事会以及经理等机构。例如，塞拉利昂《公司法》规定了股东大会、董事会和公司高级管理人员的职权。股东大会有权处理因董事会内部出现僵局或其他原因使其没有资格或不能处理的事务；批准或确认董事会作出的任何行为；为董事会的行为提出建议；或在董事会拒绝时，为了公司利益以公司名义提起诉讼。董事会根据公司章程行使权力，但其无义务遵守股东大会上的建议。公司高级管理人员的行为不被视为公司行为，除非得到股东大会或董事会授权或善意相对人有理由相信其行为代表公司。

一、OHADA成员国公司的组织机构

OHADA《商业公司和经济利益集团统一法》规定公司的管理由公司章程确定。

公司章程可以指定一名或多名经理，不论是不是公司成员、自然人或法人，也可以在以后的文件中作出指定。在公司成员之间的关系中，如果公司章程没有规定其权力，则经理可以为公司的利益作出一切管理行为。在存在多位经理的情况下，每位经理拥有与公司唯一经理相同的权力，但每位经理都有权在任何交易达成前反对该交易。在与第三方的关系中，经理在公司宗旨范围的行为对公司具有约束力。

首任董事由公司章程指定，或在适用的情况下由成立大会指定。在公司存续期间，董事由普通股东大会任命。但在合并的情况下，特别股东大会可以任命新的董事。

股东大会包括普通股东大会、特别股东大会和专门股东大会。普通股东大会有权：（1）就该财政年度的财务摘要报表作出决定；决定收益的分配；应从该财政年度的利润减去以前的任何损失中拨出至少 10% 的款项，拨入法定公积金。与此任何相反的决定无效。当公积金达到股本的 20% 时，这种划拨就不再是强制性的；（3）委任董事会成员或执行董事，并在适当情况下委任副执行董事及审计员；（4）就审计员报告作出决定，并批准或拒绝批准公司管理层和持股超过 10% 的股东之间订立的合同；（5）发行债券；（6）批准审计员报告。特别股东大会有权：（1）批准公司的合并、分立、转型和部分资产转让；（2）将公司注册办事处迁往其所在缔约国的任何其他城市，或迁往另一国领土；（3）提前解散公司或延长公司的期限。专门股东大会由某一特定类型的股票的持有人组成。专门股东大会批准或不批准修订其成员权益的普通股东大会的决议。普通股东大会修改某类股份权利的决定，须经该类股份的专门股东大会批准后，方为最终决定。

二、埃及公司的组织机构

埃及的有限责任公司由一个或多个董事（其中至少有一个埃及人）以及他们的成员大会领导，如果该公司合伙人超过 10 人，必须设立监督委员会。

股份制公司的董事会成员由股东通过股东大会任命和解雇；董事会和股东大会应在埃及召开，股东可以亲自或委托其他股东投票；决议由出席会议的简单多数股权代表通过，除非公司章程要求更大的多数；在特别会议上，决议由 2/3 多数通过，而涉及增减资、公司解散、目的变化或合并事项的决议则须出席会议的 3/4 多数股权代表通过。每个股份制公司必须委托 1 名在埃及持证行业的独立审计师与律师。

根据埃及 1981 年《股份有限公司、两合公司和有限责任公司法执行条例》，两合公司实行法定的“三会制”，即同时具备股东大会、董事会和监事会，这三会的职责在埃及《公司法》中均有明确的界定：

第一，对于股东大会，埃及《公司法》规定股东大会不得执行或批准公司与其他主体之间的交易，不得变更公司的行为（但董事同意的除外），但公司章程另有规定的除外；在董事面前，股东大会仅代表股东本身。① 另外，埃及 1981 年《股份有限公司、两合公司和有限责任公司法执行条例》第 232 条也有类似规定，即股东大会不得批准或影响公司对外活动；非经股东或监事会同意，不得修改成立合同；在与经理发生矛盾时，股东大会代表股东行事。此规定的法理学基础是目前公司法理论界所普遍遵循的一个原理——两权分离，即将公司的所有权和管理权相区分，股东和董事会分别享有公司的所有权和管理权，股东虽为公司的所有人，但无权干涉公司的具体经营管理。

第二，对于董事会，埃及《公司法》规定两合公司应当设立董事会，董事会中至少要包含 3 名股东；董事会有权以公司的名义要求董事对其管理进行说明，并且为达到此目的，亦有权查看公司文件、财产清单、股票以及表征公司权利和现存货物的收据。②

第三，对于监事会，埃及《公司法》规定监事会在收到董事的询问时有权发表观点，同时其也有权授权公司实施需其批准的行为。③

三、南非公司的组织机构

南非公司的组织机构由股东大会和董事组成。1973 年南非《公司法》没有规定独立的监督机关，董事具有监督和执行的双重功能。

（一）股东大会

股东大会是公司的最高权力机关。公司章程中一般都会规定股东大会的法定人数。南非《公司法》第 184 条规定：如果公司只有一名股东，他也可以以个人身份或者是代理人身份，组成股东大会。公司股东可不亲自参加

---

① 《1981 年第 159 号股份有限公司、两合公司和有限责任公司法》第 114 条。

② 《1981 年第 159 号股份有限公司、两合公司和有限责任公司法》第 112 条。

③ 《1981 年第 159 号股份有限公司、两合公司和有限责任公司法》第 113 条。

股东大会，可以由其指定的代理人出席会议。股东大会可分为年度大会和股东常会。

(1) 年度大会就是公司一年一次必须召开的股东大会。南非《公司法》第179条规定任何公司都必须举行年度大会。年度大会一般由董事会组织召开。公司的第一次年度大会必须在公司成立后的18个月内举行，并且以后的年度大会都必须在每一个财政年度结束后的9个月内举行。两次年度大会之间的间隔时间不得超过15个月。[①] 年度大会要处理的事项包括公司法、公司章程以及其他一切需通过年度大会解决的重大事项。公司章程一般都会详细规定年度大会处理的事项包括：股息分配方案、年度财政报告的审议、选举和罢免公司董事和审计员以及其他重要事项。如果基于合理的理由，公司没有或者不能召开股东年度大会，经公司或股东或股东代理人的申请，注册官有权召集或者直接组织召开应当召开的年度大会。公司无法定理由未能召开年度大会的将受到惩处。

(2) 股东常会是指在两次年会之间不定期召开的股东会议。董事会认为有必要时，可以召开股东常会；在包含股份资本的公司，两名以上且持有股份不少于已发行股份的全部股份资本的10%以上的股东有权申请召开股东常会；在不包含股份资本的公司，不少丁全体股东人数5%的股东有权召开股东常会；股东常会主要审议除公司法和公司章程中规定年度大会必须审议的项以外的事项。一般包括公司的转化、公司章程的变更、董事私人交易责任的免除等。

此外，南非《公司法》第182条、第183条还规定当公司所有董事都不适职或者都被免除时，经公司任一股东或者其代理人的申请，注册官也可召集股东大会或者如有某种理由认为召开股东大会不切实际或者法庭认为适宜的情况下，法庭有权依自动提议，董事、股东或注册官申请裁定依照适当的方式召开会议。

(二) 董事

在南非，股份公开公司必须有2名以上的董事，私人公司的董事必须是1人以上。董事的具体人数由公司章程规定，并且第一任董事会的成员必须在公司章程中由签署人多数通过并书面任命。董事一般都是由股东大会选

① 1973年南非《公司法》第179条

任。1973年南非《公司法》第210条规定公司召开股东大会时，对于提请任命2人或2人以上人员作为公司董事的动议，不能由单独一个决议批准，除非此项决议在无反对票的情况下事先得到大会的同意；凡违反此项规定通过的决议应作无效，但这并不与第214条的规定①相冲突；任何同意对某人的任命或提名某人的动议都将视为对其任命的动议。董事经选任后，任何公司都必须以官方语言向注册署登记董事的相关信息。

根据南非《公司法》第218条第1款的规定，下列人员不能担任董事：

（1）法人团体；

（2）未成年人或者其他不具有法律行为能力的人；

（3）本法或者已废止法案规定不能担任董事的；

（4）经法庭裁定：①无能力清偿债务的破产人；②因不当财务行为被开除的；③任何触犯1958年《腐败预防法》、1992年《腐败法》、2004年《腐败行为预防和惩处法》被判处盗窃、欺诈、伪造、发布伪造文件、伪证罪或者任何涉嫌诚信的犯罪并且因此被判监禁或者被处以100兰特以上罚款的④任何根据议会法案被开除董事资格的；依据普通法或者其他有关诚信的规范认为具有盗窃、欺诈、伪造、发布伪造文件、腐败行为的。此外，公司的财产托管人和债券持有人不能担任公司董事。

一般而言，董事管理公司事务所需要的权力由公司章程授予。根据1973年《公司法》第一组表格表A的第59条，表B的第60条的规定，董事可以行使公司法和表格中并未规定应由公司股东大会行使的一切权力。因此，只要董事在授予权力的范围内行使职权，公司不得在股东大会上加以控制或干涉。公司还可以在公司章程中授权董事会任命一个或多个董事，在某段时间内按照董事会认为适当的条件下担任常务董事。在担任常务董事期间，他不必轮班退职，但如因某种原因已停止其职务时，则其常务董事的任命通常自行终止。常务董事通常享有董事会转授的部分或全部权力并且有权取得董事们决定的酬劳。

南非1984年《封闭公司法》把封闭公司定义为“一个封闭式的实体其所有或者绝大部分成员都参与了实体的运作，理论上说，在实体内部，没有所有者和管理者的区别，也不需要董事会及股东大会。实体的每一个成员对

① 1973年南非《公司法》第214条规定：即使事后发现董事的任命存在缺陷，董事的行为仍然有效。

公司都负有信义义务，同时又直接参与公司的经营管理，而且对于新成员的进入，必须获得所有成员一致同意。并且，在封闭公司内部，注重资本保留的原则已被注重资本的偿付能力流动性所替代”①。因此，封闭公司的组织结构较简单。其一，封闭公司没有董事和董事会，任何成员都有权参与公司政策的制定以及公司的经营管理。事实上，南非封闭公司的最大特征就是公司成员的所有权和经营权的不可分离性，成员与董事之间并没有任何实质的区别，公司成员同时具有股东和董事的权利和义务。其二，封闭公司设立成员会议，类似于普通公司的股东大会，不同的是，参加会议的都是公司的经营者。任何封闭公司的成员都有权利和义务参加封闭公司的成员会议。在成员会议上，封闭公司成员可以就公司一切大小事务进行讨论，并投票形成决议，投票权按成员在公司中的资金份额决定，如果成员会议的举行符合法定人数，其由全体成员签字生效的决议具有法律效力。封闭公司会计制度相对宽松。首先，南非《封闭公司法》规定，封闭公司的年度财政报告无须上交南非公司注册署，只需向所有公司成员公示公司的运营状况和年度财政状况。其次，封闭公司的会计一般由公司成员担任，不必持有正规的注册会计师资格证。再次，封闭公司不需要设立拥有注册会计师资格的监事，只是在实际操作过程中，南非封闭公司的成员为了自身利益或者在债权人要求之下，公司才设立监事。②

第五节　解散清算

公司的解散与终止都表现为公司法人资格的消灭，但二者的概念是不同的。公司的解散与清算是密不可分的。公司解散后，必然进入清算程序，对公司财产进行清算。只有经过清算程序，才能使公司的法人资格最终归于消灭。公司的终止，并不意味着公司的绝对消灭，实际上只是改变了其存在的形态。公司终止后，不一定进行清算，如公司的组织变更，也是公司终止的原因之一。

---

①　李力：《南非封闭公司法初探》，湘潭大学2003年硕士研究生学位论文。

②　J. J. Henning，etc. Tht * Law South Africa ［M］. Durban：Butlerworths，1995：497.

一、公司的解散

公司解散，是指公司因法律或章程规定的解散事由出现而停止营业活动并逐渐终止其法人资格的行为，是公司主体资格消灭的必经程序。

非洲各国公司法都明确规定了公司解散的原因。OHADA《商业公司和经济利益集团统一法》规定公司在下列情况下终止：（1）公司成立的期限届满；（2）其目的已实现或消灭；（3）公司章程无效；（4）公司成员根据修改章程规定的条件作出决定；（5）主管法院应成员的请求，特别是在成员不履行其义务或成员之间的分歧妨碍公司正常运作的情况下，以正当理由宣布提前解散；（6）法院判决命令清算公司财产；（7）公司章程规定的任何其他原因。但是，对于两合公司，即使有限合伙人死亡，普通两合公司仍应继续经营。如果规定即使一名普通合伙人死亡，公司继续与其继承人合作，但后者是不具有完全行为能力的未成年人时则应成为有限合伙人。如已故合伙人是唯一的普通合伙人，而其继承人是不具有完全行为能力的未成年人，则应由新的普通合伙人取代，或公司应在其死亡之日起 1 年内转型。否则，公司按前款规定的期限自动解散。

根据解散事由不同，可以区分为自愿解散和被迫解散两种。自愿解散，是指依照公司章程的规定，或股东会的决议自动解散公司。自愿解散公司的有：（1）章程规定的营业期限届满或其他解散事由的出现；（2）股东同意或股东会决议解散；（3）公司合并或者分立。强制解散，是指政府主管机关命令解散或者法院判决解散公司的一种法律行为。强制解散公司的有：（1）主管机关命令解散；（2）法院判决解散。依据南非《公司法》第 346 条的规定，既可以在最高法院法官的监督下根据法庭命令强制解散公司，也可以自愿解散公司。

（一）法院强制解散

南非《公司法》第 346 条第 1 款规定，根据法庭命令解散公司的申请人可以是：①公司自身；②一个或多个债权人；③一个或多个股东或残疾的、已故的、被隔离的公司股东的法定代理人，或公司股东的清算人；④以上三种情况的任何人员联合；⑤当公司是自愿解散时，高等法院法官或者公司债权人或公司股东；⑥当公司依据《公司法》第 428 条和第 432 条执行临时法庭处理命令时，临时司法主管也可以申请解散；⑦当高等法院法官部长从公司调查报告中发现存在欺诈、压制、不公平行为等情况下且认为解散公司可行的也可提出。

法庭宣告公司的解散的情形①：

（1）公司已经通过一个特殊决议决定解散公司；

（2）公司在得到公司注册署颁发的营业许可证之前就开始营业；

（3）公司在得到营业许可证之后不营业或者中止营业超过 1 年的；

（4）股份公开公司的持股人数不足 7 人，达不到法律规定的标准的；

（5）公司所发行股份资本的 75% 实际未予缴付或者对公司的经营已无任何实际意义的；

（6）如第 345 条所规定的公司无能力偿还其债务的；

（7）外国公司已经在其设立的国家被解散或者被停止营业或者公司的存续仅仅是为了处理公司解散事务的；

（8）法庭根据“公正”和“衡平”规则认为需要解散的。

（二）自愿解散

南非《公司法》第 349 条规定，除外国公司以外，其他类型的公司都可以主动地通过特殊解决方案来解散公司。在公司解散程序中，虽然公司仍然保持其法人权利，但是自解散决议提交注册署后公司除了从事与解散事务有关的行为外，不能再从事任何经营事务。董事们的权力除依法准许持续的范围外也被停止。自愿解散可以由公司股东提出也可以由公司债权人提出。

1. 股东提出的自愿解散。公司的股东可以通过特殊解决方案来提出自愿解散，除非该解决方案并没有强制力或者无效。自愿解散的条件有二②：首先，必须根据南非《公司法》第 200 条的规定，在解散公司的特殊决议作出后的 1 个月内到公司注册署进行决议登记；其次，必须保证自公司解散开始不超过 12 个月内能清偿公司所有债务，除非注册官在董事的承诺以及审计员的证明下认定公司没有债务的可以免除该保证。

2. 债权人提出自愿解散。当特殊解决方案经注册署登记后，债权人可以提出自愿解散公司的请求。在特殊解决方案中，公司董事必须以法定形式对公司的事务进行相关声明，一般包括公司的资产、债务、责任承担、债权人的名称和债权期限等情况的声明。因而，相对股东提出自愿解散公司而言，债权人申请解散往往对债务有所保证，同时也能更好地保护债权人的

① 1973 年南非《公司法》第 344 条。

② 1973 年南非《公司法》第 350 条。

利益。

有限责任公司的解散制度零散分布在埃及《公司法》及其执行条例的数个条款中，下面对这些条款加以汇总：

第一，有限责任公司的亏损达到公司已发行股本的二分之一的，董事会应当立即召集特别股东大会，以考虑是否解散公司。

第二，有限责任公司亏损达到公司注册资本的二分之一的，管理人员有权向股东会提交解散公司的提议；亏损达到公司注册资本的四分之三的，合计拥有四分之一以上股权的股东可以联名要求解散公司；亏损达到必须减少公司注册资本的地步的，任何利害关系人均可要求解散公司。

第三，有限责任公司的股东人数减至 2 人以下，且未能在 6 个月内增补的，公司应当依法解散。由于遗产继承、强制拍卖股权等原因导致股东人数增至 50 人以上，且各股东在 1 年内无法达成协议将公司改组为股份有限公司的，任何当事人均有权向法院起诉要求解散公司。

第四，有限责任公司的资本因故减少，且股东既无法在 1 年内将资本增加至标准资本额，又不能将公司改组为其他形式的，任何当事人均可向法院起诉要求解散公司。

由上述条款可以看出，埃及《公司法》及其执行条例只规定了有限责任公司的决议解散和司法解散两种方式，并无我国公司法中规定的强制解散方式。究其原因，笔者认为应该是与埃及的经济体制有关，因为埃及实行的是市场经济体制，这就要求国家要限制公权力对私权领域的干预，使“行政权力之手”不能伸得过长，然后将公司的生产经营完全放手于市场，接受市场的检验，以促进国家所追求的“完全开放的市场经济体制”的运转。

二、公司的清算

公司清算是指公司解散后，处分其财产，终结其法律关系，从而消灭公司法人资格的法律程序。OHADA《商业公司和经济利益集团统一法》规定，公司在因任何原因解散时即被清算。

根据清算是否在破产情形下进行，可以将清算分为破产清算①和非破产清算。

非破产清算，是指公司资产足以清偿全部债务的情况下进行的清算，包

① 详细的内容，参见本书第十一章“非洲破产法”。

括自愿解散的清算和强制解散的清算。

OHADA《商业公司和经济利益集团统一法》规定，清算必须在公司解散后 3 年内结束。否则，检察官或任何利害关系人可向公司注册办事处所在管辖范围内的主管法院提起诉讼，以进行公司的清算，或在清算已经开始的情况下，要求完成清算程序。由成员决定清算的，应当指定一名或多名清算人：

（1）在合名公司（普通合伙）中，由普通合伙人一致决定；

（2）在普通两合公司（有限合伙）中，经普通合伙人一致同意并经持有多数资本的有限责任合伙人同意；

（3）在有限责任公司中，经持有多数资本的合伙人的同意；

（4）在股份有限公司中，以特别股东大会规定的法定人数和多数条件为准。

塞拉利昂《公司法》第 22 条规定，处于清算阶段的担保有限责任公司清偿所有债务之后，剩余公司财产不得分配给股东，而应转让给从事类似事业的其他担保有限责任公司或用于慈善对象；该受转让担保有限责任公司或慈善对象由股东在公司解散前决定。

第三章　非洲贸易法

2022 年中非贸易额再创新高达到 2820 亿美元，比 2021 年增长 16.6%，中国已经连续 13 年成为非洲最大贸易伙伴国。近年来中非经贸合作克服新冠肺炎疫情和国际增长乏力的不利影响，保持了高速增长的势头，充分体现了中非经贸合作的强劲韧性和澎湃活力。为推动中非经贸合作进一步发展，共建中非命运共同体，2021 年发布的《中非合作论坛 - 达喀尔行动计划（2022—2024）》明确提出，支持非洲扩大对华出口，积极推动贸易便利化，继续加强法治领域的交流合作，为“一带一路”国际合作提供法律支撑和法治保障。加强非洲贸易法的译介和研究工作，对于保障中非经贸合作深入发展、推动中非法律文明交流互鉴具有重要的意义。

第一节　非洲贸易法概述

一、非洲贸易法的基本内涵

国际贸易法是调整各国间商品、技术、服务的交换关系以及与这种交换关系有关的各种法律制度与法律规范的总和，包括国际公约、国际商业惯例以及各国有关对外贸易方面的法律、制度、法令与规定。国际贸易法的基础是国际间的经济交流，因此，国际贸易法是伴随着跨国贸易关系的不断发展而发展的。当前，各国不同程度的融入国际贸易体系，国家在从事跨国贸易活动时，既要受到本国制定的对外贸易法的规制，也要受到国际双边和多边贸易规则的调整，非洲地区不仅有 54 个国家，还有 200 多个地区经济合作组织，既包括非盟、非洲大陆自由贸易区这类覆盖全部非洲的国际组织，也包括获得非盟承认的 8 个次区域经济组织，即东非共同体、东非政府间发展组织、东部和南部非洲共同市场（以下简称“东南非共同市场”）、中部非洲国家经济共同体（以下简称“中非国家经济共同体”）、西非国家经济共同体（以下简称“西共体”）、南部非洲发展共同体（以下简称“南共体”）、阿拉伯马格里布联盟、萨赫勒－撒哈拉国家共同体，次区域经济组织在推动非洲贸易一体化和便利化方面发挥了重要的作用。因此，可从广义和狭义的角度界定非洲贸易法的基本内涵，广义的非洲贸易法是指非洲国家制定的有关对外贸易的法律法规和贸易惯例，以及非洲区域经济组织颁布的有关区域内成员贸易、区域组织对外贸易的法律法规和贸易惯例，狭义的非洲贸易法仅指非洲国家制定的有关对外贸易的法律法规和贸易惯例。考虑到非洲区域经济组织在推动非洲贸易自由化和便利化方面的重要作用及其在国际经贸合作中的重要地位，本章采用广义的非洲贸易法内涵，即从国家和区域经济组织两个层面对非洲贸易法进行分析。

非洲贸易法的法律渊源较为丰富，包含两方面的内容：一是非洲国家制定的有关对外贸易法规，通常以《对外贸易法》《对外贸易监管法》《国际贸易管理法》《进出口管理法》《海关法》等名称命名，一般规定有贸易管理机构及其职能、进出口管制及许可、关税、海关认证、争端解决等内容；二是非洲区域经济组织制定的有关区域内贸易和区域与其他国家或组织的贸易法规，通常表现为《共同体条约》《共同体海关管理条例》《自由贸易区协议》等一系列由该组织制定的贸易自由化和便利化规则，具体内容包括自由贸易区的建立、关税税则、原产地规则、知识产权规则、贸易争端解决、共同体司法机构判例等。

二、非洲贸易法的历史发展

非洲贸易法的历史发展以非洲国家间以及非洲国家与区域外其他国家的贸易合作为经济基础，因此，对非洲贸易法作历史分析，应当回顾非洲的对外贸易的发展历程。可从经济史的角度将非洲对外贸易分为三个历史阶段：一是古代非洲贸易，该时期的非洲贸易活动主要为传统经济领域的临近国家间的贸易，贸易活动主要在非洲区域内开展，并受到相近区域，如地中海沿岸、阿拉伯半岛等商业活动的影响；二是近代非洲贸易，以西方殖民入侵和经济殖民为时代背景，近代非洲贸易本质上是一种殖民地经济活动，非洲国家间的自发贸易活动受到殖民活动的干扰，非洲国家贸易活动沦为西方殖民经济活动的重要一环，并最终被迫纳入殖民贸易体系；三是现当代非洲贸易，随着民族解放和国家独立运动的蓬勃发展，非洲国家从殖民经济体制下脱离出来，通过开展社会经济体制改革，国家开始掌握对外贸易活动的主权，并最终随着国际经济新秩序的建立和发展，实现了对外贸易的自主化和多元化。

非洲贸易法的历史进程是以非洲国家对外经济活动发展为基础的，在第一阶段，即古代非洲贸易阶段，这一时期的非洲贸易活动主要存在于苏丹西部和撒哈拉南缘一带，由于该地区形成了较为稳定的农业定居点，利用骆驼穿越撒哈拉沙漠往北方地中海沿岸城市输送货物成为主要的贸易形式，铜、盐、黄金成为主要的贸易产品，但是受限于干旱的气候和低效的交通方式，这种远距离跨越多气候区的贸易并未成规模发生。“非洲法”是一个多元复杂的概念，很难从法系的意义上对其作清晰的界定，“非洲法”有其自身的独特魅力，其中就包括了法律形式的多样化，既包含有非洲本土法，如部族习惯法、少量王国的成文法，也包括了宗教法、外来的西方法等。古代非洲零星的跨撒哈拉沙漠驼队贸易，难以产生近现代意义上的贸易法，但是从“非洲法”本身的概念内涵出发，可以将古代非洲贸易中的部族交易习惯和存在于北非沿海一带的罗马、迦太基政权商事交易规则归为非洲贸易法的滥觞。

第二阶段的非洲贸易活动，纳入了西方殖民经济体系，并逐渐成为西方殖民宗主国的原材料和廉价劳动力的供应地。在西方殖民宗主国的经济掠夺之下，非洲国家的贸易活动，逐渐从区域内贸易转向与欧洲国家发展贸易关系，并随着新航路开辟，进一步增强了与阿拉伯和印度等地的贸易联系，但是，由于非洲大部分区域沦为西方殖民地或保护国，而未能建立现代意义上的国家政权，在包括贸易在内的跨部落、跨国民商事交往，受殖民宗主国所带来的“西方法”调整，原先区域内部落或王国之间的贸易习惯其适用空间被严重挤压，随着殖民渗透和势力范围划分愈演愈烈，非洲部落或王国最终失去了对跨境贸易及其规则的控制权。因此，这一时期的非洲贸易法，从保持其本土性发展特征的角度而言，是一种倒退，但是“西方法”的强行推行却间接增强了非洲贸易法的统一性，原先存在于部落或王国之间的贸易习惯则在民间贸易中以某种方式继续存在，这也直接导致了非洲贸易法呈现出“两张皮”的现象，即西方外来贸易规则在对外正式贸易中的适用和本土跨境交易规则在部落、王国间的非正式贸易中的适用。

第三阶段的非洲贸易法是建立在非洲国家摆脱殖民统治，实现民族解放和经济自主的基础之上的。为实现经济自强，独立后，非洲国家对国民经济体制进行了改革，一些非洲国家确立了国有经济体制，实现了国家对对外经贸交往的控制，部分国家则在延续殖民经济的基础上，强化了对外经济交往的自主权。非洲贸易法则在延续或移植习惯法、西方外来法的基础上，进入了国家法的阶段，对外贸易法以国家制定的成文法为主。尽管由于法律传统和殖民统治的原因，非洲贸易法依然带有西方外来法的色彩，但是强调国家对对外贸易的自主管制，建立了较为完整的贸易法体系，形成了以《对外贸易法》为基础，《进出口管理法》《海关法》《贸易管理机构法案》为主要内容的贸易法规体系。在贸易待遇、贸易准入、关税规则、海关认证、知识产权、纠纷解决等方面完善了贸易法规的篇章制度，初步建立了较为现代的贸易法规体系。在进入 20 世纪 90 年代后，随着国际经济新秩序的建立，非洲区域经济一体化不断推进，非洲区域经济组织，如非洲联盟、非洲大陆自由贸易区、西部非洲共同体、东部非洲共同体等成为非洲区域经济一体化的重要平台，非洲区域贸易一体化法律法规成为非洲贸易法在国际层面的重要发展，非洲贸易法呈现国内法和国际法同步发展的局面。

第二节　非洲国家贸易立法基本情况

自 20 世纪中期开始，在世界民族解放与独立的大潮之下，非洲国家纷纷独立。经过长期的努力和斗争，独立后的非洲国家逐渐掌握了国家的对外贸易的主权，颁布了系列对外贸易法规，形成了较为全面的贸易法规体系。目前，超过 40 个以上的非洲国家制定了本国的对外贸易法，其中不仅包括了贸易准入、贸易待遇、贸易监管、关税制度、认证制度等主要内容，还成立了国家贸易管理机构，并明确了其职能。

一、贸易立法

非洲国家普遍制定了有关对外贸易方面的法律法规，由于一些非洲国家受殖民法律文化影响较为明显，在法系划分上可归类为普通法系国家，因此，该部分非洲国家的贸易法，还应包括贸易习惯或判例，但是本书主要探讨非洲国家制定的成文的贸易法。此外，一些非洲国家在其民法、商法等部门法中涉及有关对外贸易的规定，由于篇幅所限，亦不在本书探讨范围之内。

以南非为例，南非的对外贸易法规包括《南非国际贸易管理法》《海关和税收法》《反倾销条例》《反补贴条例》《南非消费者事务法》《南非销售和服务事务法》《标准法》，形成了完整的对外贸易法律法规体系。其中《南非国际贸易管理法》则详细规定了南非的贸易主管机构及其职能，《海关和税收法》规定了南非对外贸易的海关管理要求和关税政策。《反倾销条例》和《反补贴条例》是《国际贸易管理法》中有反倾销、反补贴规定的具体执行措施，明确了南非国际贸易委员会作为主要执行机构在反倾销、反补贴中的技术性问题。

肯尼亚主要贸易法律内容主要包括进出口管理以及海关管理方面的法规。《贸易许可法》主要涉及进出口管理，规定了在肯尼亚从事进口业务需要获得贸易主管部门颁发的贸易许可证，还列举了外国投资者不得投资经营的特种产品。海关管理职能包括征收关税、消费税和进口环节增值税，因此涵盖了《东非海关管理法》《关税与货物税法》《金融法》《进出口和基本供给法》《银行法》《保险法》《增值税法》《出口加工区法》《标准法》《公共健康法》《食品、药物和化学品法》《制药和毒物法》《矿产法》《未加工贵金属贸易法》《植物保护法》《有害杂草控制法》《农产品（出口）法》《农业法》《危险药品法》《渔业法》。其他与贸易相关的法规还有《工业产权法》《版权法》《商标法》《植物种子品种法》等，除了管理关税，肯尼亚海关服务部还要统计贸易数据、防止违禁物品例如毒品、武器等非法出入境，肯尼亚海关几乎对所有的货物实施开箱检验。

阿尔及利亚商贸领域相关法律法规主要由阿尔及利亚商法典和商业活动监督法规定，包括《海关法》《投资法》《商业法》《商标法》《市场法》《植物检疫和卫生控制条例》《劳动法》《税法》《公共合同法》《货币和信贷法》《银行保险法》《反走私法》等。《商业法》规定了商业合同、公司法、商标法、专利法、商业秘密等领域，还包括商业运作的主体、营业执照的颁发、经营资质的鉴定以及商业机构的经营方式等，以保障正常的商业经营秩序。阿尔及利亚财政部每年公布的财政法令及其补充法令会对贸易、税收、投资领域的有关规定进行补充或变更。

尼日利亚作为非洲最大的经济体，自然资源非常丰富，政治局势基本稳定，法律制度也较为健全，在非洲国家中是最具有代表性的投资国家之一，但是尼日利亚商业和政策法规环境也具有两面性。一方面，市场对外开放程度较高，准入门槛较低，政策较为宽松；另一方面，市场发育程度较低，基础设施落后，政策连续性差、随意性大，办事效率低，政府监管和执行能力弱。尼日利亚与贸易相关的主要法律法规有《尼日利亚进口许可证程序协定》《强制性合格评定程序》《尼日利亚进口指导原则》《商标法》《尼日利亚海关货物管理法》《海关和税收管理法案》等。

通过上述分析可知，独立后的非洲国家持续推动本国的对外贸易更新，尽管依然受到殖民宗主国的法律文化传统的影响，但是推动贸易自由与便利、发展与其他国家的贸易关系是其贸易法的主要目的。如摩洛哥，其法律体系源自法国、西班牙和伊斯兰法律的组合，法律制度以民法为基础，伊斯兰法管辖继承和家庭法等领域。摩洛哥致力于通过为对外贸易合作提供高效的法律框架和安全的工作环境，使其商业环境更加透明，并对国际公司进一步开放。摩洛哥通过政府公报的形式及时公布其现行贸易和投资法以及任何拟议的立法，并且严厉打击任何形式的商业贿赂。

二、贸易监管

加强对国际贸易的监管是非洲国家独立后的掌握国家贸易主权的重要举措，总体上而言，非洲国家均成立了贸易与工业部（简称“贸工部”）主管国家的对外贸易事务，制定国家外贸法规和政策，并成立国家贸易管理委员会，作为独立的机构，拥有广泛的职能，具体执行中央政府及贸工部所制定的法案或政策，并对各贸易实体及其活动开展调查，对违反贸易法的有关行为予以处罚。

（一）贸易主管部门

非洲国家的贸易主管部门的名称五花八门，如：对外贸易部、贸易与工业部、贸易发展部等，均为政府内阁组成部门，直接负责国家的对外贸易的管理与法规的制定，包括发展与国际组织、次区域组织的贸易关系。

以肯尼亚为例，肯尼亚主管商务、投资和贸易的政府部门包括工业、贸易和企业发展部，主要职能包括：（1）对肯尼亚产业发展状况进行研究和开发；（2）制定、执行国家贸易产业发展方面的政策；（3）管理并促进贸易、投资和私营经济的发展；（4）负责知识产权和货物标准管理等与投资和贸易相关的具体事宜；（5）颁发进出口贸易许可证、国际贸易、出口促进和肯尼亚产品推广及国际贸易协定等。

南非则成立了贸易和工业部，依据《国际贸易管理法》行使职权，该法授权贸工部部长充分的权力，管理南非与其他国家或国际组织的贸易活动，发布贸易政策声明或指令，以及对货物的进出口进行管理，根据国家利益的需要对进出口进行监管，或者限制、禁止某些产品的进出口。

（二）贸易执法机构

其他与贸易相关的机构包括国际贸易管理委员会、贸易发展局、出口促进委员会、出口加工区委员会、标准局、地方贸易发展办公室、投资促进局等，其中投资促进局主要负责外国投资者在肯尼亚进行的投资活动，该局提供一站式服务信息和帮助，包括为投资者出具投资证明或进行贸易活动的执照许可等。

（1）出口促进委员会的主要职责是为出口商或出口产品生产商提供方便，促进货物和服务的出口，并协调与出口有关的活动。

（2）出口加工区委员会主要是为区内企业提供便利和服务，并负责出具两种许可，即出口加工区企业设立许可和申请建立出口加工区许可。

（3）标准局是肯尼亚进出口商品的官方检验检疫机构，主要职能是确保通过科学方法制定本国的技术性标准，负责向公众提供肯尼亚有关标准和技术规定方面的信息。

（4）设在各个区域的贸易发展办公室负责出具从事进出口所需的贸易许可证，以坦桑尼亚为例，其成立了贸易发展局，其职能非常广泛。

（5）就有关制定、发展、监督和实施贸易政策和策略的事宜向政府提供意见。

（6）整合开发国内市场。

（7）与其他机构合作组织产品生产和提供服务。

（8）为坦桑尼亚产品和纺织品在国内、区域和国际市场创造更好的市场准入条件。

（9）确定如何克服与贸易发展有关的价值链瓶颈并提出建议。

（10）为企业界提供有关国内外贸易业务管理的适当咨询和培训。

（11）通过各种方式向大、中、小型企业推广出口文化。

（12）建立和管理贸易数据库。

（13）鼓励私营部门投资并发展建立和管理仓储设施的专门知识。

（14）与投资促进机构合作，确保投资用于增值。

（15）促进建立设施和基础设施，以便在全国范围内举办交易会。

（16）在国内和国外建立和维护贸易中心。

（17）在国内组织交易会和展览，买方卖方会议，联系促销公关、市场研究、供应调查、产品开发和产品调适。

（18）促进管理局或任何其他常设机构开展的与贸易发展有关的任何方面的文件和信息传播，并可为此目的出版报纸、期刊、期刊、公告，经营广播和电视节目，开展旨在促进贸易充分发展和实施贸易相关政策和战略所必需或可取的任何其他活动。

（19）就与贸易发展有关的事宜，向政府及任何其他机构提供意见及协助，以甄选及聘用本地及外贸相关顾问。

（20）评估和监测贸易系统及其绩效。

（21）进行市场研究、调查和监测。

（三）贸易监管措施

贸易主管部门作为内阁的组成部门，直接负责国家对外贸易的法规起草和监督执行，发展与其他国家或国际组织的贸易关系，签订贸易条约或协定，并可通过授权下级管理机构，负责贸易法规的执行和监督，发起反倾销、反补贴调查，通常贸工部具有如下职权：

（1）通过在公报上发布通知，并根据宪法或任何其他相关法律规定的程序和要求，发布贸易政策声明或指令。

（2）通过发布公报，规定在一般条件下或除特别规定的条件外，禁止特定种类的货物或产品进出口南非，除非获得贸易委员会颁发的进出口许可证。

（3）代表国家参加或指派代表参加国际贸易、区域经济组织贸易谈判和协商，并公布该组织与贸易有关的决策或政策。

（4）提名贸易执法机构（贸易管理委员会）的成员候选人名单，并予以公布。

为便于进行贸易监管，通常非洲国家成立具体的贸易监管机构，此类机构往往比贸工部的行政层级低，在人员组成、薪资待遇、任职资格、令状发布等方面接受贸工部的节制，但是在执行职务、开展贸易调查、发布许可证的方面具有一定的独立性。通常此类贸易执法机构通过如下措施对国家贸易活动进行监管。

（1）在共和国或者共同关税区开展反倾销、反补贴调查。

（2）规定保障措施的适用及其程序。

（3）受理进出口许可证的申请，并作出裁决或修改许可证事项。

（4）受理退税许可证或退税证书的申请，并作出裁决。

（5）与有关国家机关协调统一在国际贸易事务中的职能。

（6）监测、评估贸易形势，并在合适的条件下向部长报告任何与贸易有关的情况。

（7）根据法院的搜查令，进行入室搜查，但应遵守正当的程序。

在出口方面，非洲国家实行出口许可制度，对一些特定的出口产品进行管理和控制，需要获得贸易主管部门的贸易许可证方可进行出口，以保证出口产品的质量和安全。同时，非洲国家还加强了出口产品的质量检测，加强了对出口企业的监管，以提高出口产品的质量和竞争力。

虽然各国在出口方面限制较少，但对一些特定商品实行出口禁令或限制措施。如对象牙、犀牛角等野生动物制品完全禁止出口，违者将面临高额罚款和5年监禁，如果涉及非法购买行为甚至可能受到更严重的刑罚，此类规定大多在热带草原或热带雨林气候区国家常见，其目的在于生态环境保护。其他还有一些特殊商品需要事先前往相关部门提出申请，在获得出口配额或许可证后才能展开此项业务。需要办理出口许可的商品包括：（1）矿产品，例如铜、钴、黄金、钻石、钽铌、放射性矿物质等，需要向矿业部申请并获得许可证；（2）木材出口，需要环境部颁发的砍伐证、销售证、购买证及出口配额。由于特殊的资源禀赋，非洲国家在矿产品、木材、动植物、贵重金属、稀有金属等产品出口方面实行较为谨慎的出口政策。

为鼓励出口，非洲国家出台了系列措施，包括减免货物税、出口退税等，还实行了出口税金免除计划。根据该计划，如果本国制造商出口制成品，那么其生产所需的进口原材料和进口机器设备等物资，可以申请免除进口时缴纳的关税和增值税。

在进口方面，出于安全、健康和环境方面的考虑建立了进口许可体系，采取了进口限制措施，对一些特定的进口产品实行限制和管理，实行分等级管理，包括完全禁止（例如假币、淫秽物品、麻醉药品等11类产品）、限制进口（需要有关部门批准或满足有关部门的标准）的产品。同时，还加强了进口产品的质量检测，加强了对进口企业的监管，注重保护民族工业，将进口商品分类以保护国内市场和消费者的利益。而一些工业基础薄弱的国家，由于缺乏制造能力，生产生活必需品主要依赖进口，因此除了汽车新轮胎、纯棉提花布、甘蔗等需要办理进口许可证外，其他一般商品进口基本没有限制。一些国家受宗教影响，禁止进口猪肉产品及其制成品，食品的进口须获得清真认证，并以阿拉伯语等语言予以标注。非洲国家规定受限制物品进口，需要进口许可证，进口商必须在装运日期前持有进口许可证。海关可对未出示所需许可证的进口商实施处罚。许可证仅对指定类别和国家的货物有效，不可转让，只能由被签发人使用，并仅在其签发的日历年内有效。

阿尔及利亚禁止从以色列进口商品，受宗教影响也禁止进口猪肉产品，对其他肉类的进口管控也较为严格，需要通过特别测试并进行标识。阿尔及利亚政府强制规定进口产品尤其是消费品必须用阿拉伯语标识。其他出口产品限制较松，除出口棕榈秧苗、绵羊和历史文物之外，出口限制已经被取消。2014 年后受贸易保护主义影响，同时为减少进口外汇支出，促进贸易平衡和本国工业发展，阿尔及利亚逐步对多类商品实行进口许可证管理制度，主要涉及汽车、水泥、钢筋、木材、瓷砖等工业产品和多种水果、肉类产品。2018 年起，进口商在银行办理货物付款手续时还必须提供产品在原产地或出口国家自由销售证明。

摩洛哥在过去十年中对其贸易制度作出了一些单方面的改变。1996 年，该国完成了基于对进口实行数量限制的关税申请。从那时起，进口许可只适用于国际协定涵盖的产品或卫生或植物卫生或基于道德原因。此外，在 2000 年，财政进口税被纳入关税，以简化在边境的征收，随后降低了关税和非关税壁垒。此外，海关程序的计算机化、现场清关程序的建立，减少了边境延误，提高了海关程序的透明度。因此，贸易交易成本下降了，尽管有关贸易物流方面的重大挑战仍有待解决。

三、关税制度

关税制度是贸易法规中的重要内容，非洲国家在独立后大多进行了经济体制改革，并加入了 WTO，成为其会员国。为扩大与其他国家的贸易合作，营造良好的营商环境，非洲国家的关税水平总体维持在较低的水平。自 1995 年多边贸易谈判乌拉圭回合结束以来，摩洛哥已按 0 至 38% 的从价利率约束其所有职责。大多数非农产品的关税被限制在 40%，而农产品的关税税率较高。限制关税是世贸组织成员作为其多边承诺的一部分。然而，最新的世贸组织贸易政策审查指出，摩洛哥不完全遵守其国际义务，较多的关税超过限制利率，这种不遵守国际协定的行为破坏了摩洛哥贸易政策的信誉，并使该国在世贸组织的争端解决机制中很容易受到挑战。对于牲畜和乳制品进口，摩洛哥征收最低的关税，摩洛哥的关税结构总体上正在升级，例如，对原材料的进口关税低于对半加工产品的进口关税，而后者又低于对制成品的关税。关税升级在纺织品、服装以及皮革和鞋类生产行业尤为明显，这些部门的生产者可以以低关税税率获得投入，同时能够为其最终产品设置较高的进口壁垒。

刚果（金）海关总署负责监管所有进出口货物的通关、征收关税和调查走私等。按照2003年3月13日第002/03和003/03号法令颁布的《进出口商品海关税则》《海关法》，大部分商品的进口关税较高，按照到岸价发票金额的13%计，但出口关税很低，大部分商品都免征出口税和其他税费，甚至还有出口退税政策。

南非有一个复杂的进口流程。南非税务局（SARS）定义了大约90000种产品关税代码，对所有进口产品严格执行，由于较为复杂的关税制度，与南非开展贸易合作应选择熟悉南非税则的声誉良好的货运代理或清关代理提供服务。南非海关是南非税务局的组成部门，海关要求进口商在其办事处注册，并从南非税务局获得进口商代码。这会影响许多进口商，并可能导致货物清关延迟。南非的平均关税从1993年的13%以上下降到2001年的略低于5%，近些年来，南非关税基本维持不变。保护性关税是南非贸易的障碍，非关税贸易壁垒包括港口拥堵、技术标准、海关估价高于发票价格、货物盗窃、进口许可证、反倾销措施、侵犯知识产权、效率低下的官僚机构和过度监管等。

尼日利亚作为非洲第一大经济体，经济实力较强，制造业相比其他非洲国家而言，较为发达，尼日利亚已经逐步成为越来越强硬的贸易保护主义国家。2004年平均进口关税税率为28.6%（其中农产品平均关税税率为50%，非农产品平均关税税率为25%），是发展中国家平均关税税率的2倍多。尼日利亚通过关税升级鼓励本国工农业生产，对生产用基本原料和生产资料（包括生产设备）的进口实行低关税，对工业制成品、食品、消费品和奢侈品的进口实行高关税。

由于尼日利亚是西非经济共同体关税同盟成员国，2005年9月，尼日利亚批准了西非国家经济共同体对外统一关税的关税体系，将关税税率由过去的20档调整为5档，分别为0、5%、10%、20%和50%。新关税体系自2005年10月1日起开始实施，与西非国家经济共同体对外统一关税保持一致。

一些非洲国家致力发展数字经济，在税种上面出现了新的类型，如肯尼亚出台了“数字服务税”，2021年1月1日，肯尼亚政府颁布的《2020年数字服务税收条例草案》正式生效，条例规定，对数字服务征收占总交易价值1.5%的税费，不遵守规则者将被限制进入肯尼亚市场。当前，越来越多的非洲国家，将发展数字经济作为实现经济创新发展的重要战略，卢旺达、埃及、肯尼亚等国尤为重视与其他国家进行数字经济合作，因此，应持续关注非洲国家在数字服务领域的税收政策。

四、产品认证与质量标准

为加强对进出口产品的质量监管，非洲国家通过对外贸易法、海关法、标准法、技术法规等法律法规，出台了较为完整的标准体系和认证体系，成立了国家标准局或质量研究所等机构，一些国家成为国际标准化组织的正式成员，如南非、阿尔及利亚、喀麦隆等国。非洲国家成立相应的标准化组织，明确了进出口产品的具体认证条件和标准，协调国家技术标准的制定和实施，完善国家质量体系，对进出口商品进行标准认证，以提高生产力、竞争力。由于标准体系复杂，且缺乏透明度，再加之缺乏效率的审批程序，从而在事实上形成了一种非关税壁垒。

安哥拉作为非洲重要的制造业国家，据安哥拉国家银行统计，2020年进出口总额304.8亿美元，其中出口209.4亿美元，进口95.4亿美元。安哥拉主要出口商品是：原油、钻石、木材、机械设备、咖啡、剑麻、鱼和鱼制品、棉花等；主要进口商品是：机电设备、车辆和零配件、药品、食品、纺织品、军用物资等。

尽管安哥拉作为出口大国，具有一定的出口创汇能力，但是安哥拉进口货物的过程耗时过长，且高度官僚化，世界银行《2020年营商便利》将安哥拉列为“跨境贸易”类别中全球进口程序最耗时的国家之一。安哥拉的进口手续需要460美元和96小时才能符合进口文件，而撒哈拉以南非洲的进口文件合规平均为287.20美元和96.1小时。

安哥拉在工业部设有标准化和质量研究所（IANORQ），制定了为期四年的国家标准化计划（2021—2024年），该计划侧重于对国家GDP有贡献的部门，政府认为这些部门对经济发展具有战略意义。安哥拉制定的标准由工业部主持，迄今为止，IANORQ已发布了150项技术标准，其战略计划中确定的目标是428项。安哥拉已经采纳或参考并正在考虑巴西、智利、哥伦比亚、厄瓜多尔、莫桑比克、秘鲁、葡萄牙、西班牙和美国的技术标准。安哥拉政府通过IANORQ与多个国际和外国技术标准组织合作，建立了该国的技术标准体系。2015 年 7 月，ASTM 国际与 IANORQ 签署了一份谅解备忘录，以促进安哥拉标准的制定。IANORQ 还与巴西、德国和阿根廷等国的技术标准组织建立了合作。目前，在安哥拉，认证不是强制性的。然而，2015 年，安哥拉政府通过工业部成立了安哥拉认证协会（IAAC），该协会将成为未来负责认证的实体，IAAC 目前是南部非洲发展共同体认证服务（SADCAS）的联络点。

2021 年 3 月 17 日，安哥拉第 63/21 号行政令确立了自 2021 年 6 月 15 日起进口预包装产品的新规则。该法令规定，进口一系列经鉴定的产品必须散装运输，装在至少一吨的“大袋子”中，该法令要求包装过程在该国进行。该项措施将有可能为该国创造就业机会和收入，因为这些产品将以较低的价格进口，并为中小包装和物流行业的出现创造机会，但是应该看到的是，该措施可能构成贸易的非关税壁垒。2016 年 7 月 7 日第 140/16 号安哥拉总统令规定，进口食品和医药产品在清关期间需进行质量检测，由私人和公共实验室在入境口岸完成这一检测，该总统令规定了按产品类型、方法和测试类型进行实验室测试的费用，产品进入安哥拉市场后，在零售分销过程中将面临商务部、农业部和卫生部的进一步监管。

安哥拉政府要求在该国进口和销售的所有产品上贴上葡萄牙语标签。标签必须包括成分清单、有效期、数量、生产批次、制造商或卖方的名称和地址以及原产国。只有在产品至少还有 6 个月的保质期时，才允许进口。尽管在正式和非正式零售销售场所都可以找到仅带有英语、西班牙语或中文标签的产品，但是按照其法律规定未贴标签的产品或带有非葡萄牙语语言标签的产品将被没收。

尼日利亚政府自 2005 年 9 月起施行强制性合格评定程序，对出口到尼日利亚的部分受管制产品强制执行安全认证。初次出口特定管制产品的生产商或出口商还必须提供检验报告，与认证申请一起交给尼日利亚标准局办理认证，以获得“产品证书”，且每年还需年检。管制品主要包括电子电气产品、汽车轮胎、玻璃、零部件和汽车电池、发电机等。

第三节　非洲区域贸易一体化法律政策

为扩大非洲区域内贸易，增加在国际多边贸易中的话语权，非洲国家自独立后就开始了区域贸易一体化的努力，成立了众多的区域和次区域贸易组织，制定了一系列的区域贸易一体化法律政策。

一、非洲次区域组织贸易法律制度

南部非洲发展共同体作为撒哈拉以南非洲地区的一个重要地区组织，颇具潜力和活力。其前身是南部非洲发展协调会议 1980 年 4 月 1 日，9 个非洲国家在赞比亚首都卢萨卡召开会议，向外宣布了卢萨卡宣言——南部非洲：迈向经济自由。9 个创始国分别是安哥拉、博茨瓦纳、莱索托、马拉维、莫桑比克、斯威士兰、坦桑尼亚、赞比亚和津巴布韦。南部非洲发展协调会议的成立是有双重目的的。其一是帮助南非摆脱少数白人统治和种族隔离制度；其二是推行“阿鲁沙集体自力更生计划”在南部非洲地区以及各国国内的继续进行。南部非洲发展协调会议在 1992 年于纳米比亚首都温得和克演变为南部非洲发展共同体（SADC），并向外宣告了成立南共体的“温得和克宣言及条约”（即《南部非洲发展共同体宣言和条约》）。在温得和克举行的会议将南共体成员国之间以往松散的合作带进了有法律约束力的时代。

南部非洲国家发展共同体为了促成各成员国之间的合作，以议定书的形式规定了几乎各个领域的章程。就这个意义而言，议定书是南共体的制定法。由部长理事会首先起草议定书，然后提交首脑会议审议是否通过。南共体的法律还包括不具有约束力的法律文书，如示范法和谅解备忘录。南共体法律的两个主要渊源是条约及其议定书。作为南共体区域一体化框架的区域指示性战略发展计划有很强的政治性，但不具有法律约束力。其他法律渊源还包括相关的国际法和南部非洲发展共同体的其他决议书。而南共体自由贸易区的法律渊源，主要是指《贸易议定书》，另外还应该包括其他与贸易相关的法律规范、法律文件。其他与贸易相关的法律规范、法律文件是指部长理事会起草，首脑会议通过的条例或决议。主要包括《南共体条约》《贸易一体化议定书》《南共体区域合作宣言》《南共体法院及其程序规则议定书》《税务及相关事项合作谅解备忘录》等。另外，南共体法院的司法解释及其判例和南共体成员国相应的国内法也是南共体自由贸易区的法律渊源。

成立南共体自由贸易区的《贸易议定书》于 1996 年签订，2000 年开始生效，迄今为止，已经实施 22 年。2008 年 8 月 17 日，南共体正式启动了自由贸易区。根据其协议，85% 的商品在南共体自由贸易区内是免征关税的，而化工、纺织和汽车制造等行业的相关计划于 2012 年前实现零关税，目前已经基本实现。但是，战略性资源如稀有金属等以及二手商品则不得适用零关税政策。另外，在自由贸易区内还推行标准化通关手续，使用统一的通关文件。南共体各成员国还准备建设一些“一站式”边境服务口岸，以进一步简化通关过程，用来提高商品的流通速度。

1999 年 11 月 30 日，《东非共同体条约》在阿鲁沙签署，在肯尼亚、坦桑尼亚和乌干达三个伙伴国向联合国秘书长交存了批准书后，东非共同体于 2001 年 1 月正式成立。其目标旨在扩大和加深成员国之间在多方面的合作，从而促进其共同利益的发展。为了实现这种合作，首先将建立关税同盟和共同市场，随后将建立货币联盟，最终建立东非政治联邦。共同体在东非政治、经济、社会等发展中发挥重要作用。东非共同体的组织机构由首脑会议、部长理事会、秘书处、协调委员会、部门委员会和东非共同体议会组成。2001 年 4 月 24 日，三国总统在坦桑尼亚的阿鲁沙签署了第二个东非共同体发展战略（2001—2005 年）。第二个东非共同体战略的主要目标就是建立关税同盟。三国经过多次协商最终在 2004 年 3 月签署了《东非共同体关税同盟条约》草案，同年 12 月经各国议会批准通过，2005 年 1 月 1 日起正式生效。《东非共同体关税同盟协议》第 39 条有明确规定，关税法律制度由六个部分组成：条约的规定；协议与附件；部长理事会的条例与决定；东非共同体议会制定的法案；法院的可适用决定；国际法相关原则。而我们说关税同盟的法律渊源，还应该包括其他相关的法律来源，如各成员国的与关税相关的法律规则、东非共同体与其他各国或组织签订的相关法律文件等。

（1）基本法律框架，包括三个基本条约及修订文本：1999 年签署并于 2000 年生效的《东非共同体条约》；2004 年签署的《东非共同体关税同盟协议》；2004 年的《东非共同体海关管理法》，以及相关附件。这三个条约明确了关税同盟的目的、性质和职能、成员国的权利与义务以及关税的实施细则。

（2）其他辅助性法律，由以下四个部分组成：

A. 部长理事会产生的条例和决定。它们具有法律约束力，而建议和意见则只具有指导性。根据条约的规定，理事会制定的条例，或作出的决定对各成员国及其共同体所有组织机构都具有约束力，但也存在例外，首脑会议、法院和议会在一定情况下可以根据条约或国际原则对这些规则和指示或决定进行审查。

B. 由共同体或关税同盟及其他机构签订的内部的规范性文件或外部的

条约与协定。东非共同体成立前签署的条约，在与共同体条约一致的情况下，其效力不受东非共同体条约以及关税同盟条约的影响。东非共同体成立后的条约，不得与东非共同体的基础性条约及其基本利益相抵触。

C. 东非共同体法院的司法解释及其判例。

D. 各成员国相关的国内法。例如肯尼亚《关税与货物税法》规定，肯尼亚将禁止进口和限制进口的商品分为三类：第一类是禁止进口的商品；第二类是限制进口的商品，这类商品需要得到相关部门的批准方可进口；第三类商品只要满足技术、动植物检验检疫、健康和环境等方面的标准即可进口。肯尼亚贸易产业部有权更改禁止和限制进口的商品列表，变更通知会在政府公告上颁布。除了上述三类商品，其他商品均可自由进口。

贸易是推动东非共同体经济发展的最重要部分，东非共同体关税同盟协议第四部分重点对贸易自由化进行了规定。主要包含三个方面的内容：（1）消除内部关税；（2）共同对外关税；（3）非关税壁垒。其中取消内部关税是一个渐进的过程，东非共同体各成员国之间还尚未完全取消内部关税，而且内部关税的设置依据的是不对称原则，即基于向真正关税同盟过渡的目的，通过达成协议，每个成员国对其他成员国征收的内部关税不适用同一标准，这是成员国间经济发展水平的存在差异而导致的。自协议开始运行，乌干达和坦桑尼亚之间进出口的货物实行零关税，即免税；从乌干达和坦桑尼亚进入肯尼亚的货物也应免税；但是从肯尼亚进入乌干达和坦桑尼亚两国的货物则分两类处理，对 A 类物品实行零关税，对 B 类物品采取循序渐进的关税削减。根据《东非共同体关税同盟协议》第 12 条的规定，肯尼亚与东部非洲其他成员国共同商定，对进入东非共同体地区的产品，设立了三种共同对外关税税率，最低为 0、中等为 10%、最高 25% 的税率。同时还承诺，在该关税同盟生效 5 年后将再次重新审查税率，届时将可能将对成品征收的 25% 的比率降低到 20% 左右。

二、非洲区域贸易一体化安排的总体评价

人们常常从欧洲联盟和北美自由贸易协定等其他区域一体化安排的角度来看待非洲的贸易一体化。从这一角度来看，一体化被认为必然会沿着一条直线前进，关税和非关税壁垒会逐步消除，成员国的贸易制度会相互联系，最终它们的财政和货币政策会得到协调。在欧洲的经验中，贸易一体化是一系列条约承诺的结果，这些承诺也创造了一个超国家组织，国家向该组织移

交某些类型的权力。从这个角度来看，非洲的区域贸易协定与欧洲和北美的区域贸易协定形成鲜明对比，欧洲和北美对遵守建立区域贸易协定的条约中所载的法律义务的承诺要高得多。从这个角度来看，非洲区域贸易协定并没有解决条约制度主张要解决的“协调、合作或国内政治问题”。此外，非洲区域贸易协定中的条约承诺似乎并没有增加“不遵守的政治成本”，如声誉损失。简而言之，区域贸易规则和机构的存在并没有对改变非洲国家的行为起到多大作用。

这些条约承诺和谅解表明，非洲区域贸易协定是一种灵活的制度设计。这里的灵活性指的是非洲区域贸易协定的以下定义特征：第一，它们被视为建立了灵活的合作制度，而不是包含要求严格遵守的规则。第二，非洲区域贸易协定将有序推进作为重要的原则，分步骤履行有时间表的承诺和其他承诺。第三，非洲区域贸易协定采纳了广泛的社会、经济和政治目标，但没有突出任何单一目标。第四，非洲区域贸易协定表现出对具体功能目标的特别偏好，以开展分散的项目，并打造了资源综合开发的合作论坛。第五，非洲区域贸易协定凸显了对公平分配贸易收益的显著承诺，以及注重克服非歧视贸易原则和贸易自由化相关目标方面的弱点。第六，非洲区域贸易协定存在重叠的成员资格，多重区域贸易协定成员资格说明了非洲区域贸易协定提供了灵活性或开放式成员资格。将非洲区域贸易协定视为灵活的制度具有优势，可以让国家、企业等贸易实体根据其自身的条件理解这些区域贸易协定，从这个角度而言，非洲区域贸易协定与欧洲或北美的自由贸易协定存在明显的差异，前者具有自身的特征和优势。相应的，也就能更好和更准确地理解这些区域贸易协定旨在应对的挑战。非洲国家更喜欢非正式制度，而不是“正式国际机构的官方限制和国际规则制定或立法程序”。事实上，非洲区域贸易协定不是由强大的超国家官方机构监管，而是由相对较弱的机构监管，这些机构给其成员国留有充分的主权。

第一代非洲区域贸易协定的崩溃表明“从上而下、从无到有地进行体系立法”的严格正式制度是不适合非洲国家的，围绕离散项目的替代合作模式非常重要，不仅在短期内可以实现收益和利益，而且收益对成员也是互利的。此外，这些第一代泛非主义理念下的贸易一体化努力的失败，表明了由结束殖民统治和种族隔离的愿望所驱动的雄心勃勃的项目的局限性，这些项目不容易转化为后殖民时代非洲的经济合作项目。因此，在第一代非洲区域贸易协定崩溃后的第二代区域贸易协定中，条约倡导了多元目标和合作领域，为贸易、投资和资本等领域的合作或倡议提供框架，同时还进一步扩展到运输、安全、水、电供应和劳动力流动，以及管理河流流域等共同资源。这些区域贸易协定具有灵活性，大部分非洲区域贸易协定都有这种承诺。

灵活性与承担具有法律约束力的承诺并不必然冲突。非洲区域贸易协定的灵活性还有其他几个例子，如规定了成员之间不同义务的规则，以及基于成员不同经济能力的承诺的不同时间表。例如，在《建立东非共同体条约》中，则允许以不同的速度履行条约中的承诺。在南部非洲关税同盟（SACU）中，灵活性部分是通过允许保护新产业免受来自SACU和非SACU国家的竞争商品的影响来实现的，对于最贫穷的SACU国家来说，保护期不超过8年。博茨瓦纳、莱索托、纳米比亚和斯威士兰有权获得对其经济至关重要的产业的关税援助。非洲的区域贸易协定与传统的基于市场的欧洲关税同盟一体化模式有所不同。在欧洲模式下，经济一体化从自由贸易区开始，发展到关税同盟，然后发展到共同市场，最后发展到经济联盟，最后阶段是政治联盟。这一模式是在工业化背景下发展起来的，而许多发展中国家都是农业和原材料生产国。尽管传统理论认为，当取消贸易壁垒时，贸易创造或贸易扩展将超过贸易转移。但这一理论并不完全适合非洲，因为大多数非洲经济体的产品大体相似，且它们之间不一定具有足以克服这种相似性的相对成本优势，由此造成的互补贸易的缺乏实际上削弱了贸易收益。

非洲的经济一体化，即使在扩大市场规模的情况下，相较于其他地区的生产领域和市场而言，生产力、生产领域或扩大市场的购买力未能显著增加。因此，一些经济学家认为，非洲经济需要结构调整，因为非洲国家主要是与发达经济发展贸易关系，出口未加工产品，非洲国家与发达国家的贸易多于它们之间的贸易。非洲经济体需要的不仅仅是共同市场带来的市场规模的扩大，因为市场规模的扩大相对于贸易实体面临的其他限制来说可能是微不足道的，例如高昂的生产成本高和较低的收入水平，使得区域市场的有效规模很小，非洲贸易一体化的一个主要目标是促进大规模生产，以改变外部来源的贸易模式。

第四章　非洲投资法

独立以来，非洲国家为吸引外资、谋求经济发展，积极修订投资法律，目前各国投资法的主要内容大致包括：外资进入本国的准入条件、对外资的鼓励与保护，以及对外资的限制等。与此同时，中非经贸合作始于20世纪50年代，双边经济发展程度不尽相同，但双方经贸合作互补性强，半个多世纪以来，特别是2000年中非合作论坛成立以来，中非经贸合作规模逐步扩大，合作领域不断拓宽，贸易结构不断优化、经贸合作日趋多元、投资领域不断拓宽。了解非洲主要国家的投资法律，具有较强的现实意义，可为中国企业赴非投资提供法律建议，为中非投资合作构筑法治保障，以确保中非经贸合作行稳致远。

第一节　非洲英语国家的投资法律

非洲英语国家大致分布于南部非洲与曾属英联邦的国家地区，包括冈比亚、塞拉利昂、利比里亚、加纳、尼日利亚、埃塞俄比亚、乌干达、坦桑尼亚、赞比亚、纳米比亚、莱索托、南非、斯威士兰、津巴布韦、博茨瓦纳、马拉维、塞舌尔、肯尼亚、索马里、苏丹、厄立特里亚（英语、阿拉伯语）等。根据英国殖民时长不同，非洲英语国家的投资法所显现出的英国法色彩也有所区别。大致看来，非洲英语国家投资法律无论个体目前发展情况如何，由于相同的殖民地背景，其法律体系和法律环境有一定的共性。经过多年发展和努力，大部分非洲英语区国家都建立了以宪法和宪政制度为基础的西方式法律体系，基本将司法与行政相分离，在一定程度上达到了司法独立的目标。但是这套西方发达国家的法律体系，离开非洲主要的大城市之后，在广大的农村缺乏接受和理解的土壤，富有现代精神的法律无法实际施行是目前最大的法制问题。因此法律执行中的不健全为企业赴非投资带来巨大的不确定性和风险。

一、法律渊源

历史渊源上，由于在殖民主义统治时期，欧洲宗主国在非洲殖民地附属国推行本国的法律制度，同时，在不妨碍宗主国根本利益的条件下，在某些领域适当保留了当地原有的法律和习惯。因此，今日非洲各国法律的历史渊源就包括两部分：殖民时期宗主国所强制推行的本国法律和保留下来的当地传统法律和习惯。例如，早期的乌干达人是农民和战士，曾建立布干达王国。1894 年，乌干达沦为英国的保护国。乌干达于 1961 年独立。独立后适用 1902 年 8 月 11 日在英格兰生效的英国法以及习惯法，但以它们涉及民事事项并不与成文法和自然正义相冲突为条件。此外，判例也是法的渊源。当然，也存在例外情况，如毛里求斯先后沦为荷兰、法国和英国殖民地，因此其法律体系兼具大陆法系和普通法系的特点，属于混合法系。但是，也存在由于被殖民时间长，而在独立后无法摆脱宗主国法律烙印的情况，如英国对加纳的殖民统治时间较长，英国殖民者颁布了不少法律法规，同时还通过司法途径强行移植英国法，限制土著法庭的权限，因此加纳现代的法律制度深受英国普通法系的影响。加纳独立后，仍沿用殖民时期移植到加纳的英国法。

形式渊源上，非洲英语国家投资法律的主要发展源于其自身的独立，一般而言其投资法的高速发展都在摆脱殖民统治之后，如尼日利亚在独立后相继颁发了《外汇管制法》（简称 EC，1962 年）、《企业发展法案》（简称 NEP，1972 年出台，经修正后，有过 1977 年、1989 年版本）和《工业发展合作委员会令》（简称 IDCC，1988 年）等规范性文件。之后，相继颁布了 1978 年《劳工法》、1990 年《公司及相关事务法》、1995 年《外汇（控制与杂项规定）法令》、1998 年《尼日利亚投资促进委员会法令》、1999 年《投资证券法》等与投资有关的相关法律。且其形式渊源大致包括国内法方面的制定法、习惯法与判例以及区域性、国际性渊源。

二、外资进入条件

总体来看，非洲英语国家在批准外资进入时会在以下四个方面作出规定，即投资主体与企业形式、投资范围（包括禁止与限制投资的领域和鼓励投资的领域)、资金要求和审批程序。关于外资进入条件，非洲英语国家中有些国家的投资法比较发达，将主要投资的范围进行分类，如尼日利亚根据《尼日利亚投资促进委员会法》可将主要投资范围分为三类，分别是：禁止性领域；限制投资领域；先锋行业。除此之外，有些国家的投资法还制定了相关的惩罚措施，如在乌干达，外国投资者开展业务前，必须在投资局完成注册，否则将面临最高2000万乌干达先令的罚款，或最高4年的监禁，或两者兼施。

有些国家对投资领域没有特别限制，但是在投资程序有着一定的规范——需获得有关部门的许可，比如，在津巴布韦投资须从津巴布韦投资局获得一个投资许可证。在赞比亚，须向发展署申请投资许可证；在通信、银行、旅游、交通、采矿、卫生、教育、林业和航空等领域的投资，除申请投资许可证外，还需要得到相关行业国家主管部委的批准。

有些国家明确规定了禁止投资的行业，比如在莱索托，外国商人或企业不得从事的业务包括：理发店、啤酒店、肉店、小吃店、国内燃油经销商、乳制品 店、咖啡馆、总经销商、蔬菜水果店、小贩及街头地摊、街拍摄影、经纪人、面积1000平米以下小型超市、美发美容店、汽油经销商、帐篷经销商等。

三、对外资经营活动的管理

从非洲英语国家投资法律的规定上来看，对外资经营活动的管理会涉及购销管理、劳工管理与资金管理三个方面。例如，目前外国人在马拉维一般只可在四大城市从事零售业务。参与马拉维国有企业民营化的外国投资者，最高只允许持有企业49%的股权。值得注意的是，马拉维禁止外国人在本国购买土地，除非与马拉维人成立合资公司，以投资为目的方可购买。外国人可以租赁农业用地用于农业开发，期限为25年。

各国一般以设立禁止投资行业、鼓励投资行业方式来对外商投资进行宏观上的引导和控制。如乌干达就规定禁止外资进入的行业包括：武器、军事装备和弹药，限制外资进入的行业包括金融、保险、机场、法律服务、航空和铁路运输、旅游、采矿、石油勘探与开发、水电、林业、医药和医院、广播电视节目传播等，鼓励外资进入的行业包括：农产品加工、制造业、旅游业等行业。

非洲英语国家对外资投资方式管理较为松散，外资可以用各种方式进行投资。如《冈比亚投资法》规定只要符合冈比亚法律，投资企业的注册形式可涵盖独资、合资等任何一种。

外资投资范围也非常广泛，除了如严重污染性行业、特殊资源开采行业、据工业等几个国家禁止投资的行业外，投资者可以投资全部行业。如乌干达列出了诸如武器、军事装备和弹药等外资禁止投资的行业，除此之外外资都可进入。

而各国对外资的管理和引导往往是为了保护和鼓励本国产业、经济的发展，如采取对本地产业所占股份的最低比例和雇佣本地劳工最低比例的规定来促进本国产业和经济的发展。如马拉维《投资促进法》规定：参与马拉维国有企业民营化的外国投资者，最高只允许持有企业49%的股权。冈比亚《投资及出口促进法》规定企业雇佣的外国职员不得超过职员总数的20%。

四、对外资的保护与鼓励

对外资的保护与鼓励，非洲英语国家投资法律一般从对企业雇佣外国就职人员、自由出口经济区、经济特区等方面提供优惠，对外来投资者实行便利化管理，为其提供程序便利。例如，塞舌尔于1995年设立了国际贸易区。塞舌尔相关法律规定，鼓励外国投资者进驻国际贸易区；赞比亚设立多功能经济区对赞比亚本地投资者和外国投资者实行无差别待遇，且要求10个省至少各有一个多功能经济区；厄立特里亚更是规定设在厄特自由贸易区以外的外资投资项目如满足条件，将享受视同区内企业的关税和消费税减免条款。

除设立经济区之外大多数国家都会设立鼓励投资产业，在这些产业范围内对外资基于较大优惠。例如，赞比亚规定多功能经济区、产业园或农村地区的内的制造业；基础设施建设；能源领域建设；供水领域建设等行业享受特殊的财政优惠措施，而且如果在农村地区投资的企业；农业、加工制造业和旅游业除了财政优惠外享有额外的所得税优惠政策；塞舌尔规定在旅游业、农业、制造业和服务业等领域为投资者提供优惠条件，简化投资审批程序。

大多数国家为了吸引投资和促进当地经济发展，对外国投资进行税收优惠，如津巴布韦对投资公共事业项目的外资，津巴布韦给予外资税收优惠政策是第一个五年免所得税，第二个五年按15%缴纳所得税（正常企业所得税率为25%)；莱索托规定对外国企业投资办厂给予一定的税收优惠及财政鼓励措施；博茨瓦纳更是规定对政府核准的投资企业给予5—10年的税收减免。

有些国家在海关检验检疫方面也会给予外国投资者优惠，如塞拉利昂规定外国投资企业出口在塞拉利昂生产的产品，不需要出口许可。

第二节　非洲法语国家的投资法律

非洲法语国家大多分布于西部和中部非洲地区，这些国家都以法语作为自己的官方语言，一些国家还使用本国原始语言和本国手语如阿尔及利亚手语和突尼斯手语。使用法语作为本国官方语言的国家有：刚果（金）、刚果（布）、科特迪瓦、卢旺达、中非、多哥、几内亚、马里、布基纳法索、喀麦隆、贝宁、尼日尔、布隆迪、塞内加尔、马达加斯加、科摩罗、塞舌尔、加蓬（法语、英语）、赤道几内亚（西班牙语、法语、葡萄牙语）、乍得（法语、阿拉伯语）、吉布提（法语、阿拉伯语）。此外，在埃及、突尼斯、摩洛哥、阿尔及利亚、毛里塔尼亚、毛里求斯等非洲国家，法语也是其官方语言之一。这些非洲法语国家均鼓励外商来本国进行投资，而且制定了专门性法律进行投资管理。因非洲法语国家受同一宗主国的影响，这些国家的投资法存在许多共同规定，例如，针对不同投资行业的外资进行不同程度的限制，存在保护主义色彩；在投资的股份架构上，强制性规定本国政府或企业的最低占比等。

一、法律渊源

同属于大陆法系，都以成文法为自己的法律渊源，包括宪法、法律，以及地方性法规如市政决议等，还有加入的国际组织和国际条约也属于其法律渊源。

二、外资进入条件

关于外资进入条件，需要得到相关部门的批准和许可。例如，在塞内加尔，国外自然人投资必须向投资促进和大型工程局公证处提交相关材料；在加蓬进行投资需要事先获得政府有关部门签发的许可；在塞内加尔，国外自然人投资必须向投资促进和大型工程局公证处提交相关材料；科特迪瓦规定投资金额在5亿西非法郎以上的，或涉及交通、商业、房地产、公共工程、银行和金融业的投资，投资者应先向科特迪瓦投资促进中心（CEPICI）递交申请材料，投资促进中心批复后，由投资技术委员会裁定是否给出许可证，房地产和公共工程的投资，还必须由建设部核准，银行和金融业投资须由经济和财政部与西非央行核准。

非洲法语国家中的大多数国家对投资领域或行业没有特别的限制，投资者可以进入大多数行业，例如，加蓬规定外国投资几乎可以进入加蓬所有行业，包括对国民经济起主导作用的石油、锰矿、森林等行业；刚果（金）2002年2月颁布的《投资法》规定，除禁止外国投资进入军事领域外，政府允许旨在促进经济发展的所有投资；吉布提法律更是没有明确规定禁止投资的行业。

只有少数国家规定了禁止外资进入，如尼日尔不允许企业投资木材生产；布隆迪政府禁止一切塑料袋及其他塑料包装在布隆迪的生产、进口、储存、销售和使用，布隆迪也规定禁止外商投资兵器、弹药等军工厂，并且禁止一切塑料袋及其他塑料包装在布隆迪的生产、进口、储存、销售和使用；科摩罗禁止投资生产酒类和加工猪肉及相关制品的项目。

三、对外资经营活动的管理

非洲法语国家的法律体系较齐全，且设置有相应的投资主管部门。例如，塞内加尔投资主管部门是塞内加尔经济、计划和合作部及投资促进和大型工程局；加蓬促进投资、公私合营和改善营商环境部是投资主管部门，其他有关部门负责分管本领域外国投资，石油、天然气和矿业部负责矿业和石油方面的投资，森林部负责森林方面的投资；卢旺达发展署（RDB）“一站式”服务中心为投资者提供从投资环境咨询到注册登记、后续服务在内的一系列快捷、方便的投资服务；尼日尔的投资主管部门是财政部和相关的专业部门；布基纳法索投资主管部门是布基纳法索投资促进署（ABI－BF）和总统府投资委员会（CPI）；布隆迪投资促进署（API）主管投资；刚果（布）全国投资委员会（CNI）是负责全国投资促进政策的机构；刚果（金）国家投资促进署是负责刚果（金）境内公共和私人投资的唯一服务窗口；吉布提经济、财政与工业部、投资和私营部门发展国务秘书处和国家投资促进局（ANPI）主管国内外投资；多哥商业、工业、私营行业发展与本地消费促进部为主要主管投资的机构，多哥工商会、出口加工免税区管理局为该部下属职能部门；国家投资促进署负责协助外国企业和个人到科摩罗投资和从事经贸活动，为外国企业提供各种咨询和服务；科特迪瓦投资促进中心（CEPICI）隶属于私营部门投资和发展促进部；在喀麦隆，不同的项目类型和投资方式各有不同的投资主管部门。

非洲法语国家对外资管理较为细致。一般会有多个部门来对外商投资进行管理，投资不同的行业要向不同的部门进行报备。如科特迪瓦规定，投资金额在5亿西非法郎以上的，或涉及交通、商业、房地产、公共工程、银行和金融业的投资，投资者应先向CEPICI递交申请材料，房地产和公共工程的投资，必须由建设部核准；银行和金融业投资须由经济和财政部与西非央行核准；刚果民主共和国规定矿产、石油、天然气、金融、保险、军工，以及政府间的重大投资合作由其他相关政府部门单独管理，投资者需要向政府主管部门单独提出申请。科摩罗规定开设银行、移动通信公司、航空公司需要行业主管部门特批、发放经营许可。

各国在某些行业对外资的限制会更加严格，限制方式主要是对其股权架构进行规定。例如，布基纳法索规定境内所有矿产开采行为均需得到布政府授权、受布政府监督，并与布政府合资开采，在任何新的采矿项目中政府都拥有10%—15%的干股，另有25%选择权。尼日尔规定对于投资石油、矿产、基础建设、工业和农业，一般尼日尔政府要占不少于20%的干股。

部分国家存在本国保护主义，通常表现为在重点行业内限制外商投资方式为必须和本国企业进行合资，例如，吉布提规定保险业、运输物流业、清关等必须与当地人合作投资；尼日尔规定除重点行业外，部分行业允许外资独资，大部分行业要求合资，但外商可以占大部分股。

四、对外资的保护与鼓励

非洲法语国家同样对外资进入的某些行业给予较大力度的鼓励政策，例如，卢旺达政府鼓励大型外资进入泥煤、太阳能、地热、水力、生物质能、旅游、出口加工、电子信息与技术、物流、沼气，以及风力发电、输电、配电及低造价住房领域，鼓励外国投资建设开发区、出口加工区或工业园；尼日尔鼓励外国企业投资石油、矿产、基础建设、工业和农业；布隆迪鼓励外国公司来布隆迪进行基础设施、能源、工业、加工业、农业等领域的投资合作。

有些国家着重规定了外资进入享受国民待遇，如加蓬和布基纳法索。科摩罗则政府鼓励外国企业在科摩罗投资开办独资企业，鼓励外国企业并购、投资参股改造科摩罗国有企业。该特殊鼓励政策只存在于科摩罗投资法中，类似鼓励政策在其他非洲法语国家相对少见。

非洲法语国家大多会对外资进行税收政策方面的优惠来鼓励外商投资，如科特迪瓦规定税收优惠政策实行投资申报税务减免制度和投资许可税务减免制度两个体系，根据2018年新《投资法》规定，可享受鼓励政策的行业分为Ⅰ、Ⅱ两类：Ⅰ类：农业、农用工业、旅馆业、卫生和专业高等教育；Ⅱ类：不属于Ⅰ类行业且不属于不享受鼓励政策行业的行业。

第三节　非洲阿拉伯语国家的投资法律

非洲阿拉伯语国家系非洲北部以阿拉伯语为主，使用阿拉伯语的非洲国家，包括利比亚、埃及、突尼斯、阿尔及利亚、毛里塔尼亚、索马里、苏丹、摩洛哥（阿拉伯语、法语）、乍得（法语、阿拉伯语）、吉布提（法语、阿拉伯语）、厄立特里亚（英语、阿拉伯语），了解埃及、摩洛哥、突尼斯、利比亚、苏丹、阿尔及利亚等非洲主要阿拉伯语国家的投资法律与制度，可充分认识这些国家通过一定的优惠政策或相关法律对外资进行保护和鼓励。同时，非洲阿拉伯语国家也对部分外资进入的条件进行了限制与制约，有些国家通过制定专门性的投资相关法律并设置投资管理部门，以加强对外资经营活动的规范管理。

一、法律渊源

非洲阿拉伯语国家多受大陆法系影响，具有大陆法系的法律特点，尤其是大陆法系国家的法典化传统，在北非阿拉伯语国家中也体现出成文法典的特色。例如，埃及颁布有宪法、刑法典、民法典等法典，其法律体系还受到罗马法等法的历史渊源的影响；摩洛哥的法典主要包括1956年《民法典》、1959年《刑事诉讼法典》、1996年《商法典》，以及1993年修订的《民事诉讼法典》和1994年修订的《刑法典》等。

阿拉伯语国家大多数是伊斯兰教国家，其法律体系同样受到伊斯兰教的影响，例如，埃及法律就受到伊斯兰教义的影响，利比亚在宪法之中确立伊斯兰教为国教，其法律渊源的等级按降序依次为：立法、伊斯兰法原则、习俗和自然法以及公平原则。

二、外资进入条件

关于外资进入条件，非洲阿拉伯语国家即使并没有特别明显的限制条件，但是有些国家明确阐述了禁止外资进入的限制性行业，如在埃及，禁止外资进入商业流通、中介、航空业、金融业、铁路运营、天然气销售、进口业务和再生原材料进口等特殊行业；在摩洛哥对于受到保护的战略性资源开采行业，外资无法进入，如磷酸盐开采行业。

有些国家虽然没有上述国家规定的强制性不准进入行业却规定了需要获得批准才能进入的行业。如突尼斯相关法律规定，外国投资者对捕鱼、旅游、运输、通讯、影视业、矿产开发、能源、金融以及内贸等行业的投资需要事先获得突尼斯相关政府部门的批准。

阿尔及利亚则较为特殊，该国家没有禁止外资进入任何行业，相反政府鼓励非碳氢领域的投资，尤其是工业、农业领域的投资，外国投资除受双边投资保护协定保护外，投资者还可与阿投资发展局商签投资协议。

而在一些国家进行投资，要知道投资之前需要获得相关部门的许可，准备工作要齐全，比如在苏丹，外国公司只要具备相关行业资质、一定企业规模、经营业绩，经苏丹投资和国际合作部许可，即可进入苏丹市场。

此外，有些国家直接规定，到当地来投资需要满足一定的条件以带动当地的经济。如在利比亚投资需要满足以下规定条件：生产的产品用于出口、增加出口或替代进口商品；能为利比亚公民创造就业机会并培训，以提高他们的熟练程度和技术，增加其工作阅历；使用先进技术、品牌或技术经验；提供国民经济发展所需的服务或参与改善、发展该服务；加强和完善其业务与国民经济发展项目的联系，降低生产成本，使用当他材料和其他生产过程中所需的物资；建立使用或有助于使用当地原材料的；参与边远地区经济发展。

三、对外资经营活动的管理

非洲阿拉伯语国家对外资管理较为细致，会专门设置不同的部门来对外商投资进行管理，较为分散如突尼斯设置突尼斯投资署（ TIA）、外国投资促进署（FIPA）、工业和创新促进署（IAPI）、农业投资促进署（APIA ）、出口促进中心（ CEPEX）；摩洛哥可以对外资进行的管理的部门有工业、贸易和绿色及数字经济部、摩洛哥投资和出口发展署（AMDIE）、大区投资中心（CRI）；阿尔及利亚对外资经营进行管理的主要部门为：国家投资管理委员、工业和投资促进部、国家投资发展局。

苏丹则成立“最高投资委员会”负责外国投资相关事务；利比亚主管外国投资的政府部门是利比亚私有化和投资局，其专门负责管理外商投资及其相关问题，且对于外资经营多为鼓励态度，还会给予不少优惠政策。

四、对外资的保护与鼓励

对外资的保护力度较大，如 2016 年 8 月，为实现经济多元化发展，进一步吸引投资，阿尔及利亚出台了新投资促进法。新投资促进法重新制定了各项投资优惠政策，简化了办事手续，将促进投资的各项措施进行整合，旨在最大限度地为投资者提供便利和支持。此外，大多数国家的投资法规定了对于外资行政手续的简化，例如，埃及投资法规定，外资进行投资简化公司注册审批程序、畅通申诉渠道；阿尔及利亚新投资法重新制定了各项投资优惠政策，简化了办事手续，将促进投资的各项措施进行整合，旨在最大限度地为投资者提供便利和支持。

外汇管制较为宽松，以吸引外国投资，如摩洛哥实行投资项下外汇（包括利润）足额自由出入的政策。

非洲阿拉伯语国家的投资法也存在特殊规定，有些国家会颁布不动产方面的特殊政策以鼓励外资经营，例如，摩洛哥规定外资能够长期租用农用地，但是不能购买；突尼斯规定投资者可以自由持有、租用和开发非农业不动产，以进行直接投资或扩展其用途。

第四节　非洲葡萄牙语和西班牙语国家的投资法律

非洲葡萄牙语和西班牙语国家是指主要使用西班牙和葡萄牙语的非洲国家，包括非洲葡萄牙语国家几内亚比绍、佛得角、莫桑比克、圣多美和普林西比、安哥拉，以及非洲西班牙语国家赤道几内亚。1996 年 7 月，5 个非洲葡萄牙语国家均加入了葡萄牙语国家共同体。在与曾经的宗主国关系上，非洲葡萄牙语和西班牙语国家均与葡萄牙、西班牙保持着特殊关系，各领域合作密切。葡萄牙、西班牙也是这些国家最大援助国和主要投资贸易伙伴之一。在法律制度上，这些国家也深受葡萄牙和西班牙的影响。

一、法律渊源

非洲葡萄牙语国家受葡萄牙的影响其法律体系多受到葡萄牙民法以及传统习惯的影响，如莫桑比克从正式法源来说属于大陆法系，成文法是其主要法律渊源，判例不具有普通法系统所理解的法律约束力，也不被视为法律渊源。在没有正式法律规范的农村，主要是穆斯林村庄，可能适用伊斯兰法律。在2004年莫桑比克《宪法》中，承认了法律的多元化，是一种基于大陆法系（民法）和其他规范体系的结合。同样佛得角也拥有宪法以及其他法典。

同时，赤道几内亚与几内亚比绍两国因为地理位置的原因受到非洲商法统一协调组织（OHADA）的影响，其法律渊源除了受葡萄牙影响的法典之外，还存在各种属于这个组织的统一协调法律，且具有极高的法律效力。

二、外资进入条件

关于外资进入条件，非洲葡萄牙语和西班牙语国家之间的规定存在着差异，有些国家不仅明确规定了外资禁止或者限制投资的相关领域，而且需要获得相关部门的许可，例如，佛得角禁止外资进入军事领域，限制外资进入电信、广播电视等媒体业及水电行业，外商投资这些行业必须获得由政府有关部门签发的许可证；赤道几内亚对石油行业进入进行限制，所有从事石油行业或从属该行业的企业和公司的股本中均要有赤道几内亚当地自然人或企业独资法人的股本金。

有些国家具体规定了投资的程序与实施的方法，如在安哥拉，私人投资需通过申报、初审、审批三个环节，对石油、钻石以及金融机构的外国投资须接受专门法律的管理，根据新的安哥拉《私人投资法》，境外投资的实施方式包括：国外自有资本转移；使用非常住居民在安哥拉银行账户中可依法汇出的本外币资金；在安哥拉境内使用再投资资金；转让机械、设备、配件以及其他固定资产；利用技术和知识参股。在几内亚比绍，投资人在办理开业前所需的各项手续，可通过私人投资促进局完成。私人投资局自收到项目申请材料30日内，答复是否最终予以注册。

赤道几内亚《投资法》中明确规定赤道几内亚主要对石油行业进入进行限制，所有从事石油行业或从属该行业的企业和公司的股本中均要有赤道几内亚当地自然人或企业独资法人的股本金。对于石油行业，赤道几内亚方合股人的股本金在赤几的外资企业中或在赤几从事经营的外商成立的企业中，不得低于35%。赤道几内亚当地的合股人不得少于3个。在董事会中，赤道几内亚方的董事不得少于1/3。油气领域的政府和/或国有企业在石油领域以及任何从属于该领域的企业中享有优先合股的权力。当其股本超过35%时，可成为在赤道几内亚的外资企业，或在赤道几内亚从事经营的外商成立的企业中唯一一家本国参股企业。

三、对外资经营活动的管理

葡萄牙语和非洲西班牙语国家对外商投资会设立专门的政府机构进行统一的管理，例如，赤道几内亚的设置贸易和中小企业促进部主观外商投资；莫桑比克专门设置投资和出口促进局（APIEX）。上述机构专门进行投资活动管理。

国家会对投资行业进行划分，某些行业会禁止外商投资，如赤道几内亚禁止外国投资军火、炸药、武器等军工领域；禁止投资生产有毒、危险和放射性物质或废物的产品以及酒精饮料（不含啤酒）。

某些国家还会对不同地区设置不同的贸易区，进行分别的管理，如安哥拉依照各地区的发展水平，将全国划分为四个区域，在不同的区域投资，将享受不同的投资鼓励政策。

在莫桑比克就限制进入的行业有：有关法律规定范围内的公共消费及生产用电；市区民用和工业用水的供应；邮政服务；发展和管理国家公园、海域或其他法律保护的区域；武器、弹药的生产、分配和贸易。

安哥拉的投资管理机构是私人投资与出口促进局，其职能是：促进国内外私人投资；帮助安哥拉企业国际化；提高安哥拉品牌及产品的海外形象。

四、对外资的保护与鼓励

政府对于希望通过外资经济、技术引进以提升本土行业质量的领域多有侧重，如佛得角政府鼓励外商投资的重点领域包括旅游业、可再生能源、海洋经济、信息通信等。政府为相关投资制定专门优惠政策。

例如，几内亚比绍《投资法》规定了外资投资的保障措施，即外国投资者享有与本国投资者同样的权利与保障，享有法律规定的投资鼓励政策。任何私有财产，无论物资、贸易，还是非物质财产，均受到应有的保障。几内亚比绍按照《投资法》对外国投资提供保护，不影响其与他国或国际组织所签协议中规定的其他保障，也不影响其与多边投资保障机构所签协议中规定的保护。几内亚比绍不对 企业采取国有化等措施，几内亚比绍对企业合法经营活动不予干涉，对企业商业秘密予以尊重，合法收益可以汇往国外。若出于公共利益需征用已批准项目的任何财产，几内亚比绍政府保证向投资者进行合理赔偿。赔偿金额将依据国际法规定和惯例，或通过国际仲裁决定。

又如，安哥拉政府给予外国投资者国民待遇，保证外国投资者对投资的所有权和支配权，给予外国投资者与本国投资者同等的税收鼓励政策和必要的便利。对农业、农产品加工业、林业、纺织服装业、制鞋业、酒店业、旅游业、基础设施建设、公共工程、电讯及信息技术工程、能源水利、教育、人员培训和研究、卫生领域的投资给予鼓励。安哥拉依照各地区的发展水平，将全国划分为四个区域，在不同的区域投资，将享受不同的投资鼓励政策。

莫桑比克投资法中鼓励外商投资的范围：农业、牧业和农产品加工企业；林业、木材业的加工和开发；矿产业的开发及加工；化工、纺织和机械工业；电子工业；其他制造业；交通、通信等服务业的开发；国有企业的私有化等。

第五章　非洲工程承包法律制度

第一节　中非国际工程承包合作现状

一、非洲基础设施建设概况

《非洲大陆自由贸易区协定》启动，协定重新规划了非洲内部贸易，为创造全球最大的单一市场打下制度基础。然而，这一目标的实现仍需克服诸多难题，其中基础设施建设对协定是否能正常运营和成功至关重要。各成员国必须发展硬基础设施，实现物理和数字无缝连接，并通过软基础设施实现流程的协调。基础设施建设将成为非洲大陆自由贸易区的关键推动力，同时也为国际工程承包市场贡献了巨大需求。

目前，非洲大陆的基础设施建设无论从数量还是质量上来说，与世界其他地区的发展都不能相提并论。此前，非盟于 2012 年 1 月召开第 18 届非盟首脑会议并通过了《2012—2020 年非洲基础设施发展计划》，拟定了一个十分强大的框架，明确了在整个非洲大陆在国家和跨境级别实施的优先基础设施项目，第一阶段优先行动计划包含了 51 个路径计划，具体分为能源、运输、信息与通信技术和跨界水资源行业等 400 多个独立项目。第二阶段优先行动计划实施阶段为 2021 年至 2030 年。非洲联盟委员会研究审查了现有资料并进行了市场与需求研究，对 2030 年的区域基础设施需求进行了预测，数据显示非洲大陆在运输、能源、信息与通信技术以及水项目上的需求将持续增长。回顾过去十年间非洲基础设施建设的情况，总体而言，大多数完成的项目都属于运输行业，其次是信息与通信技术和能源行业。信息与通信技术项目总数占大陆项目的一半，而能源项目相对分散在区域经济共同体，近半的信息与通信技术项目已完成并处于运营阶段。相比之下，只有 6% 的能源、19%的交通和11%的水利工程在运营中，而水项目仅占3%。

二、中国在非洲工程承包的基本情况

20世纪60年代，中非国际工程合作已然拉开序幕，坦赞铁路是早期中非基础设施建设的代表项目。此后，中非基础设施建设合作项目逐年增多，中非经贸合作蓬勃发展。2000年中非合作论坛成立，中国投资者前往非洲承建的项目规模不断壮大，中非基础设施建设合作进入了新的阶段。2008年中国对非洲承包工程完成营业额达到197.5亿美元，是2000年的18倍，占全球比例由2000年的16.4%攀升至34.9%。这一阶段中国与非洲在铁路、公路、港口、电厂、电信设施、水坝等基础设施领域开展了多方位的合作。

2013年，中国提出“一带一路”倡议，加强了与非盟《2063年议程》和非洲各国发展战略的对接，与非盟共同编制《中非基础设施合作规划》，基础设施合作成为2015年中非“十大合作计划”主要领域。2015年中国对非洲承包工程完成营业额为547.8亿美元，随后两年稳定在510亿美元以上。

2018年9月，中非合作论坛北京峰会取得圆满成功，中非双方一致同意构架更加紧密的命运共同体，中非基础设施建设合作项目持续增加。

2020年，中国对非工程承包业务规模总体保持扩大态势。2020年，中国对外直接投资1329.4亿美元，同比增长3.3%，对外承包工程新签项目的八成集中在基础设施领域。中非基础设施合作在2020年新签合同额达679亿美元，同比增长21.4%。从2019年ENR《全球最大250家国际承包商排行榜》及商务部《中国对外投资合作发展报告》来看，74家中国企业业务量占非洲市场总份额的61.9%，企业数量和市场份额均位于各国承包商前列。

尽管非洲基础设施建设市场前景广阔，但中国投资者前往非洲进行跨国投标牵涉至少两国/地区的法律法规和政策（尤其是合同法、税法/税收协定、外汇管理法、劳动法、进出口管理法、环境保护法等），行业规范，以及地方习俗，乃至法系影响等诸多方面。此外还需探知东道国的司法实践，由于历史和现实原因，各国国家和地区奉行的法系和法律规范学说大多不同，即使是同一法系下的国家，诸多时候各国/各地的法律意识、法律法规、行政命令、执法方式和法律信仰也是千差万别的。招投标牵涉的不同国家和地区、不同资金来源、不同性质、不同执行方式等所涉及的基本法律法规和招投标专项法律法规的适用问题千奇百态。

第二节 非洲国际工程承包监管立法

国际工程承包泛指由两个以上国家或者地区的主体，按照国际通用模式与通行标准进行的，包含工程咨询、投资、招投标、设备采购、监管等诸多环节的项目。东道国的工程承包监管立法体系一般包括规制投资者招标投标行为的公共采购或者政府采购立法以及项目所涉及行业的具体立法实现对该行业的监管。

当前在世界范围内通行的四大国际招标规则分别是联合国贸易发展委员会制定的《公共采购示范法》、世界银行制定的《货物、工程和非咨询服务采购指南》、世界贸易组织制定的《政府采购协议》以及欧盟“公共采购指令”。其中，《公共采购示范法》在非洲大陆的适用最为广泛，各国根据该法建立了自己的公共采购立法体系。

一、非洲国家公共采购立法

“公共采购”是指国家获取履行公共职能所需的货物、工程和服务的过程。在最广义的定义中，采购职能涵盖了从确定所需货物或服务到确定供应商的整个过程，再到维持（履行、管理、取消）订约当局与供应商之间签订的合同。国家通常通过立法规范公共采购。在这一法律领域内，许多监管文书的重点是指导合同订立过程的规则，特别是确定供应商和授予供应商合同的过程。

（一）非洲公共采购法律的国际化

在过去 20 年中，公共采购法律的发展及其学术研究在全球范围内取得了显著的势头。关于公共采购的两个主要国际监管制度——世界贸易组织的《政府采购协定》和联合国国际贸易法委员会的《公共采购示范法》都经过了全面的审查，从而为世界各国制定相关法律提供指导。在非洲大陆，继 1998 年在阿布贾举行的非洲公共采购改革国际会议和 2009 年 11 月在突尼斯举行的非洲公共采购问题高级别论坛之后，公共采购制度改革浪潮似乎势头强劲，这两次论坛都由非洲开发银行集团、东部和南部非洲共同市场、西非经济和货币联盟、非洲能力建设基金会、经济合作与发展组织和世界银行等赞助，表现出了世界对于非洲工程市场的巨大关注。

出席 1998 年会议的有 30 多个非洲政府和更多的国际发展伙伴。在这次会议上，9 个缔约方同意：（a）非洲公共采购现代化以符合国际标准和最佳做法的必要性；（b）在所有利益攸关方之间就参与公共采购改革的紧迫性达成共识；（c）以注重问责制、透明度和效率的共同战略框架推动国家改革方案。这次会议极大地推动了非洲各国的公共采购法律体系建设。此外于 2009 年在突尼斯举行的非洲公共采购问题高级别论坛上，与会者认识到自 1998 年阿布贾会议以来公共采购监管方面的重大发展，并重申了他们的承诺："巩固改革，促进多部门和参与性方法，将公共采购纳入所有国家改革的主流，以提高其经济影响，特别是在创新部门。"为了实现这一点，其需要整个东南非共同市场的公共采购规则和做法现代化以实现统一和协调。此外，值得注意的是，该项目还旨在使这种统一的做法与"国际惯例"保持一致。因此，该方案不仅对地方公共采购制度产生了影响，而且还作为一种媒介，将更广泛的国际影响传递给该地区的国家制度。根据这一倡议，东南非共同市场制定了一项成员国公共采购改革的示范战略，其中包括一个监管模式，成员国必须使其国内采购立法与这些规定保持一致，以便在阈值范围内进行采购。东南非共同市场改革倡议特别成功。到 2012 年，19 个东南非共同市场成员国中的 14 个成员国已将其采购系统与根据该倡议制定的模式相一致，成员国承诺在 2014 年之前根据 2009 年东南非共同委员会采购条例实施区域采购系统，第一阶段包括全面审查成员国的采购制度，并于 2005 年通过了两项旨在现代化和协调的区域公共采购指令，于 2007 年开始的第二阶段旨在将这些指令落实到成员国的国家法律中。

（二）非洲公共采购法律体系

非洲各国的法律体系混合复杂，其中公共采购法律体系大致分为三类。

第一类是制定了专门的公私合营立法，并辅以相应的专门条例。这种立法模式主要在非洲普通法系国家被采用。例如毛里求斯（2004 年）、赞比亚（2009 年）、坦桑尼亚（2010 年）、肯尼亚（2014 年）、乌干达（2015 年）等都制定了专门的公私合营立法。其中坦桑尼亚于 2011 年 6 月通过了《公私合营法实施条例》，其中规定了关于公私合营实施的更详细的措施。

第二类是没有制定专门的公私合营法，但制定了与公私合营相关的其他立法，如《公共采购法》《特许权法》《招投标法》《合营合同法》等。主要是非洲大陆法系国家采用了此类立法模式，在这些国家中，南非的立法是最全面和最具代表性的，其分别于1999年和2000年制定了《公共财政管理法》和《优先采购政策框架法》。此外，利比里亚在2005年制定了《公共采购及特许权法修正案》，喀麦隆于2006年制定了《合营合同法》，埃及在2010年制定了《基础设施、服务及公共领域私人合营法》。

第三类是还没有制定任何公私合营立法，但政府颁布了部分意以开展PPP项目的政策。例如，加纳在2011年6月颁布了《关于公私合营的国家政策》，以推动本国PPP项目的开展，鼓励社会资本进入公共服务项目；博茨瓦纳财政及发展规划部于2009年6月颁布了《公私合营政策及实施框架》，冈比亚政府颁布了《国家公私合营政策（2015—2020年）》等。

二、非洲公共采购法律主要内容

（一）信息传递

按照《公共采购示范法》采购实体应按照要求传递采购过程中产生的任何文件、通知、决定或其他信息，并留有记录，能够调取供日后查用。

以肯尼亚《公私合营法》为例，其规定公私合营项目签署前，缔约当局应在相关委员会批准后，在至少两份全国发行的报纸和电子媒体上发出通知，邀请承包商进行资格申请。并在与承包商签署项目协议后在至少两份全国发行的报纸和电子媒体上公布招标结果以及以下信息：（a）项目的性质；（b）项目范围；（c）中标人；（d）按净现值计算的项目成本；（e）项目价值和电价；（f）项目的持续时间。信息披露制度在一定程度上防止了腐败现象发生。

（二）承包商条件

《公共采购示范法》规定一般情况下，采购机构不得以供应商或承包商的国籍为由限制其参加采购程序，除非基于本国采购条例或其他法律规定列明的规定。除法定理由外，采购实体不得为限制供应商或承包商参加采购程序而设定可能造成歧视或者区别对待的要求。

目前，非洲多数公共采购相关法律中都会设置“资格预审”环节，一方面是可以事先对投标单位进行一轮筛选，遴选有承包能力的投标人或承包商，另一方面也有助于节省招投标的人力、物力成本，保证投标人质量的同时也避免投标费用的浪费。

非洲各国的资格预审一般审核的项目包括但不限于潜在投标人的公司经

营状况（主要是财务状况）、业内信誉和口碑、专业技术能力、国际/国内工程项目承包和管理经验水平等。此外，有些国家可能也会对部分投标人或者投资人做一些背景调查，或者要求出具保证函件。

其一，有些国家规定需要在当地注册公司，否则无法承包工程项目。如尼日利亚规定要求外国承包商在当地注册公司，在项目所在州政府或联邦政府部门进行承包商注册，并要求每年更新，同时，外国自然人需以公司名义承揽工程承包项目。坦桑尼亚则规定，外国承包商在坦经营，必须到坦桑尼亚承包商注册协会进行注册。获得永久注册证的外国承包商，可在坦桑尼亚长期经营，但每年需缴纳一定数额的年费。

其二，部分国家规定，资格核查必须由当地有关部门进行，并根据不同的企业资质划分不同类型和规模的承包项目。以乌干达为例，乌干达资质审查项目主要包括法律合规、未破产、未被禁止从事此行业、提供完税证明、财务报表、社保缴纳证明。乌干达采购法案对当地公司、在乌干达成立的公司和外国公司工程承包、咨询服务、供应服务的要求和限制有：（a）供应合同：10亿先令及以下的合同，只授予当地公司、在乌干达成立的公司；超过10亿先令的可以授予外国公司。（b）道路合同：450亿先令及以下的合同，只能授予当地公司、在乌干达成立的公司；超过450亿先令的可以授予外国公司。（c）其他公共工程：100亿先令及以下的合同，只授予当地公司、在乌干达成立的公司；超过100亿先令的可以授予外国公司。

（三）采购标的说明

为了禁止歧视性的措施，《公共采购示范法》规定，有预审文件或预选文件的，此种文件应当载列采购标的说明；采购实体应当在源文件中列出其将用以评审提交书的采购标的的详细说明，其中包括提交书被认具而必须达到的最低要求，以及拟适用这些最低要求的方式。

以肯尼亚《公私合营法》为例，其规定采购机构订约当局应与该单位协商，编制与项目有关的投标邀请书和招标文件，以进行招标。编制的投标文件应包括以下信息：（a）编制和提交标书所需的与项目相关的一般信息；（b）项目规范，包括投标人应满足的技术和财务条件；（c）最终产品的规格、服务水平、性能指标以及订约当局和相关监管机构认为必要的其他要求，包括投标人应满足的安全、安保和环境保护要求；（d）项目协议的基本条款和条件，包括不可谈判的条件；（e）评标标准和方法；（f）投标人需要填写和提交的表格和文件；（g）投标人要求提交的投标保证金的价值；

(h) 投标人提交投标文件的截止日期和地点。

（四）评审标准

《公共采购示范法》规定具体的评审标准包括以下几点：(a) 价格；(b) 货物操作保养和维修费用或工程费用；(c) 交付货物、完成工程或提供服务的时间；(d) 采购标的或工程的功能特点和环境特点；(e) 采购标的的付款条件和保证条件。

以肯尼亚《公私合营法》为例，其规定订约当局应组建一个项目评估小组，对其拟在公私伙伴关系下实施的项目进行可行性研究，以确定根据本法案实施项目的可行性。在进行可行性研究时，订约当局应考虑：(a) 项目的技术要求；(b) 项目各方应满足的法律要求；(c) 项目的社会、经济和环境影响。

以南非为例，进入招投标程序后，预合格投标人将向采购机关作出响应，提交投标方案。对此，南非设立技术评估小组、评估协调委员会、项目评估委员会，共同承担 PPP 采购的评标工作。三个评估机构依次在各自职权范围内从技术（含技术方案、法律方案、财务方案）、BEE 成分、价格对预合格投标人考察。经评估，最终确立一名优选投标人和一名或多名备选投标人。

（五）取消采购、否决异常低价提交书和排除供应商

《公共采购示范法》规定采购实体可以选择提交书递交截止日期之前的任何时候取消采购，在提交书被接受的供应商未能按要求签订采购合同或者未能提供履约担保的情况下，还可以在中选提交书已获接受之后取消采购。

以肯尼亚《公私合营法》为例，其规定肯尼亚资格预审委员会应取消投标人的资格，如果该投标人：(a) 提交了与其资格相关的虚假、不准确或不完整的信息；(b) 串通、纵容或参与任何腐败或不诚实行为；(c) 未能满足资格标准；(d) 违反本法案或任何其他成文法律的规定，以便在授予标书时对其他投标人具有不公平的优势。

（六）采购合同生效

《公共采购示范法》还规定了采购合同生效方法，主要包括以下三种：(a) 发出接受通知书时生效；(b) 签署书面采购合同生效；(c) 主管机构批准时生效。

以肯尼亚《公私合营法》为例，其规定：(a) 委员会应在内阁或议会

作出决定之日起30天内，将内阁或议会的决定通知缔约当局；（b）如果内阁批准项目实施或议会批准项目协议，则订约当局应最终确定项目协议，供项目各方执行；（c）订约当局应将内阁或议会的决定以书面形式传达给参与项目投标的所有投标人。

以南非为例，当采购机关与投标人协商成功，意味着PPP协议和相关技术方案的合意达成。此时，双方须将达成的PPP协议提交国家财政部获得批准，PPP采购交易宣告完成。

（七）招标程序主要规定

考虑到各国的不同实践与需要，《公共采购示范法》规定了多种采购方式以供颁布国根据需要进行选择。主要根据采购标的的复杂程度来选择采购方式，对于特定采购情形，并在实际可行的限度内力求实现最大限度的竞争。

根据《公共采购示范法》的规定，采购实体必须使用公开招标除非有正当理由使用另一种采购方法。采购实体在规定的媒体上发布招标公告，所有有兴趣的供应商均可参加投标，公开招标的开标家数没有限制，即使只有两家供应商报名，也可开标。

在非洲，国家的一般大型工程项目都是通过公开招标进行，少数项目会采取有限招标、议标方式、邀请招标、竞争性谈判、单一来源谈判方式。

为了实现物有所值，公共采购规则通常要求订约当局通过某种竞争性方法进行采购，允许多个供应商竞争合同。因此，竞争是实现物超所值的关键手段。从法律角度来看，要求竞争的明确规则的可执行性是确保物有所值的另一个关键机制。

采购过程中的效率是另一个重要目标，它也具有重大的成本影响，必须与竞争相平衡，以实现物超所值。从效率的角度来看，与数百家供应商接洽购买一件价值不大的物品是不明智的，因为通过这种综合采购方法可能实现的更好的性价比几乎肯定会被采购方法的高成本所抵消。

以肯尼亚《公私合营法》为例，其规定，除非本法另有规定，所有项目均应通过竞争性招标程序进行采购。根据肯尼亚法律，直接采购只有在以下特定情形下适用：（a）专利限制；单一来源渠道；（b）基于国家、双边或国际合作以及其他特定的战略原因；（c）合同追加；（d）原有项目的后续扩充；（e）不可预见的紧急情况或内阁秘书规定其他情形。根据肯尼亚法律，限制性招标适用于以下4种情形：（a）工程和服务因其技术复杂或专业性强，合同竞争仅限于通过资格预审的投标人；（b）审查和评估大量投标书所需的时间和成本与拟采购工程或服务的价值不成比例；（c）整个市场上只有少数特定供应商能够提供项目所需要的物质或服务；（d）缔约机构在网站上发布了关于限制性招标采购意向的广告。

三、非洲建筑工程承包专门法律

（一）施工资格获取

以埃及的建筑法为例，试图承包埃及建筑的投资者必须根据 1992 年第 104 号法律及其执行条例的规定在埃及建筑承包商联合会注册。根据上述法律 1993 年第 205 号执行条例第 8 条："从事建筑、公共工程、填海造地、装置、疏浚、海洋建筑工程和其他工程性质的工程活动的，无论是自然人还是法人，无论遵循何种法律制度，都应申请注册，以取得资格。"

此外，要求参加补充工程的承包商应提交除工程师保险单以外的所有文件，保险单应由监理工程的顾问工程师出具的证书代替。承包商应通过业主或授权与政府和非政府机构打交道的总授权书或与埃及建筑承包商联合会打交道的特别授权书提交文件。在获得埃及建筑承包商联合会成员资格后，公司将能够参与埃及政府计划的基础设施改善项目相关的建设项目，包括开发或参与与住宅区/建筑物建设相关的建设工程。

值得一提的是，愿意参与埃及基础设施项目和政府项目的建筑公司须遵守 2018 年第 182 号法律，该法律规定公共当局应通过一般做法、招标或直接协议将特定项目的完工情况转让给施工公司，否则，施工公司将无法参与上述工程。

（二）延迟开工或未能完成项目的后果

延迟开工时，承揽人在执行契约期间，未依时间表所定日期或契约所引执行期限办理者，主管机关得为公共利益之考量，延长其完成契约之期限，不得延误因其无法控制的原因延误的罚款。如果承包商因其原因未能遵守执行时间表，则应从延长的合同竣工日期开始收取延误罚款，无需向其发出通知或警告，或采取任何其他行动。

（三）延误罚款的计算方法

对于施工工程，如果延误时间不超过整个运营期的 10%，则累计延误罚款不得超过合同价值的 10%。如果延迟时间超过上述阈值，延迟罚款应增加至15%。

但是，如果发现延误是由于承包商无法控制的原因造成的，主管当局应作出决定予以豁免。除此之外，如果没有造成损害，主管当局可以免除承包商部分或全部的延期罚款。主管机关认为适当的，可以征求国务院外资主管部门的意见。

行政机关征收延迟违约金，不放弃向承包人追偿因延迟造成的全部损失的权利。未完成工程者，行政机关得解除契约，或由承揽人负担费用执行。

在由承包商承担费用解除或执行合同的所有情况下，行政实体应有权获得履约保证金，并可从应付给承包商或将要付给承包商的任何款项中扣除其所有延期罚款索赔和由此产生的任何损失。如果这些数额不足以支付其索赔，行政实体应从其对任何其他行政实体的任何索赔中扣除，而不必采取任何法律程序。这不损害行政实体就其无法通过行政方式收回的索赔向承包商提出法律追索的权利。

关于修改建筑工程合同金额，同一法律提到，如果合同订立后发生任何变化，需要修改其金额，行政实体可以在建筑工程各合同项目数量的25%的阈值内，在其他合同各项目数量的15%的门槛内，以相同的条款、规范和价格修改合同（增减）。为了修改合同，应获得主管当局或部长内阁的批准，应随时获得必要的拨款，并应在合同有效期内作出修改，但该修订不应影响承包商的优先顺序，必要时应修订原始合同的条款，使其与增减量相称。

四、其他关于工程承包的特殊法律要求

（一）环境法律规定

伴随着环境权入宪，非洲成为全球环境权入宪的主力军，20世纪90年代，非洲国家普遍加强了环境立法和执法，开始构建系统的环境保护法律制度，这些国家尤以非洲大陆法系国家居多，从宣示性的单一型条款到公民权利义务结合国家责任与司法救济的综合型条款，非洲各国对公民环境权保护与救济的法律制度日益完善。

1. 环境管理基本原则

非洲各国的环保基本法一般都会确立本国环境管理的基本原则。比较有代表性的如阿尔及利亚《环境可持续保障法》提出的“生物多样性保护原则、自然资源不退化原则、替代原则、一体化原则、预防行动优先原则、污

染者自付原则、信息公开和参与原则”等；尼日尔《环境法典》提出了“预防行动优先原则、预防原则、污染者自付原则、责任原则、共同参与原则、辅助性原则”等。

2. 环境权

肯尼亚2010年《宪法》规定了公民享有环境权，这些权利从两个方面得到实现：其一是个人和团体享有的环境权利和义务，其二是为实现这些权利提供的保障。肯尼亚2010年《宪法》在第22条、第70条、第71条和第72条规定了实现环境权利的保障条款，包括公民环境权益受到侵害后的司法救济措施、环境公益诉讼的宪法根据、政府授权他人开发自然资源需要经审慎批准以及国会在完善具体环境法律制度上的责任等。

肯尼亚《环境管理与协作法》规定人们享有清洁、健康的环境的权利，每个人都有义务保护环境。这项权利的规定，直接导致了有关环境权利的救济措施，任何人只要宣称其环境权利遭受或正在遭受损害，他就可以向法院申请获得禁令，要求执法人员采取适当措施，或者要求某项活动接受审计，或者要求当事人恢复环境、赔偿损失。

3. 环境管理机构

非洲各国大多通过授权环境保护行政机构相关职能以统筹管理全国的环境问题。在非洲大多数国家中国家或联邦的环境管理部门是最主要的管理单位，其职能包括负责制定环境发展计划、颁布环境管理法规、统筹环境治理资金等。

以肯尼亚为例，其《环境管理与协作法》规定环境管理职责由国家环境管理委员会、环境和林业部、水和公共卫生部与其他半官方性质（准政府性质）的机构共同承担。半官方机构在其环境治理中有重要作用，他们与中央部门、部级单位、地方政府密切合作，并且可以按程序享有执法权。

4. 环境影响评价

环境影响评价作为环境管理的基本工具，在非洲国家已被广泛运用。例如苏丹《环境保护法》规定：任何可能对环境或自然资源造成不利影响的项目在实施前必须进行环境影响评价；阿尔及利亚《环境可持续保障法》要求：对于开发项目、基础设施、固定设施、工厂和其他建筑以及各项工作方案的建设和开发，都应事先并酌情声明对环境的影响；尼日尔《环境法典》规定：重大的或对自然环境产生影响的开发活动、项目建设和发展方案需事先得到环境部长的批准；尼日利亚还专门颁布了《环境影响评价法》，规定任何人策划的项目或开发活动，可能对环境造成影响的，都要求制定环境影响评价报告，并附上具体的环境影响评价对象清单；乍得《环境保护法》规定，凡是一定规模以上或者对生态环境可能产生负面影响的建筑设施、工程或者开发项目都需要事先进行环境影响评估，分析其建设是否符合环境保护的要求。

5. 环境许可

环境许可制度也被一些国家用于管理污染源，以尼日利亚最为完善。其规定所有具有潜在环境影响的行为，都需要得到联邦环境部和相关州环境局的特殊许可。

6. 环境审计

环境审计制度也作为一项环境重要的管理工具在非洲各国得到了广泛应用。多数非洲国家的环境保护法律规定，承包单位在项目完成后还必须每2—3 年进行一次进行环境审计，有关部门进行评估，对项目的运营有重大影响。肯尼亚法律规定，申请人在获得项目许可证，项目开始后，还要接受国家环境委员会的监管，包括经营者对项目的自我审计和当局对环境做的控制审计，两种审计均需要由专门的环境审计师进行，审计的内容也有区别，前者主要是看项目本身是否按照许可证批准的要求进行，后者则侧重对周围受项目影响的各个环境要素进行测评。

7. 环境应急管理

环境应急管理也是各国环境管理的政策之一，以乍得为例，其《环境保护法》不仅要求在环境影响评价中必须包含项目的技术事故风险以及可能存在的污染风险分析、必要的事故条件下应急措施预案等内容，还明确提出了制定环境应急计划的要求，规定项目经营者必须制定一项减缓环境损害的环境应急计划。这项计划需按照相应的规范完成，并报环境管理机构批准，对于可能产生严重环境破坏的事件，政府管理部门还需要予以登记备案。

（二）劳工法律规定

工程承包向来需要大量人力，由于殖民历史，非洲国家向来对劳工权益十分重视，劳动法律体系十分完善，劳工、非政府劳工组织对自身的劳动权益保护意识强，因此劳务纠纷层出不穷。

1. 工资标准和工作时间

非洲国家对于劳工工作时间有着非常严厉的规定。以阿尔及利亚《劳动法》为例，其规定法定每周工作时间为40小时；对于一些在工作时间内可能没有进行工作的情况，可以适当增加每周的工作时间；从事高体力、危险或容易在身体和心理方面产生特别压力的工作，可以酌情减少每周工作时间。坦桑尼亚规定雇主不得要求或允许雇员一天工作超过12小时，每日最长工作时间为9小时，每周工作时间最长为45小时，一周最多工作6天。除非双方自愿达成一致协议，不然雇主不得要求或允许雇员加班，并且每四周加班时间不得超过50小时。即使双方达成上述一致协议，劳动者每日工作也不得超过12小时。

2. 劳动用工禁止歧视风险

例如坦桑尼亚法律规定，雇员一律平等，雇主不得直接或间接歧视雇员。另外，对处于孕期的女性雇员、身有残疾的雇员及携带艾滋病毒的雇员，雇主也不得歧视。

3. 工会

非洲国家的工会是工人自由、自愿组织而成，它的使命是为工人利益服务的。如果工人的诉请或诉求不能得到满意的答复，一般会通过罢工的方式去获得更高的劳动待遇与劳动报酬。当工人的需求得不到满足时，其通常会诉诸工会，通过交涉、罢工等方式为工人争取权益。

以乌干达为例，其都是通过工会组织的大规模罢工来争取待遇的提高，而且是规模逐步扩大，从200人罢工到5000人的大罢工，可见，工会的影响力也在罢工中得以扩大。

赞比亚1993年的《产业和劳工关系法》规定了豁免以及豁免申请、工会、工会联合会、雇主组织、雇主组织联合会、认同协议、集体协议、集体争议处理、三方协商劳工委员会、劳资关系法院、一般规定，对政府、工会组织和雇主组织的成立和管理、劳资纠纷的解决作了具体规定。

4. 罢工和停工

以坦桑尼亚为例，其劳工法规定每个雇员都有为争取利益罢工的权利，每个雇主也有为争取利益停工的权利。雇员可参加合法罢工，如果：（a）是为争取利益的纠纷；（b）该纠纷已经以规定的方式被提交至调解委员会；（c）纠纷在调解后仍未得到解决；（d）罢工是由工会召集的，并且根据工会章程进行了投票表决，大部分成员支持罢工；（e）在调解后，工会提前48小时通知雇主将要举行罢工。

如果纠纷是因为单方面改变雇佣待遇引起的，雇员及工会可要求雇主：

（a）不执行计划对雇佣待遇的改变；（b）如果雇主已经执行了该改变，则要求恢复改变前的待遇。如果雇主在48小时内未遵循上述要求，雇员及工会则可开始罢工而不必遵循上述（c）—（e）的规定。甚至在一定条件下可以组织二次罢工。并且雇主不得因为参加合法罢工或在停工中未同意雇主的要求而终止与雇员的雇佣关系。不得对任何参与合法罢工或停工的个人提起民事或刑事诉讼。

5. 劳动检查机制

劳动检查机制是以保障劳工身心健康的重要制度。以埃塞俄比亚为例，其在劳动和社会事务部下设立了一个专门的职业安全和健康管理部门，负责检查几乎所有商业部门的工作条件、职业安全和员工健康，汇编统计数据，并编制一份职业病和时间表或残疾程度的清单。其在全国各地均设有劳动检查员，检查员有权在不事先通知企业的情况下进行现场检查，询问管理人员和工人，审查、获取和验证任何工作文件，并对工作条件进行取样。若检查员发现在任何企业的房屋、工厂、机械设备或材料，或工作方法中存在对工人的健康、安全或福利构成威胁的情况，则会责令雇主在给定的时间内进行整改。检查员也会同步跟进雇主行为，如果雇主在收到指令后没有在规定的时间内采取有效行动，则会对雇主提出严厉要求，特别是如果工人的安全或健康有直接风险，必须立即采取行动并向有关部门申请上述程序。如果雇主对检查命令不满意，可以在5个工作日内向解决劳务纠纷的机关申诉，最终由受理申诉部门决定执行与否。

（三）本土化法律规定

南非早在2003年就制定了《广义黑人经济赋权法》，津巴布韦在2007年制定了《本土化与经济赋权法》并在2010年颁布了《本土化与经济赋权条例》，赞比亚在2008年制定了《公民经济赋权法》，肯尼亚在2017年5月公布了《本土成分条例》。莫桑比克在2014年启动制定全面的本土成分立法。乌干达在2017年向议会提交了《本土成分法案》，有望很快成为正式法律。此类法律都规定外国投资者必须优先购买东道国的商品和服务用于投资活动，只要相关商品和服务可以在当地提供。

1. 本土采购规定

肯尼亚新《公私合营法》规定，PPP项目应优先考虑本土成分。根据第83条规定，项目协议的缔约方在实施项目相关活动时，应优先采购当地提供的服务；优先采购当地制造的符合相关行业规范的商品；建立技术转让机制；优化本地商品和服务在境外的贸易优惠机会；促进系统的企业社会责任计划等。另外根据其《公共采购和资产处置条例》第 144 条规定，为了促进当地产业的可持续发展，所有参与国际招标的外国投标人应当从本地承包商处采购不低于 40% 的物资或服务。

2. 技术转移规定

南非的本土成分相关法律规定了在企业进行工程承包招投标的过程中为本地创造就业机会的义务。例如，在可再生能源采购计划中，外国企业 80% 的员工必须是南非人，其中 50% 必须是黑人。基础设施建设需要雇佣大批劳工，并且由于其需要较高的技术水平要求，而大部分本地人员都缺乏相应的专业技术水平能力，企业常常面临缺乏技术员工的情况，所以企业必须花费时间和资金来培训本地人员。

3. 本土成分资格限制

非洲地区的本土化立法在项目取得时，对工程承包的限制也是不可小觑。以南非为例，南非十分注重自身经济健康发展和提升本土居民劳动技能。为了增强黑人经济实力，政府或国有企业标的项目会要求投标者的黑人经济振兴评分达到一定标准。

津巴布韦的《本土化与经济赋权法》中规定："在津巴布韦的所有企业，无论性质如何，津巴布韦本土居民必须控股超过五成，而且，已成立的外资企业必须将 5 成股权全部转让给当地居民或者政府；新成立的企业需要让出 5 成股份才能在津巴布韦获得营业资格；对于控股股权的重大处分，诸如兼并、重组等，需要经过国家政府机关负责人批准。"

塞内加尔《公私合作伙伴关系法》也规定了当地含量要求：其一是在对 PPP 项目方案进行各方评比时，当地含量要求是其中的一个重要指标，缔约当局可以在招标文件中明确规定与 PPP 项目本地成分相关的一些要求。其二是在项目公司股权层面要求纳入当地含量，体现在该法规定 PPP 项目持有人在签署合同后的 3 个月内，应按照塞内加尔法律在本地设立实施该项目的公司，其中至少 33% 的股权保留给塞内加尔本地人。

第三节　非洲工程承包合同法

工程承包项目涵盖了雇主和承包商之间复杂的合作关系，因此总是伴随着重大的交易风险。为了厘清项目合作中交织的法律关系，合作各方会设计并协商复杂的合同来控制交易风险。许多协会都发布了建筑项目的标准格式合同，在全球范围内被广泛采用的合同包括由国际咨询工程师联合会发布的FIDIC合同、由英国土木工程协会发布的新工程合同范本以及美国建筑师协会发布的AIA合同等。当前非洲国家虽广泛采用FIDIC合同条款，但由于历史因素，法语非洲国家在国际工程合同的适用上与法国保持着特殊关系，其工程项目会依据法国国内法律进行管理。

一、FIDIC合同范本

FIDIC合同在非洲具有广泛市场，1993年由FIDIC的非洲成员协会发起成立了FIDIC Africa组织。该组织旨在为非洲的FIDIC成员协会提供合作平台加强成员国之间的联系。

（一）FIDIC合同的发展

1957年国际咨询工程师联合会和房屋建筑与公共工程联合会在英国土木工程师协会所制定的《海外土木工程合同条件》的基础上，共同编制发布了第一版《土木工程施工合同条件（国际版）》，对ACE合同范本中的履约担保、劳工、材料、货币、仲裁等条款进行了调整。之后，协会先后于1969年、1977年、1987年、1996年对其进行了重大修改，并于1999年10月正式推出了第一版“彩虹系列”合同条件，包括：《施工合同条件》（以下简称：红皮书）《生产设备和设计——建造合同条件》（以下简称：黄皮书）《设计采购施工（EPC）/交钥匙工程合同条件》（以下简称：银皮书）以及《简明合同格式》（以下简称：绿皮书）。

2017年12月，国际咨询工程师联合会在伦敦发布了第二版“彩虹系列”合同条件，该版本是对1999年版本合同适用过程中出现各种问题的解决方案，同时反应处建设工程领域的最新发展趋势。2017年版FIDIC比其前身更具规范性，同时也更具前瞻性。FIDIC（2017）的主要目的一方面在于增加清晰度和确定性，以减少双方之间的分歧，另一方面在于进一步增加项目成功的可能性。结构上，FIDIC（2017）沿用了FIDIC（1999）的形式，由可选合同协议、一般条款和特殊条款组成。特殊条件已被分为合同数据（以前称为“投标附录”）、由双方完成的项目特定信息以及双方商定的特殊合同条款。但同时亦根据国际工程实践作出了修改，将条款数量增加至21个（1999年版为20个条款），将原第20条“索赔、争端和仲裁”条款拆分为现第20条“业主和承包商的索赔”以及现第21条“争端和仲裁”。

（二）FIDIC 合同的适用范围

国际咨询工程师联合会对“彩虹系列”各合同条件的适用范围作了明确划分，并就适用条件进行了阐释。红皮书主要适用于由业主或业主委托的工程师进行设计（承包商也可承担部分设计工作），承包商按照业主提供的设计进行工程施工的工程项目。适用的工程类型包括土木工程、机械、电气等其他各类工程项目。黄皮书主要适用于承包商按照业主的要求，设计和提供生产设备以及包含设计、施工工作的各类工程。银皮书主要适用于设计—采购—施工（EPC）/交钥匙模式的工程项目，即由承包商负责全部设计、采购、施工工作，直接向业主提供一个配备完善的项目，业主“转动钥匙”即可运行使用。其中，国际咨询工程师联合会特别指出了三种不适用于银皮书的情况：如果投标人没有足够时间或资料仔细研究和核查业主要求或进行他们的设计、风险评估和估算；如果工程涉及相当数量的地下工程，或投标人未能调查区域内的工程（除非在特殊条款对不可预见的条件予以说明）；如果业主要严密监督或控制承包商的工作，或要审核大部分施工图纸。国际咨询工程师联合会建议，在上述三种情况下，可以使用黄皮书（2017 年版）。绿皮书则主要适用于合同金额小于50 万美元或工期在6 个月之内，或包含较简单、重复性工作的工程。工程可以由业主提供或是由承包商负责，类型也包括但不限于土木工程、机电工程或其他类型。

（三）FIDIC（2017）的主要变化

FIDIC（2017）对雇主与承包方施加了更详细的合同管理义务以及进一步提供了注重公平和平衡的风险分配方法。

其一，引入“事前警告”概念，在如下情形中，双方负有提前告知的义务：可预见的有可能对工程的实施、合同价格的变化或工程进度产生不利影响的事件（子条款 8.4）；对有关承包商计划的细节进行重大扩展，例如每项活动的开始和结束日期、工期浮动和进场路径（子条款 8.3）；管理委员会的变化（子条款 3.8）；更新质量管理系统（子条款 4.9）等。

其二，增加双方基于互惠原则的权利和义务包括：协助雇主获得许可的义务（子条款 1.13（c））；不挖走员工的义务（子条款 6.3）；预先警告义务（子条款 8.4）等。同时强化工程师的作用，根据字条款 3.7，工程师应承担中立义务，并就其在各阶段程序中处理各方请求的作用作了重新界定。

其三，对目的适用性（FFP）要求（子条款 4.1）条款进行了重大修改，根据新版本，“如果雇主要求中未说明目的，则工程必须适合其通常目的”。上述修改进一步得到以下条款的支持：（1）赔偿条款，根据该条款，承包商应就工程或任何区段或任何主要生产设备（非 FFP）的错误向雇主进行赔偿（第 17.4 款）；（2）承包商应投保指定保险就其未能达到 FFP 要求产生的缺陷责任担赔偿义务（第 19.2.3 款）。

其四，“最佳实践”条款也已纳入 FIDIC（2017）合同条件，如子条款 2.3 和 6.9，根据这些条款，参与欺诈、腐败和类似行为的个人可应一方的要求被免职。同样，安全条款（第 4.8 款）和质量保证条款（第 4.9 款）也有所扩展和更新。

其五，争议解决程序发生了变化，FIDIC（2017）将“争端裁决委员会”改为“争端避免/裁决委员会”（以下简称 DAAB）以强调委员会对争端的预警功能，在必要时委员会可以向当事方提供“非正式援助”，此外 DAAB 的适用突破了 FIDIC（1999）的规定，除了在红皮书条件之外，其也适用于根据黄皮书和银皮书产生的争端。

（四）FIDIC（2017）值得注意的条款

1. 时间延长条款（以下简称：EOT 条款）。2017 年版本的 EOT 条款关于哪些延误事件使承包商有权取得延期权利的规定基本上没有变化。但是，由于异常恶劣天气条款已经更改，因此承包商的延期权利仅限于当下不可预见的恶劣气候条件。另一个值得注意的修改是关于并发延误期间的索赔（承包商的延误事件和雇主的延误事件同时发生的情况）。在此种情况下，根据 8.5 款规定，承包商获得 EOT 条款的权利应根据双方在专用条件的特殊条款中规定的任何规则或程序进行评估，如果没有规定，则应“适当考虑所有相关情况”。并发延误是一个有争议的领域，也是法院中越来越多辩论的主题，但该用于在实践中的含义却不甚明晰，有可能引发索赔争端。

此外，EOT 条款必须结合 FIDIC（2017）关于索赔通知以及子条款 8.3 和 8.4 中对计划更新和“预警通知”的义务来综合适用，以实现对延误的同期识别和管理。在项目进行过程中，每一方都有责任就可能对工程造成不利影响、延误工程或导致合同价格增加的事项提供预先警告。如果没有向工程师提供足够的警告或符合合同的计划更新，而导致项目延期，则可能带来索赔。

2. 信息变更程序。FIDIC（2017）在第 13.3 款中规定了更详细的变更程序，尽管变更的程序并不是全新的，但与以前的情况相比，更新后的程序对工程师和承包商必须做的事情以及时效有了更多的规定。变更必须以“通知”的名称发出，内容符合第 1.3 款关于通知送达的规定，如果工程师指示进行变更，承包商必须在收到通知的 28 天内（或商定的其他时间）向工程师提交某些信息。当发生竣工时间和价格调整的变更，工程师应督促双方在 42 天内（或在双方同意的其他期限内）达成协议并发出协议通知，如果双方未能达成一致，工程师还有 42 天（或在双方同意的其他期限内）作出公正的决定并发出决定通知。如果承包商对该决定不满意，承包商必须在收到工程师的决定后 28 天内发出对工程师的决定不满意的通知，否则该决定是最终的并具有约束力。

3. 索赔程序。FIDIC（2017）的索赔程序进行了重大修改。虽然通过这些改变，建立了一个相当详细和详尽的新索赔程序，但它也对当事方提出了大量额外的行政要求，可靠和认真的合同管理变得更加重要。未能严格遵守这些要求可能会在很短的时间内招致索赔。FIDIC（2017）中最重要的变化之一是相同的程序适用于承包商和雇主双方的索赔，而在此前版本中，各方索赔程序之间存在相当大的差距，相对于雇主索赔，承包商的索赔需要遵守严格的程序规定，而在新版本中，雇主将面临于承包商同样的程序，事实上加重了雇主义务。

二、法语非洲国家的通用行政条款（CCAG）

法语非洲国家的工程项目管理过程中，一般以通用行政条款（CCAG）和专用行政条款（CCAP）作为业主对承包方在管理方面的基本要求，以专用技术条款（CCTP）作为对项目本身的具体技术要求，形成合同的主要文件。

通用行政条款多见于世界银行、非洲开发银行提供贷款的施工合同，以法语为主要语言，内容包括综述，价格和结算，工期，工程实施、验收和保证金，合同撤销和工程中断，强制措施和解决争端及诉讼，合同生效 7 个部分，共计 52 个合同条款。

（一）业主和承包商义务

1. 业主的义务

通用行政条款对业主的义务没有统一进行规定，而是散见于各个章节当中。业主的主要义务可归纳为以下几项：

（1）提供施工用地。工地布设、设备停放场和材料存储场所必需的场地由业主提供。但在业主提供场地不足的情况下，承包人要自担风险和费用，设法解决工地布设等所需要的场地。

（2）提供部分施工准备工作和协助工作。业主应准备一式两份的图样，免费提供给承包人。业主应采取一切必要措施，为承包人办理劳工及其家属的签证和许可证等提供方便。业主应负责为承包人办理临时用地许可、道路占用许可和建设许可等行政许可。在承包人提出申请的情况下，业主可为承包人办理其他行政许可提供协助，如根据海关和税务部门规定，如根据海关和税务部门规定各种专用工程施工机械设备的进口和再出口的行政许可等。业主应保证使承包人免于第三方对其在合同范围内使用的专利、许可、图样和模型、商标等提出任何权利要求。

（3）按照合同的规定足额、按时与承包人进行工程结算，支付合同项下的价款：支付材料预付款和包干预付款。在规定付款延迟的情况下，承包人有权要求业主支付延迟利息。

（4）参加、宣布工程验收。业主代表应按合同规定参加、宣布工程的临时验收和最终验收。

2. 承包商的义务

承包人的基本义务是：保证工程质量，按时完成各项承包工作，保证工程施工和人员的安全。为此，承包人必须及时进点施工，认真编制施工组织设计、施工措施计划和完成部分施工图样；进行文明施工，做好保护环境和自身责任范围内的治安保卫工作。承包人在施工过程中应为其他人提供方便，避免损害公共利益，并按合同规定进行完工清场和撤离施工队伍；负责工程移交前的照管和维护，以及保修期内的缺陷修复。承包人未履行规定义务的，应按合同规定承担相应责任。承包人的义务在通用行政条款中的具体体现是：

（1）转让、授权、分包。承包人有关合同的全部或部分权利转让受到严格限制。首先，承包人不得将合同全部分包；其次，只有在得到业主事先同意且分包商的分包额占合同额 10% 以上时，分包商按规定投保相应全部责任保险后，承包人可以分包合同的某些工程但应对其分包商的行为、失误、疏忽承担全部责任。合同中未明确区分工程分包商和材料分包商，也未提及由业主或其代表指定分包商的情况该如何处理。

（2）投标书内容。承包人递交投标书前应视为检查了现场周围及现场本身的情况，了解相关风险和各种影响投标的因素。因此投标书应涵盖合同范围内的全部责任，包括工程圆满完工和完成必需的附属工作以及修补结构缺陷或建筑缺陷在内的价格。该条款视承包人对投标合同金额的正确性和充分性满意程度，主要目的是限制承包人的索赔。承包人如对相关信息存有异议，应在投标前进行明确。但通用行政条款中未规定承包人收到的信息有错误和遗漏时，是否可向业主索赔。

（3）按合同要求施工。在合同规定的范围内，承包人应负责施工设计、全部工程施工，并根据合同条款的规定修复施工缺陷。承包人应负责工程的管理，提供劳动力、材料、设备以及施工要求的临时工程，工程的完成及缺陷的修复。可以看出，本合同模式主要适用业主负责设计的工程项目，承包人的业务主要是工程的实施和修补缺陷以及其他附随义务。

（4）业主支付估算。区别于 FIDIC 合同条款，通用行政条款特别要求承包人应在规定的期限内，向监理单位提供一份业主支付情况的详细季度估算，该估算含承包人在合同范围内应该得到的全部付款情况。因此，承包人除应提供施工计划、安全卫生计划外，还要提前对业主季度支付的情况提供计划。

（5）安全和环保。工程施工期间和保证期期间，承包人应保证工地现场人员安全，保持工地和工程处于良好状态；需要时，在相关部门、现行法规要求的地点，自费提供和维护所有的照明、防护、围墙、警告和保安信号。采取一切必要的措施保护现场内外的环境，避免因工程施工方法造成污染、噪声或其他破坏以及对人员或公共财产造成损害或损失。

（6）为其他承包人进入现场提供便利。要求承包人应为进入现场履行职责的受雇于业主的其他承包人及其人员、业主的人员或其他经业主同意的人员提供包括使用由承包人负责维护的路段，使用承包人在现场的设施、设备等的便利。但承包商可对不可预见的费用索赔。

（7）其他义务，包括承包人应在合同生效后指派承包人代表，负责与业主和监理沟通联系；承包人应按规定向监理提供其编制的全部图样和其他文件；承包人应遵守现行有关工程施工和修复缺陷的法规条款规定；承包人对合同和与合同有关的全部文件负有保密的责任；对工程施工所使用的施工程序和方法的准确性、稳定性和安全性全权负责；允许银行对其有关合同实施的账目和台账进行审察并允许银行指定的审计师进行审计等。

（二）工程变更

基础设施建设项目受自然条件等外界因素的影响较大，工程情况比较复杂，因此在施工承包合同签订后的实施过程中不可避免地会发生变更。通用行政条款中未对变更进行单章规定，有关变更的内容主要体现在第二部分价格和结算上，可归纳为以下两个方面：首先，通用行政条款中明确了变更的范围，即变更包括四种情形：未预见的结构物和工程；工程量增加；工程量减少；不同性质工程重要性的变化。其次，通用行政条款区分了变更导致影响工期或调整价格两种情况。

1. 变更影响工期的：一般情况下延期或推后的必要性由监理单位会同承包人讨论，然后报项目主任批准。项目主任的决定将通过工作通知书的方式通知承包人。由于合同考虑的工程量不足或技术手段不完全导致工程量增加的，承包人必须在规定的期限内完成合同工程的施工。

2. 变更需要调整合同价格的，又分几种情况处理：（1）对于未预见的结构物或工程，其新价格可采用单价，也可采用包干价。如有包干价分解和单价明细，则可一次确立变更后的新价格。合同额在这些工程确定之日可作15%以内的修改。监理单位征求承包人的意见后确定一个临时价格，临时价格是一种既未被监理单位认可，也未被承包人接受的期望价格，用于在正式价格确定之前编制报表。在以工作通知书的形式将这些临时价格通知承包人后的30天内，如果承包人没有向监理单位提出异议，则可认为承包人已接受了这些临时价格。（2）对于工程量增加的，如果工程量的增加超过初量的25%，承包人在计算了这种增加可能使其蒙受的损失后，有权得到补偿。但是当已施工的工程量达到初量时，在收到项目主任关于继续施工的工作通知书之前承包人应中止工程的施工。承包人应在工程量达到初量的大概日期前至少30天通知监理单位。（3）对于工程量减少的，如果工程量的减少超过初量的25%，承包人在计算了减少可能使其蒙受的损失后，有权得到补偿。（4）对于不同性质工程重要性的变化，在工程以单价结算时，由于工作通知书或条件的原因，而非承包人错误和施工的原因导致某些性质工程的重要性发生变化，使施工的工程量超出合同工程量规定工程量的30%或减少25%，承包人在计算了这种变化可能导致的损失后，有权得到补偿。在工程各部分以包干价结算的情况下，因监理指示导致工程条件发生变化时也应考虑这些变化可能给承包人带来的费用增加，承包人有权得到相应补偿。

（三）索赔

国际工程在施工过程中，由于受到多种条件和因素变化的影响，超出合同规定条件的事项层出不穷，比如施工条件的变化、工程变更、工期延误、业主违约、项目所在国法律法规的变化等，受损一方有权据此提出索赔要求。承包人和业主均可相互提出索赔要求。大多数索赔是由承包人提出的有关延长竣工时间的索赔和要求赔付已经发生或将要发生的费用的索赔。在通用行政条款中，承包人的索赔事项散见各个部分，可归纳为 26 个方面的事由，承包人索赔的时候可能会同时涉及多个条款。但通用行政条款中未对承包人索赔的程序作出规定。比如承包人是否应在相关事件或情况发生后的一段时间内发出索赔通知、其后的索赔报告应当何时提交、监理或业主代表收到索赔申请或索赔报告后如何进行处理等，这些问题可提请业主在专用行政条款中进一步明确，以方便索赔的及时、有效处理。

第六章　非洲 PPP 法

PPP（Public – Private Partnership）通常译为公私合作，我国则更直白地称其为政府和社会资本合作。尽管国际社会尚未有 PPP 的通行定义，但就该模式的基本运作特征已达成共识。它表现为通过协议建立起公私部门在基础设施和公共服务领域的长期合作关系，由私人部门协助公共部门履行公共利益保障职能，承担基础设施的设计、建造、运营、维护等工作，并从政府付费、用户付费、缺口补贴等渠道获取合理报酬。一直以来，PPP 被视为调和非洲基础设施强劲需求和建设资金严重缺口的重要途径，中非基础设施合作转型升级的客观要求。2021 年 11 月，《中非合作论坛—达喀尔行动计划》（2022—2024）进一步明确，中非将积极鼓励中国企业以 PPP 模式在非洲实施互联互通等项目。可见，中非 PPP 项目合作前景广阔。了解、熟知非洲国家 PPP 立法，提前识别中国企业在非洲开展 PPP 项目的法律风险并有效防范，是响应中非团结合作大计，护航中非 PPP 项目行稳致远的关键一环。

第一节　非洲国家 PPP 模式概述

一、非洲国家 PPP 模式的产生

各国历史经验表明，单靠国家财力很难保障公共支出永久性收支平衡并满足日益增长的公共需求。借由私人资本填补公共产品资金缺口的 PPP 模式，正是在这样的逻辑下，悄然滋生于最先开始有更高层次公共需求的西方社会。得益于毗邻欧洲大陆的地理区位优势，北部非洲国家埃及较早受到西方影响，在基础设施建设领域率先推行 PPP 模式。有学者认为，1858 年，当埃及尚处于奥斯曼土耳其帝国统治时期，法国驻埃及领事斐迪南·德雷赛

布子爵获得时任埃及总督的帕夏塞伊德特许，成立苏伊士运河总公司。由该公司负责修建苏伊士运河，并享有长达 99 年的运河经营权，待经营期限届满后，运河所有权再行移交埃及政府。此类"建设—运营—移交"的运作方式被一些人视为公私合作的最早项目。这种观点值得商榷，因为当时埃及处于英国殖民统治之下，其条约并非平等主体之间的协议。

对于其他非洲国家而言，PPP 模式的产生于 20 世纪 90 年代。非洲国家普遍长期遭受西方竭泽而渔式的侵略和掠夺，在获得民族解放斗争胜利时已满目疮痍。独立之初，它们仅有的基础设施几乎全部是从西方殖民者手中继承过来的。后历经大范围国有化改革的失败，大多数国家国内公共基础设施很差，已有的基础设施又亟须修复和升级。与此同时，非洲人口高比例增长以及城市化率迅速提高，带来民众对基础设施的需求增加，政府公共产品供给资金不堪重负。在这样的情境下，非洲国家开始借鉴西方经验，转向寻求私人部门的力量，共同建构公私合作伙伴关系。恰逢国际货币基金组织和世界银行为约束非洲国家接受国际援助后的行为，积极指导经济改革和结构调整方案，在非洲大力推广 PPP 模式。1997 年，南非内阁率先批准任命部门间工作小组，3 年间开展 6 个 PPP 试点项目并大获成功。由此，PPP 在整个非洲大陆开展。

总体上，非洲国家 PPP 模式发展时间不长，项目体量较小。从项目分布国家来看，现有 PPP 项目集中在南非、埃及、摩洛哥、加纳、尼日利亚、肯尼亚、乌干达等少数国家。据非洲开发银行 2020 年数据统计，上述国家 PPP 项目数占非洲地区 PPP 项目总数的 50% 以上。从项目分布领域来看，现有 PPP 项目集中在能源领域（78%），主要是可再生能源；其次是交通运输领域（22%）以及水和卫生设施领域（0.5%）。当然，其他公私合作的安排还适用在收费公路、港口、监狱、电信、生态旅游和水电供应等方面。显然，PPP 已成为非洲国家克服本国在道路、学校或医院等基础设施建设方面面临限制的重要途径之一。而且，通过 PPP 模式提供规划良好的基础设施和公共服务，未来对于落实非洲大陆自由贸易区各项贸易政策和实现 2030 年可持续发展目标具有重要意义。

二、非洲国家 PPP 模式的含义

PPP 是什么？不同国家和地区有着不同的理解和阐述。可以说，它是一个在没有明确定义的情况下被广泛使用的概念。狭义上，一些国际组织或国家认为，只有通过私人部门融资，且私人部门在公共项目中真正承担了资金风险的模式才能称为 PPP 项目。例如，美国 PPP 委员会明确 PPP 指公共部门（联邦政府、州政府或地方政府）与私人部门间的合作安排，通过这种合作安排，合作各方整合技能和资本为社会公众提供服务和设施，共担风险、共享收益。英国立法将 PPP 定义为各种类型的公私合作，涉及协作开展工作和风险分担以交付政策、服务和基础设施。且英国政府明确提出，PPP 项目需要通过私人融资并承担风险，形成激励机制。广义上，不少国家或国际组织认为只要公共部门与私人部门之间发生合作关系，均可称为 PPP 模式。以亚洲开发银行为代表，其对 PPP 的定义是公共部门和私营机构在基础设施建设和其他服务提供方面建立的一系列合作关系。加拿大、日本、新加坡亦是此例。

根据非洲国家 PPP 立法，非洲各国对于 PPP 的理解普遍遵从狭义的公私合作概念。部分非洲国家直接在有关 PPP 的法律定义中表明该模式的属性，例如肯尼亚《公私合作法》将 PPP 定义为公共部门和私人部门之间的一项合同安排，私人部门依据合同代表公共部门履行公共职能或提供公共服务，并获得履行公共职能的利益，私人部门根据合同条款对因履行公共职能产生的风险承担责任。也有非洲国家在立法中仅将 PPP 定义为公私合作关系，但通过法律条文的体系解释，可知其沿用的仍然是狭义上的 PPP 概念。例如布基纳法索《公私合作法律制度法》认为 PPP 指本着公平、透明、风险分担和长期可行性的原则，公共权力机关和私法项下的自然人或法人合作向公众提供产品或服务的合作模式。概言之，无论哪一种 PPP 定义，各国对 PPP 本质内含的规定都是统一的，即都强调公私部门间利益共享、风险共担的长期合作关系，充分发挥公私部门各自的优势，提高公共服务供给的质量和效率。

三、非洲国家 PPP 模式的类型

在非洲，不同国家立法认可的 PPP 运作模式不尽相同。依私有化程度由弱到强，PPP 模式可以分为委托类 PPP、特许类 PPP、私有化类 PPP 三大类别。参照世界银行制定的标准，各类别项下的代表性模式如表 1 所示：

表 1　PPP 模式的主要类型

<table>
<tr><th>类别</th><th>类型名称</th><th>基本特征</th></tr>
<tr><td rowspan="3">委托类
PPP</td><td>O&M（运营—维护）</td><td rowspan="3">公私合作的初级阶段，属于政府采购服务，不具备现代 PPP 模式要求的激励相容、风险共担特征</td></tr>
<tr><td>DBT（设计—建设—移交）</td></tr>
<tr><td>DBMM
（设计—建设—主要维护）</td></tr>
<tr><td rowspan="7">特许类
PPP</td><td>BOT（建设—运营—移交）</td><td rowspan="5">公私合作的基本类型，表现在私人部门收益以满足绩效为前提，存在激励相容机制；公私部门共担风险；允许私人部门通过自身服务向使用者征收费用</td></tr>
<tr><td>BTO（建设—移交—运营）</td></tr>
<tr><td>DBO（设计—建设—运营）</td></tr>
<tr><td>TOT（移交—运营—移交）</td></tr>
<tr><td>ROT（改建—运营—移交）</td></tr>
<tr><td>Finance Only（注资模式）</td><td rowspan="2">公私合作的创新类型，针对国家所有的存量公共基础设施进行注资扩建、修缮或出租，以获得相应的使用权，从使用者付费中获得回报</td></tr>
<tr><td>LDO（租赁—开发—运营）</td></tr>
<tr><td rowspan="2">私有化类
PPP</td><td>DBOO
（设计—建设—拥有—运营）</td><td rowspan="2">公私合作的极端形式，公共部门对基础设施相关产权进行了严格界定和转移，并将项目所有权交由私人部门所有</td></tr>
<tr><td>DBFO
（设计—建设—融资—运营）</td></tr>
</table>

以上列举的类型可以为我们把握 PPP 模式运作提供一个直观的、体系化的参考，但其无法包罗所有。事实上，受一国市场化进程、私人部门开放程度等因素影响，在公共资产所有权与使用权归属配置的不同组合下，PPP 模式类型已随着国家顶层设计和项目实际需求发生改变和创新。不同非洲国家立法规定有不同的 PPP 类型，而无论法律文本中出现世界银行代表性模式之外的其他 PPP 类型，或是未纳入世界银行既有标准下的 PPP 类型，都不足为奇。例如加纳《公私合作法》第 56 条明确规定九类 PPP 运作模式，除世界银行标准下的 O&M、BOT、BTO、ROT 之外，还包括 BOO（建设－拥有－运营）、BOOT（建设－拥有－运营－移交），以及由 DBFO 发展而来的 DBFOM（设计－建设－融资－运营－维护）等。又如卢旺达、乌干达等国在 PPP 立法中明确有关主管部门可以通过法定文书规定任何其他类型的公私合作关系，给予了 PPP 运作模式创新的空间。总而言之，不管立法对

PPP 类型作何调整，PPP 所强调物有所值、激励相容、平等互利、风险共担的核心理念和运行机制不会发生实质变化。

四、非洲国家 PPP 模式运行实践

非洲地区开展了大量 PPP 模式的项目实践。据世界银行公示信息统计，1990 年至 2021 年间，非洲共有 804 个 PPP 项目完成融资闭合，遍布 50 个国家（利比亚、厄立特里亚、南苏丹、赤道几内亚除外）；投资总额累计 1438.35 亿美元，占全球新兴市场经济体 PPP 项目投资额近 10%。特别是近年来，随着国际产能合作纵深发展，非洲地区 PPP 投资潜力被充分激活。即使国际基础设施建设市场受疫情冲击普遍陷入低迷，非洲地区私人投资基建总量却逆势上扬。但鉴于 PPP 项目对投资者全生命周期运营能力的高要求，多数非洲本土企业无力承担。在非洲地区已实施的 PPP 项目中，近 80% 由外国企业担任私人部门。高度依赖境外私人资本是非洲 PPP 项目发展的一大特征。

中国企业在非洲开展 PPP 项目的零星实践，可追溯到 2000 年中国远洋运输集团联合一家丹麦企业投资新建埃及苏伊士运河集装箱码头，是中非基础设施合作首个应用 PPP 模式的项目。此后 20 余年，中国企业共参与非洲地区 21 个 PPP 项目，数量相当于法国的 16%、英国的 24%、美国的 34%、西班牙的 60%。总体看来，中国参与非洲 PPP 项目体量尚小，但已崭露头角。

第二节　非洲国家 PPP 立法基本情况

一、非洲国家 PPP 立法现状

截至 2021 年底，非洲共有 41 个国家出台了专门的 PPP 法律政策。依据非盟对非洲次区域的划分标准分类，具体包括 9 个东部非洲国家，分别为埃塞俄比亚、吉布提、肯尼亚、卢旺达、马达加斯加、毛里求斯、索马里、坦桑尼亚、乌干达；9 个南部非洲国家，分别为安哥拉、博茨瓦纳、莱索托、马拉维、莫桑比克、南非、纳米比亚、斯威士兰、赞比亚；14 个西部非洲国家，分别为贝宁、布基纳法索、佛得角、冈比亚、几内亚、几内亚比绍、加纳、科特迪瓦、利比里亚、马里、尼日尔、尼日利亚、塞拉利昂、塞内加

尔；4 个北部非洲国家，分别为埃及、毛里塔尼亚、摩洛哥、突尼斯；5 个中部非洲国家，分别为布隆迪、刚果（金）、加蓬、喀麦隆、圣多美和普林西比。

上述非洲国家 PPP 立法进程普遍较晚。除毛里求斯最早开始 PPP 立法尝试，于 1997 年颁行《特许项目法》外，其他非洲国家均是步入 21 世纪后才启动相关立法工作。且其中 19 个国家的 PPP 法律文本集中在近 5 年内完成首次颁行或重新修订。这表明，得益于 PPP 项目实践经验积累以及国际金融机构的呼吁和支持，越来越多的非洲国家意识到 PPP 立法的重要性。

此外，应当说明的三个问题是：第一，PPP 法律不等同于 PPP 项目相关所有立法。由于 PPP 项目全生命周期涵盖政府采购、项目公司设立、项目合同管理等环节，PPP 项目运作离不开民法、公司法、采购法、合同法、破产法等法律共同约束。PPP 项目与关乎国计民生的基础设施和公共服务相关联的特性，决定 PPP 项目运作受能源、水、道路、铁路、电信等特定行业法律规制。又因 PPP 项目将公共部门和私人主体捆绑在一起，二者在互利合作的环境中极易滋生腐败风险，PPP 项目规制还与反腐败法相关联。第二，没有 PPP 专门性法律的国家不代表 PPP 项目规则的缺失。事实上，非洲国家 PPP 项目实践远早于各国 PPP 专门性法律。在 PPP 法律大规模普及之前，许多 PPP 项目都是在没有任何专门 PPP 法律依据的情形下付诸实施。如同现在一些没有 PPP 立法的国家，它们的 PPP 项目仍可以使用私人投资、工程承包、政府采购等方面的法律予以规范。第三，PPP 法律文本的多少、效力位阶高低不能证明 PPP 制度环境的优劣。在世界银行对非洲 PPP 环境的评估报告中，它将 PPP 法律政策视为一项占比最高（25%）的评估指标，并细分为"PPP 相关制度的质量和一致性、PPP 项目遴选及决策是否高效、招投标程序及合同变更是否公正透明、争议解决机制是否通畅便捷"四项标准，选取了 15 个非洲国家进行评估。评分自高到低依次为：南非、肯尼亚、埃及、摩洛哥、科特迪瓦、加纳、坦桑尼亚、突尼斯、赞比亚、卢旺达、喀麦隆、乌干达、尼日利亚、安哥拉、刚果（金）。立法科学性不直接与 PPP 法律文本的多少或效力高低挂钩。

二、非洲国家 PPP 立法模式

非洲国家 PPP 法律的立法模式可分为三类。一是制定专门、系统、综合性的公私合作法律。绝大多数非洲国家采取这一模式，倾向于将 PPP 项目规范按照一定体系，通过一定法定程序整合为有机法律体，为推进 PPP 项目提供统一、明确、富有逻辑的制度框架和法律程序。具体在法律文本中，既有依照 PPP 项目全生命周期推进流程进行规范的《公私合作法》；也有以 PPP 项目合同管理为主线进行规范的《公私合作合同法》；还有单独针对特许经营进行规范的《特许权法》。二是除综合性的公私合作法律外，还辅以制定相应的实施条例、国家政策等，如埃塞俄比亚、布基纳法索、莫桑比克、纳米比亚、乌干达、坦桑尼亚。采用此类混合模式的国家，通常在公私合作法律原则性规定的基础上，借助相关实施条例或政策文件或对 PPP 项目主管机构职能、PPP 各主体权利义务作出更为细致的安排；或在 PPP 项目识别、采购、审批、运营、维护等阶段实行更周密的程序设计。三是没有制定综合性的公私合作法律，而以公私合作政策指南代之。代表性国家有南非、冈比亚、尼日利亚。它们更多地视 PPP 模式为传统公共采购方式的变革，将 PPP 项目运作纳入已有的政府公共采购法律规制体系中。而后，另行针对 PPP 模式的程序、标准、范围制定指导性方案。

非洲国家 PPP 立法模式的不同，不仅是现代国家立法机关不同选择的产物。倘若追根溯源，其还与大陆法系和普通法系在非洲国家的不同传播路径密切相关。伴随着西方社会对非洲的殖民扩张与殖民统治，以法国为代表的大陆法系和以英国为代表的普通法系深入非洲腹地，扎根于非洲法律文化土壤之中。两种异质异构的法文化，经过冲突与融合，对非洲法的现代化（主要是西方化）和未来发展产生了深远影响。最直观地表现在 PPP 立法方式上，较多经受大陆法系影响的非洲国家习惯通过统一制定法的形式规范 PPP 运作；而有普通法系传统的非洲国家会选择形式更为灵活的 PPP 政策指南。不过，由于非洲国家普遍在 20 世纪末掀起以“特许经营”为特征的 PPP 改革进程，在相关监管体系极度缺乏的状态下，它们急于通过独立的 PPP 法规来弥补监管“空白”，很多普通法系传统的非洲国家因而有了制定法。除此之外，两类不同的法律文化传统也深刻地影响了非洲国家 PPP 立法的制度安排。大陆法系非洲国家与普通法系非洲国家之间 PPP 立法的体例安排不同，同一法系之间的非洲国家不仅立法结构一致，核心条款设计也非常相似。

三、非洲国家 PPP 立法原则

第一，诚实信用原则。诚实信用是私法领域的核心原则，它要求当事人信守约定，对于合同内容严守履约，保护相对人的合理信赖。诚实信用同样也是行政法律关系的基本原则之一，行政机关作出行政行为后不得任意撤销或变更，若出于行政行为违法或公共利益等原因需要变更时，应当赔偿无过错相对人的损失。PPP 项目运行以公私部门间缔结的 PPP 项目合同体系为基石。该合同体系兼具民事和行政双重属性，应当坚持诚实信用原则。非洲国家 PPP 立法在有关公私部门权利义务的配置方面严格贯彻了这一原则，以确保合作效果。

第二，平等协商原则。PPP 模式下公共部门既作为监管者的代表，又是 PPP 项目契约方。这一属性造成公共部门通过制定相应规则履行监管职能时，易出现权利义务分配不均的情况。因此，立法贯彻公私主体平等协商原则尤为必要。非洲国家 PPP 立法普遍规定通过竞争性方式优选出的私人部门，应与公共部门平等协商订立项目合同；对于合同中非不可变更的核心条款，双方可以平等协商予以调整；合同履行过程中发生的纠纷，以平等协商为首选解决方案。以上充分反映出平等协商在 PPP 立法中的原则性地位。

第三，公共利益保护原则。非洲国家立法普遍要求公共利益保护贯穿 PPP 项目的全生命周期。这表现为三方面：一是 PPP 项目推进本身就是为了满足公共需求，促进公共利益是 PPP 立法与生俱来的基本原则。二是 PPP 优先采购机制，可以对特定主体或具有促进特定主体利好影响因素的相对人给予一定特殊照顾，三是在 PPP 项目实施过程中，可以要求采购一定数量的本土物资和服务，实行工程分包当地化要求，雇佣并培训一定数量的当地员工，但不得违反 Trims 协议等国际准则，否则最终损害东道国的公共利益。

第三节　非洲国家 PPP 项目识别

PPP 项目识别指公共部门通过一定标准筛查出 PPP 项目。该阶段是为了确定项目是否适合采用 PPP 模式？能不能采用 PPP 模式？它是建立公私合作伙伴关系的起始阶段，也是决定 PPP 项目成败的关键环节。

一、PPP 项目识别标准

非洲国家 PPP 立法通常对 PPP 模式的识别标准予以明确规定。一方面，以“基础设施和公共服务”为 PPP 项目的类型要件。这是 PPP 模式的应有之义。比较常见的是在PPP模式、PPP合同的定义中，规定PPP应适用于基础设施和公共事业领域。同时也有少数国家采用列举式的方法，更为细致地对“基础设施和公共服务”作出说明。以乌干达为代表，它在《公私合作法》第2条第1款中规定，PPP模式所适用的基础设施项目范围包括道路、铁路、地铁、水运和空中运输设施；信息和计算机技术，无线电通信和无线电通信网络；医疗设施，社区矫正设施，教育设施，住房和法庭设施等社会基础设施；大坝和水库，水供给和输送系统，灌溉排水系统和下水道设施，污水和废物处理系统等水利设施；石油管道、天然气管道和天然气存储，服务于电力生产、储存、运送和供给，冶炼厂等能源供给和运输设施；运动设施和娱乐设施；旅游基础设施；矿物原料的提取和处理设施；农产品加工业；以及其他任何可能被财政部长依法许可的设施。另一方面，以通过物有所值和财政承受能力评价为PPP项目识别的核心标准。对于拟采用PPP模式实施的项目，应至少在项目识别阶段开展一次物有所值和财政承受能力评价。其中，物有所值评价包括定性评价和定量评价两类。前者指通过专业评价，分析项目采用PPP模式和传统采购模式在全生命周期整合程度、风险识别与分配、绩效导向与鼓励创新、潜在竞争程度、政府机构能力、融资可获得性等方面的区别，进而判断采用PPP模式替代传统采购来提供公共服务是不是效益更佳。后者则要求财政部门综合测算PPP项目全生命周期的财政支出责任，包括股权投资、运营补贴、风险承担、配套投入等，以确定项目实施是否在公共支出可承受范围内。如南非《财政部16号准则》规定，为决定是否采用PPP模式开发项目，项目立项后，政府发起人需对PPP项目开展可行性研究，并获得财政部审批以证明项目财务可负担性、物有所值、合适的风险分担。只有满足前述两项标准，PPP项目识别才可谓之成功。

二、PPP项目发起方式

PPP项目发起方式即PPP项目识别的发起主体问题。非洲国家PPP项目可以由政府或私人资本发起，以政府发起为主。通常情况下，各国PPP项目主管部门可以向交通、环保、教育、医疗、能源等行业主管部门征集潜在的PPP项目。该PPP项目主管部门将会同财政部门、行业主管部门对这些潜在项目进行评估筛选，通过物有所值和财政承受能力论证后，最终确定备选项目。同时，非洲国家PPP立法大多也允许私人部门以先行编制项目建议书的方式向 PPP 项目主管部门推荐潜在的 PPP 项目，一旦通过 PPP 项目主管部门的筛选，此后的程序与政府方发起 PPP 项目的程序相同。

私人部门发起 PPP 项目的情形下，由于私人部门在项目市场需求、项目可行性等方面具有更强的敏锐度，其对于项目建设内容、运营方案设计等工作的把控更专业。这样有利于提高项目识别的合理度、优化项目建设方案、满足市场需求，从而避免盲目性建设。但私人部门的项目建议仍然需要经过 PPP 项目主管部门的严格筛查，一旦项目发起失败，私人方可能需要自行承担前期投入的成本费用。而且在 PPP 项目采购的机制下，私人部门并不会因为发起项目成功而必然成为该项目的中标方。换言之，私人部门发起 PPP 项目需要付诸更多的成本、承担更大的风险，这也是在实践中此类情形较少的原因。

三、PPP 项目准入管理

PPP 项目识别目的在于确定是否准予在特定项目上适用 PPP 模式。这一阶段，监管主体通常由 PPP 专门管理机构和各级财政部门担任。PPP 专门管理机构负责项目的识别立项。各级财政部门对 PPP 项目财政可承受能力等问题进行核查。

截至 2021 年底，约 80% 的非洲国家设立了经 PPP 法律确认的专门管理机构。这些机构在准入阶段的职责包括制定 PPP 监管政策、推动 PPP 发展计划、提供 PPP 项目技术支持、参与 PPP 可行性评估及相关决策等。另外，公共部门在 PPP 项目中所负财政风险的评估通常不属于 PPP 专门管理机构的职能，而由一国财政或预算部门具体履行。非洲各国所设专门性 PPP 监管机构的形式多元。一些是独立的政府职能部门。例如尼日利亚基础设施特许权监管委员会（ICRC）、马拉维公私合作委员会（PPPC）、卢旺达发展委员会（RDB）均为独立的 PPP 项目管理专门性机构代表。更多情况下，PPP 专门性监管机构隶属于国家行政部门，是国家行政机构的一部分。例如南非 PPP 中心（PPP Unit）是隶属于财政部负责 PPP 项目统筹协调的专门机构；布隆迪 PPP 合同实施支持局下设于财政部；科特迪瓦则在总理处设立 PPP 国家指导委员会（CNP - PPP）。当然，即使一国 PPP 立法不设专门的 PPP 管理机构，非洲国家仍倾向于将 PPP 项目实施的相关职能集中于某一个具体部门。例如，布基纳法索没有专门的 PPP 机构，但立法多次在关涉 PPP 职能安排的条款中提及“负责促进 PPP 的机构”，间接反映出各国强调 PPP

管理业务专门化的态度。PPP 项目涉及领域广泛，需要大量经济、法律、工程、社会学方面的综合性专业知识，有赖于调动财政部、预算部、工程部等行业主管部门协同配合。专门性的 PPP 项目监管机构有利于避免 PPP 项目管理系统的混乱，提高项目立项、招投标、实施和监管过程中的工作效率。而且，得益于专门性 PPP 监管机构的统筹领导，各部门、各地方推进的 PPP 项目经验得以总结并在全国迅速推广。

第四节　非洲国家 PPP 项目采购

PPP 采购是私人主体进驻 PPP 项目的前提。PPP 采购的合理安排既关系到私人主体遴选程序的科学性，也关系到能否通过合理的程序设计招选到优质的私人投资者，是实现 PPP 项目物有所值、促进公私合作伙伴关系可持续发展的基础。

一、PPP 项目采购方式

依照国际惯例，PPP 采购方式主要有公开招标、限制性招标（也称邀请招标、选择性招标或议标）两类。公开招标是指招标人通过公开媒介发布招标项目信息，以招标公告的方式邀请不特定的法人或者其他组织前来投标。公开招标最大限度地保证了供应来源渠道，体现了市场机制信息公开、程序规范、充分竞争、客观评价、公正选择以及优胜劣汰的本质要求，有利于招标人从广泛的竞争者中优选中标人并获得最佳项目效益。在非洲国家 PPP 采购中，公开招标是最基本也是应用最广泛的一种方式。毫无争议的，41 个具备 PPP 专门立法的国家均将公开招标视为 PPP 采购的原则性方法。其中南非、贝宁、喀麦隆等非洲国家甚至规定公开招标为 PPP 项目采购的唯一形式。公开招标由于投标人众多，且投标单位良莠不齐，招标工作量大、耗时较长，存在效率低、成本高的明显弊端。

为克服公开招标的不利因素，多数非洲国家 PPP 立法允许在特定情形下 PPP 项目采购可适用限制性招标的方式。限制性招标是指招标人在一定范围内，向特定的（一般为 3 个以上）法人或其他组织发出招标邀请书，再经投标评估确定中标的方式。从规定有此类方式的非洲国家 PPP 立法的分析来看，适用限制性招标的特定情形一般限于以下四类：一是技术复杂或有特殊专业要求，只有少量潜在投标人可供选择的。如科特迪瓦《关于公私合作合同的规定》明确：因待满足的需求涉及专业的工程、供给或服务或者需要特定的技术；或者因待满足的需求涉及专业，只有少量候选人可提供工程、供给或服务的，缔约机关可以采用限制性招标程序。二是项目工期紧急或项目合作内容低于 PPP 立法规定阈值的。如马达加斯加《关于公私合作的法》规定，当项目的预计投资额、预期收入或承担的风险以及 PPP 的期限低于法令规定的阈值时，缔约机关可申请采用限制性招标程序。三是项目内容具有保密性且不适宜公开的。这一类型同样在马达加斯加 PPP 法律中作出要求。当作为合同标的所提供的产品的服务具有保密性质时，为了避免产生扰乱公共秩序的风险，其客观上不能被公布的，经马达加斯加 PPP 主管部门审批后适用限制性招标。四是公开招标程序失败的。如塞内加尔《关于合作合同的法》规定，在公开招标失败的情况下，缔约机关可在法令规定的条件下进行限制性招标。采用限制性招标程序开展 PPP 采购的，均应事先征得有关主管部门的同意，且符合该国已有的公共采购相关法律规范。

此外，少数非洲国家还保留了竞争性磋商等其他采购方式。但除布隆迪在《关于公私合作合同基本制度的法》中允许 PPP 主管机构自由选择外，其他国家立法均将竞争性磋商方式作为 PPP 采购方式的例外，且例外情形的适用大多与公共利益相关。如坦桑尼亚《公私合作条例》将公共利益视为采购方式选择的重要依据。立法要求国家投资指导委员会可以出于公共利益的考虑，命令对任何特定的非招标项目进行采购，采购以竞争性招标为原则，以特定项目适用非邀约采购为例外。由此确立了公共利益保护背景下，坦桑尼亚 PPP 采购适用竞争性磋商程序的合法性。另外，非洲国家还有少量使用单一来源采购等非竞争性方式进行 PPP 项目采购。当然这些方式只是特例，并与公共利益相联系。从非洲 41 个国家 PPP 法律文本综合考察的情况来看，目前只有吉布提和莫桑比克允许，且以公共利益为基本前提。吉布提《关于公私合作的法》明确规定，如果确有保护国家最高利益之必要时，PPP 采购机关可以仅与一名候选人进行谈判。莫桑比克在《公私合作和企业特许经营条例》中规定，在保护公共利益等重要和有正当理由的情况下，经政府事先明确授权，公共部门可以针对 PPP 项目采购适用直接授予的例外形式。

二、PPP项目采购程序

不同于传统政府招标采购仅设立“招投标”的单一环节，即政府首先向特定或不特定主体发出要约邀请，待私人部门作出要约后，由政府选择接受或者不接受。非洲国家PPP立法普遍为PPP项目招标采购设置了更为复杂、严格的程序，不仅增加项目招标采购的具体环节，在投标评估方面也制定了更严苛的标准。与常规采购相比，大多数PPP采购需要花费更多的时间并且评估难度更大。采购机关在决定使用PPP模式时，除考虑实行常规采购应当遵行的一般价值外，还应与常规项目采购进行对比分析，确保PPP采购能够实现物有所值，最大程度促进公共利益。这也是PPP专门招标采购程序通常更为复杂的原因。

首先，除埃及、莫桑比克外，设置“资格预审”作为招标采购的前置性程序已成为非洲国家的共识。有所区别的是，绝大部分非洲国家对于“资格预审”，持强制性要求的立场，少数国家如马达加斯加《关于公私合作的法》则规定，以有资格预审的公开招标为原则，以不设资格预审的公开招标为例外。其中，不具有资格预审的公开招标的具体实施方式交由马达加斯加其他法令予以规定。南非《PPP指南》对“资格预审”作出比较全面的定义，它指出该阶段要求采购机关首先应当对具有执行PPP采购可能性的项目进行积极宣传，列出PPP项目的基本参数，通过与潜在投资人的接洽沟通，了解项目的市场吸引力和预设交易条件的市场接受度，进而通过市场反馈来确定、调整或放弃项目计划。这一环节如同政府方释放的探空气球，用以了解外部市场主体的“风向”变化和“气温”高低，是确保PPP采购顺利进行的基础。

其次，非洲国家PPP立法均对PPP采购进行特殊、专门的流程规定。PPP立法较成熟的国家甚至对每一个步骤都进行了细致的规定，如南非《PPP指南》明确制定了从“资格预审、招投标、最佳且最终要约、友好协商到完成交易”的PPP采购基本流程。具体来看：在完成资格预审后，PPP项目旋即进入“招投标”阶段。这一阶段包括招标文件的编制和优选投标人的确定环节。南非认为招标文件是实施机构和投标人之间有效沟通的工具。因此，一方面要求实施机构在编制招标文件时应当尽可能完整、详细地将项目信息传达给投标人，项目数据、实施要求、投标人方提案递交方式、PPP协议草案等均应包含在内；另一方面鼓励资格预审中确定的预合格投标人参与最终招标文件的编制，通过投标人大会、一对一的座谈会增强事前有效沟通，提升采购效率。对于确定优选投标人环节，南非设立了技术评估小组（TET）、评估协调委员会（ECC）、项目评估委员会（PEC），共同承担 PPP 项目的评标工作。三个评估机构如同 PPP 采购甄选的三道过滤网，依次在各自职权范围内对预合格投标人进行评估，每一机构均有内部监督和制衡机制，前一机构的评估结果是后一机构评估工作的基础，对后一机构负责。招投标阶段的顺利进行将产生一名优选投标人和一名或多名备选投标人。当然，实践中也可能存在无法确定优选投标人的情况。这一情况主要有两个原因：其一，各投标主体提案过于相似，难以优选；其二，因投标人误解、招标主体评估标准设定或流程安排错误造成所有投标议案均不符合采购机关预设的项目目标，无从优选。在此情况下，南非立法规定项目评估委员会可以决定启动最佳和最终要约程序，这一流程理论上是采购机关与预合格投标人甄选失误后的纠正措施。采购机关应当重新修订招标文件，替换为最佳和最终要约文件，通常选定两名预合格投标人作为最佳和最终要约的入围投标人响应招标。最佳和最终要约的启动建立在采购程序非正常状态下，它不是每个 PPP 项目采购的必经环节。

经项目评估委员会评估拟定的优选投标人，需经财政部批准方可正式确立。其在资格预审环节递交的投标保证金自然延长，进入“协商”阶段。采购机关和优选投标人将基于不同的利益需求对 PPP 协议及其包括服务水平、支付机制在内的所有附属协议进行谈判。南非旨在营造一个公平、相互信任的环境促成谈判，同时也巧妙地设计了“备选投标人”策略来确保采购机关和优选投标人的谈判不会损害物有所值。南非要求采购机关必须指定综合评分次好的一名或多名投标人作为备选投标人参与协商，一旦优选投标人滥用垄断地位致使谈判破裂，备选投标人即可替代优选投标人与采购机关谈判，从而提高采购机关的谈判能力。当采购机关与特定投标人完成谈判，合意商定项目合同细则和技术解决方案，即意味着谈判的圆满结束。双方应当编制 PPP 协议，完成确认双方履约能力的尽职调查，继而申请国家财政部授予 PPP 协议的批准，完成 PPP 采购流程。

三、PPP 优先采购规则

优先采购，顾名思义，是公共部门在履行采购职能时，对特定主体或具有促进特定主体利好影响因素的相对人给予特殊照顾，优先考虑与该特定主体或相对人达成采购协议。这一概念与当地成分采购相关联，例如南非2000年《优先采购政策框架法》明确规定，公共采购不纯粹依据价格、产品规格、技术能力来选择合作方，而应将因历史原因处于不利地位群体在供应商中的影响因素纳为采购评估的重要参数，使因历史原因处于不利地位的群体直接获得采购优先地位，或者间接地因对供应商的影响力而获得经济发展优势。公共采购市场基于其政府方主导的公共属性以及较大且稳定的利益攫取空间，毫无疑问是政府掌舵破除经济差距的重要场所之一。而对PPP采购市场来说，这一因果关系体现得更为明显。若政府不向因历史处于弱势地位的群体倾斜，秉持所谓的一视同仁，那么过去处于边缘地位的黑人企业必然不能获得胜算。相反，资源充足的少数私营主体将继续获得有利的评估优势，赢得项目及潜在利益，甚至形成垄断局面。这无疑会加剧社会不平等和不平衡。逐渐地，优先采购概念被其他非洲国家吸收，并与“当地成分”直接关联，成为非洲国家PPP采购的重要评估机制，被视为非洲构建非歧视、包容性市场经济的一项重要策略。

以南非为例，从最初公共部门决定采用PPP采购方案时，其发出资格预审邀请的对象就必须是能够证明遵守“黑人经济振兴”要求的私营企业。“黑人经济振兴”要素大致包括企业中黑人参与管理层的程度，企业为促进黑人就业的贡献大小，依据各地社会经济计划企业对当地黑人经济发展的带动效益，一级分包合同中受托企业的黑人股权比例等。进入PPP采购流程后，自资格预审到优选投标人的确立，南非制定了一套非常全面的计分评估规则来考察投标人的“黑人经济振兴”影响因素。首先，投标评估小组将对各私营主体的价格、技术、“黑人经济振兴”能力进行不同层次的计分评估。据《2017年优先采购条例》，对标的数额为3万至5000万兰特的采购合同，适用80/20的优先权重体系，即采购评估中，价格、技术要素占80%，“黑人经济振兴”能力占20%；对采购合同标的额价值5000万兰特以上的，适用90/10优先权重体系，即在采购评估中，价格、技术要素占90%，“黑人经济振兴”能力占10%。另外，在10%或者20%的“黑人经济振兴”能力权重分配下，南非政府从直接赋权、人力资源开发和间接授权三个方面对企业的“黑人经济振兴”能力进行计分。这三个领域进一步细分为五项指标，分别为“所有权”“管理层参与”“技能发展”“企业和供应商开发”“社会经济发展”，五项指标所占分值依次为25分、15分、20分、40分、5分。对于各项指标，南非均制定了非常详细的计分细则，以

“所有权”为例，这项指标的评定以“选举权”“经济利益”“实现点”三个参数为标准，其中“选举权”包括黑人在企业实体中可行使的投票权（4分），黑人女性在企业实体中可行使的投票权（2 分），“经济利益”和“实现点”也均有进一步的衡量指数。综合企业在各项指标中的得分情况，企业的“黑人经济振兴”能力被划分为八个等级：其中 100 分以上为一级，85—100 分为二级，75—84 分为三级，65—74 分为四级，55—64 分为五级，45—54 分为六级，40—44 分为七级，30—39 分为八级，29 分以下视为没有遵守《黑人经济振兴法》的要求。对 PPP 项目来说，投标人所获“黑人经济振兴”能力的分值必须达到该项目“黑人经济振兴”权重总分的 50%。现有赋分规则下，意味着四级以下的企业不能参与 PPP 采购的进一步评估。在符合条件的企业中，经评估得出“黑人经济振兴”能力分数，按照其所占权重折算后，与企业技术、价格得分相加，计算出总分即为企业投标的最终得分。PPP 采购中将以得分最高的企业作为优选中标人候选，同时选择得分次好的一名或多名备选投标人一同进入“协商”阶段。

尽管已有 PPP 专门法律的非洲国家并非都使用了“优先采购”概念，但它们确实构建起实质上的优先采购规则。它们普遍将当地成分视为优先采购的内核，不同程度地要求公共部门将投标企业在特定方面的社会影响，与价格、技术等传统评估要素一起，作为采购评估的重要标准。这是非洲地区独特历史语境的产物，是非洲国家保障公共利益的重要方式。一些非洲国家在宏观上规定“优先权”，将具体优先类别和规则行使交由相关行政部门决定。如贝宁《关于公私合作法律框架的法》允许通过法律或合同规定授予某类群体优先权，该优先权得以替代权利或资产的既定获得者，在与其相同的条件下获得该等权利或资产。利比里亚《公共采购和特许委员会法修正案及配套条例》确立当地企业可在特许采购评估中获 10%—20% 的优先权重。又如莫桑比克为转变现有制度体系偏袒特权阶层利益的现状，近年来实行系列法律变革。其中一项改革计划是，在 PPP 法律中增设优先采购规则。另一些非洲国家则在立法中明确以当地成分为优先采购评估的标准，落实 PPP 采购以及之后的项目分包阶段对本地弱势群体的保护。如赞比亚《公私合作法》结合本国于 2006 年颁布的《公民经济赋权法》相关要求，明确在进行货物或服务招标采购时，应当对处于不利地位或被边缘化的公民群体给予优先待遇。

第五节 非洲国家 PPP 项目运作

PPP 项目运作包括融资、建设、运营三个关键阶段。对于 PPP 项目而言，其实施目的在于引进具有丰富建设、运营管理经验的私人部门与公共部门合作，利用私人部门的融资能力和建设、运营经验，更好地向公众提供基础设施产品或者公共服务。换言之，PPP 模式意在通过融资进行项目建设，且建成后保证持续良好运营，以发挥经济效益和社会效益。因此，PPP 运作是该模式的核心阶段。

一、PPP 项目的融资

PPP 项目通常需要巨额的资金支持。金融机构是 PPP 项目融资中最主要的资金提供者。它既包括一些商业银行和非银行金融机构，也包括国家的出口信贷机构和世界银行或地区性开发银行。PPP 作为一种新型的项目融资模式，是以项目为主体的融资活动，主要根据项目的预期收益、资产以及公共部门支持力度而不是项目投资人或发起人的资信来安排融资。其典型结构是：公共部门通过采购与中标的私人部门组建的项目公司（SPV 公司）签订项目协议，项目公司具体负责项目融资、建设、经营等实施工作。其间，公共部门通常与提供融资的金融机构达成一个直接协议，这个协议不是对项目进行担保的协议，而是一个向借贷机构承诺将按与 SPV 公司签订的合同支付有关费用的协定。这个协定不仅利于保障融资机构的利益，也使得项目公司能够较为顺利地获得金融机构贷款。采用这种融资形式的实质在于，公共部门通过给予私人部门长期的特许经营权和收益权来换取基础设施加快建设及有效运营。为助推 PPP 项目的可融资性，加快满足公共需求及优化公共资源利用率，不少非洲国家 PPP 立法明确引入融资机构的介入权。如塞内加尔《公私合作法》赋予融资机构在一定情形下行使介入权的权利，并创设融资机构和塞内加尔政府签署直接协议的权利，以保障融资机构的利益，增进 PPP 融资效益。

二、PPP 项目的建设

PPP 项目建设包括项目设计、施工等内容。私人部门是履行项目建设责任的主体，私人部门既可以自行完成设计、采购、施工任务；也可以将部分或全部设计、采购、施工工作委托给工程承包商，签订工程承包合同。对于规模较大的 PPP 项目，在法律允许的范围内，工程承包单位还可采用直接发包的方式进行分包，把部分工作分包给专业分包商。根据具体项目的不同情况，分包商从事的工作主要有设计、非主体工程的施工建设、技术协助以及项目工程所需物料的供应等。鉴于大型 PPP 项目工期长、工作量丰富，项目建设施工一般可以为承接分包任务的分包商提供优质的利润空间和就业造血支持，利于增进社会治理功效。为此，非洲国家普遍推出 PPP 项目分包计划，在立法中强制要求工程发包时优先考虑本地及本地处于弱势地位的企业。具体从立法方式来看，可归纳为三类：一是在项目合同履行部分，直接明确私人投资者工程分包的当地成分要求，贝宁、埃及、摩洛哥、坦桑尼亚、塞内加尔等国均采用这种方式。二是在项目竞争性招标阶段，指出将私人投资者承诺工程分包的当地成分作为 PPP 采购评估标准，而后在 PPP 项目执行期要求私人部门履行投标承诺。采用这一方式的非洲国家包括尼日尔、布隆迪、马达加斯加、喀麦隆、马里、突尼斯等。三是规定参照本国其他有关分包当地化的法律规范执行。例如刚果（金）规定在施工建设阶段，同等条件下，私人部门应当优先雇佣本国劳工；且工程在施工建设期的分包，依据 2017 年 2 月 8 日第 17/001 号关于分包具体规定的法律实施。刚果（金）PPP 立法援引的有关分包具体规定的法律，载明促进“中小企业发展，保护本地劳动力市场”的立法宗旨。

有关工程分包当地化的内容，简而言之，即私人部门或其组建的项目公司发包时，应当优先考虑本地企业。针对“优先”的程度，非洲各国 PPP 立法有不同的理解。有的作了原则性规定，如埃及《基础设施、服务及公共领域公私合作法》相关条款表明，私人部门应当保证国家所有法定类别下的受益人对项目分包享有优先待遇，且机会均等；摩洛哥《关于公私合作合同的法》规定，私人投资者不得向不遵守现行法律的企业进行分包，尤其是不遵守税务和社会方面义务的企业分包。有的非洲国家则进一步作出最低比例的要求，但除尼日尔 PPP 立法规定合作合同可允许私人缔约方将其义务中最多四分之一的义务分包外，其余非洲国家未就具体比例的数值作出规定，但通常交由公私主体双方在项目合同中约定。如加蓬、喀麦隆类似规定，私人部门执行项目建设、运营任务时，应当委托本地中小型企业或手工业者履行一定份额的合同。突尼斯《关于公私合作合同的法》规定，项目采购时颁发的招标文件，应当明确分包框架下私人部门授予至突尼斯中小型企业的合作合同涉及活动的最低比例。同时，突尼斯进一步要求经公共部门的事先同意，私人部门可将其部分义务分包，但不得将其合同项下的全部或绝大部分义务分包，且必须符合之前招标文件中确定的最低比例。

三、PPP 项目的运营

如果认为项目投资建设是获得或形成项目及其服务、生产能力的必要措施或必经阶段，那么项目运营则是实现项目追求、发挥项目社会经济效益的生命之源。PPP 运营的关键在于确保项目可持续发展，而只有符合私人投资者收益需求的项目才具备可续持发展的可能性。因此，在项目运营阶段，非洲国家 PPP 立法注重对回报机制和绩效激励作出原则性规定。正如一些非洲国家在 PPP 立法中明确规定的回报方式：如马达加斯加《关于公私合作的法》规定，私人投资者的回报可以由公共权力机关委托合作合同的持有人以其名义并代表其收取公共权力机关自身负责的服务的运营收入；委托向服务的用户收取提供的服务的使用费；合同持有人从其负责的财产、工程或设备的运营中获得的附属性收入。塞拉利昂《公私合作法》规定，私人投资者的报酬包括从政府财政收入或预算中支出的费用；私人投资者或项目公司在项目运营阶段提供公共服务时从用户处收取的费用；或前两类付费方式的组合。总体而言，非洲国家确立的项目回报机制与全球 PPP 项目实践相吻合，具体方式主要包括政府付费、使用者付费和可行性缺口补贴三类。政府付费即政府直接购买公共产品和服务，适用于不具有向公众或终端用户收费功能的 PPP 项目。使用者付费即由终端消费用户直接付费购买公共产品和服务，私人部门在其间获得合理收益，以回收项目开发成本。其适用条件是项目需求量及其多少可以预测，且使用者具备支付意愿。可行性缺口补贴则作为上述两类机制结合的折中选择。它通常用于可经营性系数低、向用户收取的服务使用费无法覆盖投资回报的项目。

此外，鉴于 PPP 模式广泛应用于基础设施和公共事业领域的特征，非洲国家特定 PPP 项目回报机制的确立，还有赖于本国其他基础设施行业法中的规定。在此情形下，议会部门对于特定行业用户收费定价立法权的行使，或将基于公共利益保护原则，造成私人部门投资回报的不利影响。例如乌干达于 1968 年出台《公路法》，作为首部规范境内公路建设和管理的立法，确立了公路通行自由的原则。该部立法直到 2019 年 9 月 25 日新《公路法》的颁布生效，才予以废止。新《公路法》出于加快乌干达公路基础设施现代化发展的需求，第一次为收费公路的开发和维护以及在特定公共道路上征收公路费提供法律依据。直到这时，乌干达才授权工程运输部协同财政、规划和经济发展部，实行收费公路制，并通过颁发行政法令规定通行费。这意味着原《公路法》适用阶段，乌干达任何政府部门或私人投资者均不能对通行公路收取过路费。在此期间，收费公路 PPP 项目运营的私人投资回报无法得到法律支持。

第六节　非洲国家 PPP 项目移交

项目移交通常指在项目合作期限届满或者项目合同提前终止后，私人部门将全部项目设施及相关权益（也称项目资产）以合同约定的条件和程序移交给公共部门或者其他指定机构。只有私人部门完好履行了项目移交义务，私人部门才可退出 PPP 项目合同关系。非洲国家 PPP 立法在项目移交阶段仍进行了诸多制度安排，以确保公共利益不因私人部门退出或项目合作失败而克减。应当指出，PPP 项目提前终止后的项目后续管理与合同期届满后的项目后续管理只是存在原因上的差别，公共部门在项目资产移交过程中公共利益的保护方式并无二致。

一、PPP 项目移交内容

对于 PPP 项目移交，首先需要厘清的是非洲国家 PPP 项目移交的内容是什么。准确地说，非洲各国 PPP 立法对于“项目资产”的具体规定并不一致。但所有对“项目资产”作出界定的非洲国家，均认同项目资产移交不等同于项目的“资产”移交，也即 PPP“项目资产”包括的范围远超“资产”本身所含资本和财产的简单内容。从类别上来看，对于项目资产包括项目基本设施、设备及其他动产；项目用地及其相关权利；项目实施相关人员；项目运营、维护、管理所需的技术信息；项目设施有关的书面文件或电子文档的国际通行做法，符合非洲国家 PPP 项目实践基本经验。从形式上来看，项目资产包括有形资产和无形资产。前者指以具体物质产品形态存在的资产，包括固定资产和流动资产。后者指没有物质实体，表现为某种法定权利或技术的资产内容，典型如技术、知识产权、土地使用权等。正如坦桑尼亚和塞拉利昂公私合作法所规定的，PPP 项目合同中约定向缔约机关返还的项目资产应当包括技术和知识产权的转让。从性质上来看，项目资产包括待返还资产、可收购资产和自有资产。赞比亚、马里、毛里塔尼亚等采取此类分类进行资产规范的立法。通常而言，在符合立法规定的基本条件下，私人部门在合同期限内使用资产的具体类别，以及项目移交期的资产内容由PPP 项目合同确定。

二、PPP 项目移交形式

原则上，PPP 项目移交形式取决于 PPP 项目合同约定适用的 PPP 模式具体类型。因此，其与非洲各国立法许可 PPP 模式的内涵及外延息息相关。如前文所述，根据私有化程度，可将 PPP 模式划分为委托类 PPP、特许类PPP、偏私有化类 PPP。依照可销售性（有无收费机制）和可经营性项目（全生命周期内经营收入是否足以覆盖投资成本），分别对应非经营性项目、准经营性项目和经营性项目。不论何种类型，立法均要求在项目终止时都应将资产移交于政府方。例如马里《关于公私合作的法》要求，对于政府付费型 PPP 项目，由私人部门实施或购置的资产可在合同规定的条件下且在良好使用状态下返还至缔约机关；由私人部门在公产基础上为履行合同而实施或购置的资产在合同期限届满后，须在良好的使用状态下依法转移至缔约机关。摩洛哥《关于公私合作合同的法》规定，在 PPP 合同框架中和为了PPP 合同的履行，私人部门购置满足公共服务运营和连续性要求所需的资产，将在 PPP 合同期限届满时依法移交至公法人所有，而不管 PPP 合同的终止理由为何。毛里求斯《公私合作法》规定，在 PPP 项目合同终止或到期时，私人部门应当以合同规定的方式向政府公共部门返还资产。

有所区别的是资产移交的权属性质和交付回报。在资产移交权属性质方面，多数非洲国家承认私人部门在 PPP 项目合作期间享有物权。待项目合同终止后，私人部门需向公共部门完成的资产移交则是包括所有权、经营权、使用权在内的全部权利。如毛里塔尼亚《关于公私合作的法》规定，项目持有人对其实施的工程及设备享有物权，除非 PPP 合同作出相反规定，目的在于保证公产的完整性和规定用途，且 PPP 合同期限届满时，资产应在合同规定的条件下返还至缔约机关。同时，私人部门对于项目资产物权的行使以不妨碍公共服务或公有资产规定的用途为前提。也有少数非洲国家，主张政府方在 PPP 项目合同中自始至终拥有资产的所有权。合同终止后，私人部门向公共部门交付的仅为资产所有权之外的占有权、使用权、经营权等。例如乌干达《公私合作法》将私人部门的特许权定义为，在一定期限内将公共部门的资产长期租赁给私人部门，而该资产的融资、开发、管理和运营风险转移给私人方。可见，乌干达私人部门参与 PPP 项目的建设、运营期间，不发生资产所有权转移。事实上，不论资产所有权归哪一方主体所有，项目资产作为公共利益实现的基础物质条件，均得到立法保护。肯尼亚《公私合作法》即明确，不得因私人部门享有项目资产物权免除公共部门的保护责任，公共部门应当保护资产免受盗窃、减损等风险或负面影响。

三、PPP 项目移交条件

从非洲国家 PPP 立法有关资产移交的条款来看，PPP 项目资产移交的基本准则是私人部门必须确保项目符合政府回收项目资产的要求。这一要求在非洲各国 PPP 立法上表现为私人部门在项目资产移交时承担“保证项目资产良好状态”“恢复项目资产原状”的责任。例如，马里《关于公私合作的法》指出，私人部门应在项目资产良好使用的状态下将资产返还至缔约机关。马达加斯加 PPP 法要求私人部门在 PPP 项目运营期间即将届满时，负有保证项目资产恢复原状的义务，以良好履行项目资产移交的义务；至于恢复原状的标准，该国进一步指出，应当保证项目公有资产的完整性及其原本规定的用途。

至于项目资产具体移交状态的标准，非洲国家 PPP 立法鲜有细致的说明。这或许是移交细节可以由公私主体双方在 PPP 项目合同中单独约定的缘故。非洲国家唯一在 PPP 法律中对此作出明确、细致要求的是刚果（金），它在《关于公私合作的法》中规定，私人部门在向公共部门进行资产移交前，应当确保项目工程可以良好实施；确保负责工程运营的相关人员已经接受必要的培训；确保公共部门已经良好地接受由私人部门转让的必要技术，能够自行开展项目运营工作。刚果（金）的条款设计，显然是立足当前本国 PPP 项目所吸引的私人资本合作方以外资企业为主导的现状，反映出该国顾及项目工程本身质量状况的同时，更重视项目未来自主运营可能性的立法原意。而刚果（金）的这一现状实际上是整个非洲地区的普遍现象，因此一定程度上该国对于资产移交状态的要求，可以视为非洲国家有关标准的缩影。

结合非洲 PPP 项目实践经验，可以归纳出私人部门对项目资产移交良好状态的担保责任，具体包括权利担保和技术担保两个层面。第一，权利方面的条件和标准。这要求私人部门必须担保项目设施、土地及所涉及的任何资产不存在权利瑕疵，其上未设任何担保及其他第三人的权利。第二，技术方面的条件和标准。这一标准又可进一步分为客观技术要求和主观技术能力两个层面。在客观技术要求层面，私人部门应当确保项目设施符合双方约定的技术、安全和环保标准，并处于良好的运营状态。在一些 PPP 项目合同实例中，公私主体双方会从时限上对“良好运营状况”作进一步明确，例如在项目在不需要维修的情况下，可以正常运营 3 年等。在主观技术能力层面，私人部门则应当确保完成项目运营技术的当地化转移工作，也即担保项目合同终止后私人主体的退出，不会影响项目未来的正常运营。例如肯尼亚《公私合作法》规定，项目合同各方在开展项目有关活动时，应当确保在当地进行技术转让的机制。也即当地技术转让机制建成与否，将作为资产移交评估的一个重要指标。在此过程中，项目实施机构有权对移交资产进行评估和测试，以检验其是否达到移交标准。若检验不合标准的，公共部门可以要求私人部门履行修复、更新等后续义务。在合理完成上述两层面担保责任的基础上，公私主体双方将协作完成项目移交。

第七章　非洲劳动法

非洲国家劳动法很严格，体系完善，大多颁布了劳动法典，对劳动法作出了详细的规定。例如坦桑尼亚2004年《劳工法》共九章，103条。各章章名如下：（1）基本规定；（2）基本权利和保护；（3）雇佣标准；（4）工会、雇主组织与工会、雇主组织联盟；（5）组织权利；（6）集体协议；（7）罢工和关厂；（8）争端解决；（9）附则。

非洲其他国家的劳动法就编排体系和结构来说，大致与坦桑尼亚相同，只是在具体规定上并不完全相同。其基本劳动法律制度包括招工、劳动合同、劳动时间、工资、休假、工人组织、社会保障、解雇、罢工和关厂等。

第一节　招工

一、反就业歧视

在招工方面，非洲国家规定了严格的反就业歧视法律，禁止任何人进行性别、年龄、身高、身份、种族、宗教、政治信仰以及与工作无关的疾病和残疾等方面的歧视。例如像南非、博茨瓦纳等许多国家颁布了反艾滋病歧视法，其中包括不得拒绝招收和解雇艾滋病患者。①

南非《就业平等法》虽没有对就业歧视下一个确切的定义，但该法第6条第1款列举就业歧视的情形，即“任何人在雇佣时不得在雇佣条件和惯例方面针对雇员基于以下一个或多个原因而实施直接或间接的不公平歧视：包括种族、性别、怀孕、婚姻状况、家庭责任、民族或社会出身、肤色、性

① 洪永红，邱静：《非洲劳动法很严格》，载《非洲》2010年第4期。

取向、年龄、残疾、宗教、患有艾滋病毒、意识、信仰、政治观点、文化、语言和出生地”。针对“雇佣条件或惯例”这一短语，该法第 1 条中作出了开放式的列举规定：“雇佣条件或惯例包括但不限于以下活动：招聘程序、宣传和录用标准；任命和任命过程；工作的分类和评级；报酬、福利和支付以及工作条件；分派工作；工作环境和配套设施；培训和发展；实施评估制度；升职；调职；降职；除解雇之外的纪律性措施和解雇。”这一宽泛性的界定试图将禁止不公平歧视原则贯穿于雇主开展企业内部和外部活动的全过程，以实现最大程度上的工作场所中的平等。①

为了保障《就业平等法》的实施，南非在 1999 年 5 月 14 日成立一个官方的专业研究机构——就业平等委员会。该机构隶属于劳动部，具有为劳工部长提供咨询的职能，同时可以对雇主进一步实施该法所取得的成果给予承认，加以奖励。其建立目标是致力于促进和监督平等就业。

此外，南非还建立了其他监督与执行机制，如调解和仲裁委员会（CCMA）和劳动法院等。CCMA 具有审理投诉、作出裁决的准司法权力，最终裁决由劳动法院作出。②

二、雇佣外国人的限制

对外投资无疑面临巨大风险，为了尽可能规避风险，作为投资者首先想到的是在海外的新企业有可靠的人，也就是说希望将国内的“自己人”带到国外发展。但作为东道国最急需的是投资者的资金和技术，并促进东道国的就业，因而希望投资者最大限度地雇佣本地人。这就形成了一对矛盾。东道国为此颁布了很多法律，实行移民限制，即限制投资者雇佣外国人。非洲国家惯常的限制外国劳工的做法有如下几种。

（一）规定投资者雇佣外国劳工的条件

非洲国家一般要求雇用外国劳工的是专业技术人士和高级管理人员，而这些人员在东道国又十分缺乏。例如，莫桑比克于 2016 年重新颁布的《关于雇用外国人的机制和程序的条例》，包括了人员适用及排除适用的范围、雇用外籍劳工的一般条件、适用的四项制度、雇佣合同的形式与内容、外籍

① 周严：《论南非反就业歧视法及对中国的启示》，湘潭大学 2008 年硕士研究生学位论文。

② 周益兰：《南非调解仲裁委员会研究》，湘潭大学 2009 年硕士研究生学位论文。

工人调动、违反规定的相关处罚等内容，其法律规定，雇佣外国公民应视有关雇用单位提高莫桑比克工人专业技能、改行及培训计划的记录而定，而且雇用外国公民的批准还应视雇用单位提交的文件证明而定，所雇工人专业素质须是莫桑比克本国工人不具备的或莫桑比克本国该种工人数目不足。

非洲国家关于雇佣条件的规定比较主观，难以监控。但东道国关于投资者雇佣外国劳工的比例的规定则比较刚性。例如莫桑比克《关于雇用外国人的机制和程序的条例》中，对外国劳工的限制主要体现在配额制度和数量控制。企业能够雇用多少数量的外籍员工取决于配额制度的规定，员工数量配额的确定受制于公司类型。具体来说，在莫桑比克雇用100名以上员工的公司为大型公司，其外籍员工的数量占公司员工总数的5%；雇用10—100名员工的公司为中型公司，其外籍员工的数量占公司员工总数的8%；仅雇用10名以下员工的公司为小型公司，只允许其雇用1名外籍劳工。①

（二）配额管理

非洲国家对于外籍劳务，有的实行配额制管理。例如外国投资者在加纳注册公司或企业可以按投资额申请移民配额（固定配额），保证公司一定数量的本公司外国员工具有合法居留和工作的权力。移民配额数量如下：（1）投资额1万至10万美元或相当于该数量的加纳塞地，1人；（2）投资额10万至50万美元或相当于该数量加纳塞地，2人；（3）投资额50万美元以上或相当于该数量加纳塞地，4人。

在尼日利亚雇佣外国人必须向内政部提出申请，获取相应的配额后方可办理工作签证和绿卡。外来员工配额分永久性配额和非永久性配额，非永久性配额在一定条件下可以申请转换为永久性配额。用人单位在获得内政部的配额批准后，向移民局领取相关表格，通过当地的非洲银行支付350美元的费用。尼日利亚移民局负责发放配额卡，进行登记和注销。劳务配额在法律上具有唯一性和不可交换性。

（三）程序限制

非洲国家对雇佣外国人规定了近乎烦琐的程序。例如莫桑比克规定，涉及工作合同批准书或工作许可的申请应向劳动部部长提出。申请应包括：申

① 洪永红，肖嘉英：《注重莫桑比克雇佣外国劳工的限制》，载《中国投资（中英文）》2021年第23期。

请机关的名称、总部及经营范围；拟雇用外国公民的身份、将从事的专业及职务、约定报酬及合同期限；以及申请的根据。如果是工作批准书申请，还应附：（1）三份拟申请批准合同的文本；（2）拟雇用外国公民的学历及专业技能证明；（3）职业经验的证明材料；（4）有关提高专业技能、改行及培训计划；（5）就业中心就雇用单位雇用本国人所做努力的确认声明，及在国家大报上发布公告；（6）监管雇用单位经营范围的国家机关意见；（7）公司工会的意见。如果是工作许可申请，除了提供营业执照或者相关文件的认证复印件、历年最新的工作人员工资单，以及员工的公民身份信息、在公司已支付十个最低工资的费用证明外，还应附代表委托书的证明文件或相关声明和职能机关颁布的准许在本国从事经营活动的批准书。

（四）工作时间和领域限制

非洲国家对外国雇工的工作年限和工作领域也作了限制。工作年限方面短则 3 个月，长则 2、3 年，最长也就 5 年。不仅如此，尼日利亚对外国企业的外国人配额也规定了期限：从事石油勘探或生产、制造业、农业的企业，自批准之日起 4 年内有效；从事石油营销和服务的企业，自批准之日起 3 年内有效。

雇用单位还要履行如下义务：（1）雇用单位须于每年 1 月份就所雇外国工人国籍、从事的专业及担任的职务、所获报酬及聘请日期向劳动管理职能机关提交一式两份的报告。（2）当外国工人于合同有效期内在同一雇主的不同工作地点转移时，雇用单位应立即书面通知劳动管理职能机关，否则可能受到处罚。

第二节　劳动合同

签订劳动合同是非洲国家的普遍做法。劳动合同一般分为个人合同和集体合同。集体合同需通过集体谈判签订。

一、个人合同

个人合同是劳动者个人分别与雇主签订的合同。刚果（布）《劳动法》规定，凡雇佣期限超过 2 个星期的员工，都要签订劳动合同。个人劳动合同分定期合同和不定期合同。定期合同期限为 1—3 年，最短的以一项工作的完成时间为限。而不定期合同，实际上被视为长期合同。如果不签署劳动合同的，客观上应视为不定期合同，实际上不签劳动合同等于长期雇用。因此，劳动合同应当就合同的签订、中止和解除等作出规定。

（一）劳动合同的签订

坦桑尼亚《劳动法》规定，雇主雇工时，应当与雇员签订劳动合同。劳动合同除写明法定的条款中，还要求写明雇员的个人基本信息、招募地、开始工作的日期、工作地点、工作时间和工资计算方法等细节，但是对劳动保护、劳动纪律、合同终止的条件和违反合同的责任等并无相关规定。坦桑尼亚《劳工法》第 15 条第 5 款规定雇主与雇员终止劳动后须继续在之后的 5 年中保留劳动合同。第 16 条规定雇主需根据本法制定劳动者权利，并张贴在显眼处。①

马达加斯加法律规定，劳动用工应签订劳动合同，其内容主要包括雇员的职能、职业类别、基本工资指数以及合同生效日期。雇主对雇员的试用期不能超过 6 个月，定期合同不能超过 2 年，如未签订定期合同，试用期超过 6 个月的雇员将自动成为无限期企业正式员工。实施承包工程和经援项目的企业可根据项目的合同工期签订劳动合同，但任何劳动合同都必须呈报当地劳动检察部门批准，雇主负责办理劳动合同的报审和批准手续。

（二）劳动合同的中止

劳动合同在履行过程中因为出现法定或约定的情形，可以暂时中止合同。加蓬《劳动法》规定，下列情况中止合同：（1）雇主因服兵役或须军训一个时期离开而关闭企事业；（2）职工服军役或民役期间和职工被迫必须参加军训期间；（3）因工伤事故或职业病或尚未确定为职业病而长期患病造成的缺勤期间；（4）发生与第三项所引，按法定手续由医生出具证明的另一些事故或病症，职工缺勤限 6 个月期间；（5）职工在软禁或者预防或非预防拘留期间，只要为期不超过 3 个月，如指责职工的事实与劳动合同无关；（6）职工在选任或担任公职期间。但如果中止合同，雇主必须向职工支付一笔相预期在预先通知最多期限内缺勤期间报酬额的赔款。

（三）劳动合同的解除

加蓬《劳动管理法》规定，劳动合同不得由当事人一方的意志提前终

---

① 邱静：《坦桑尼亚劳工法及其对中资企业的影响》，湘潭大学 2010 年硕士研究生学位论文。

止。不定期劳动合同可以由当事人一方的意志随时终止。属非严重过失的其他原因而提出不定期劳动合同解除取决于提出毁约的当事人发出的预先通知。预先通知从通知解雇或辞职的次日起起始。①

马达加斯加法律规定，定期劳动合同未到期不能单方面予以终止。不定期合同可以单方面终止，但要向对方作预先书面通知，而且还必须具备终止合同的某些条件及解雇的缘由，劳资双方对此都有应尽的义务和应享有的权利。如有异议，通常还要通过劳动检察部门的审理和调解，甚至由劳动法庭最后裁决。

二、集体合同

集体合同一般通过集体谈判而达成。集体谈判被认为是使劳资冲突规范化的一项伟大的“社会发明”，是现代民主社会中每一位劳动者都拥有或者应当拥有的特定权利。② 为了维护自己的权益，工人阶级只有团结起来才能与资本家相抗衡，于是产生了工会，集体谈判成了解决劳动问题的主要手段之一。

集体谈判制度对劳动关系的维护和发展起着至关重要的作用，集体谈判制度是劳动力市场机制运行的必要条件。集体谈判制度的建立，可以使劳动者个人意志通过劳动者团体表现出来，由团体代表劳动者个人交涉劳动过程中的事宜，这有助于克服个别劳动关系的内在不平衡，增强劳动者一方的力量。集体谈判的内容包括劳动报酬、工作时间、休息休假、劳动安全卫生、保险福利等劳动、就业条件等。

作为集体谈判主体的代表制工会，是雇员权益的代表者，是为了维护雇员的权益而与雇主进行交涉的谈判者，处于与雇主相对立的地位。代表制工会的谈判权由劳动者授予，在谈判过程中，要向成员负责。代表制工会对集体谈判所涉及的重大问题必须向雇员报告，雇员享有投票权，集体谈判所形成的集体协议也必须经过雇员的批准才能生效。

谈判委员会主要是一个或多个已经注册的工会或雇主组织在一个行业或一个地区，为了进行集体谈判，解决劳资纠纷，所设立的特定机构。谈判委

---

① 洪永红：《非洲投资法概览》，湘潭大学出版社 2012 年版，第 371 – 372 页。

② 郑秉文：《合作主义中国福利制度框架的重构》，载《经济研究》2002 年第 2 期。

员会必须按照劳动法的规定进行注册，必须制定自己的章程。谈判委员会根据行业或领域的不同而享有一定的司法管辖权，促使雇主与代表制工会通过由其组织的集体谈判达成集体协议，可以解决有关集体谈判和劳资纠纷的争议。

集体谈判的最终结果或最好结果是签订集体合同。集体合同经过雇员表决通过后，才能由工会谈判代表与雇主或雇主代表签字。集体协议的正式文本只能列入双方达成一致意见的条款，而有关双方的不同意见则以备忘录的形式附在协议之后。集体协议一经谈判双方代表正式签署后，即产生法律效力。

第三节　劳动待遇

一、工资

（一）最低工资标准

非洲国家大多规定了最低工资标准，如坦桑尼亚《劳动法》规定，从事工商贸易类行业、年满 18 周岁的劳工最低工资标准为 150000 坦先令/月，折合人民币约 800 元。南非的最低工资标准为 1500 兰特/月，约合人民币 1600 元。2018 年 5 月 22 日，刚果（金）颁布的第 18/017 号法令《关于最低保障工资、最低家庭补助和住房津贴的规定》（SMIG），规定从 2019 年 7 月 1 日起，法定最低工资标准为每天 7075 刚果法郎，约合人民币 24 元。

（二）工资的发放

科特迪瓦明确规定，雇工按月领取工资，工资计发分两种方法：计时工资：计时、计天、计日；定额工资：计件、计量。雇主发工资时应发工资单，填明工资全额和其他收入和扣除项目。雇主应按现政府的规定，在发工资的同时给雇工交纳：所得税、福利税和政府税。

毛里求斯规定，工资可以按月或按周发放。工人每周基本工资为一个月基本工资的 3/13。小时工资是每周基本工资的 1/45。如按月发薪，不迟于下个月的第二个工作日。如按周发薪，一周内最后一个工作日发放。

二、法定休息

在保证劳工休息权方面，非洲国家规定较严。在非洲如果要加班，必须事先与工人协商，征得对方同意，而且就加班工资达成协议，方可要求其加班。而且在星期天是严格禁止加班的，如果在星期天工作不仅违法，而且可能构成犯罪。

毛里塔尼亚法定工作时间40小时/周（看门人、旅馆等某些行业除外，法定时间高于40小时/周）。超出法定部分按以下方法计算：41—48小时增加日工资的15%；49—54小时增加日工资的40%；54小时以上增加日工资的50%；周日、节假日白天增加日工资的50%；周日、节假日夜晚增加日工资的100%。

三、社会保障措施

毛里塔尼亚颁布了《社会保险法》，该法适用于毛里塔尼亚境内的雇主、雇员。雇主必须在经营活动起始时到全国社会保险银行登记并为其雇员注册，注册登记表可在该银行管理征收部领取。雇主必须依据雇员人数按月或按季度到全国社会保险银行为雇员交纳社会保险费，逾期未付保险费将增加。雇主承担的费用包括退休金、家庭补助、工作医疗、职业风险，占雇员工资的15%，雇员则承担退休金一项，为工资的1%。全国社会保险银行提供三种保险：工作医疗、事故，家庭补助，退休金。可通过本国或外国机构加入医疗、退休补充类保险，这类保险属于投保者合同提议范围，可在双方同意时作为条款写进合同。此外，毛里塔尼亚还已同法国、塞内加尔、马里和罗马尼亚签署了社会保险国际协定，其中与法国、塞内加尔签署协定已获批准①。

工伤保险待遇是工伤补偿的重要内容，因工受伤或患职业病的雇员、因工死亡雇员的遗属，主要是通过工伤保险待遇的方式来获得工伤补偿。工伤保险待遇问题就是关于对受伤雇员或遗属给予哪些补偿的问题。南非的工伤保险待遇种类繁多，补偿金包括医疗补助金（包括医疗运输费）、生活津贴（护理费）、丧葬费、一次性抚恤金、月抚恤金、定期抚恤金（包括抚恤金的资本化价值）以及其他津贴。南非的工伤保险基金的筹集主要由雇主缴纳，雇员个人不需要缴纳任何费用，但也不排斥其他资金来源。

南非工伤保险的程序性法律制度比较清晰简明，申请工伤认定程序—申请补偿程序—受理申请程序—核发工伤保险待遇——先异议后上诉。其中对

---

① 洪永红：《非洲投资法概览》，湘潭大学出版社2012年版，第124页。

请求补偿权规定为12个月的除斥期间①，在催促伤残雇员及时行使权利的同时，也有利于工伤保险基金的稳定。②

第四节　工人组织

一、工会

结社自由是成立工会的理论基础。国际劳工组织在1919年的《国际劳动宪章》中列出了9项原则，其第2项原则即是“工人和雇主都有结社的权利，只要其宗旨合法”。1944年的国际劳工大会上通过的《费城宣言》，在第一部分提出了四项基本的原则，其中包括“言论自由和结社自由是不断进步的必要条件”。③

按照国际劳工组织1948年通过的《自由结社与保护组织权利公约》（第87号公约）第2条的规定：“凡工人及雇主，无分轩轾，不需经事前批准，均有权建立他们自己愿意建立的组织和在仅仅遵守有关组织的规章的情况下加入他们自己愿意加入的组织。”由此可知，第87号公约所讲的自由结社权，既是工人的权利，也是雇主的权利。并且，是创建组织还是参加组织，由个人自由选择。第87号公约第3条规定对工会和雇主组织制定章程，选举代表，对属于自己的事项进行管理等作出了规定。④

国际劳工组织的第98号公约对保障工会的组织权进行了规定。该公约第1条规定：“工人应享有充分的保护，以防止在就业方面发生任何排斥工会的歧视行为。”第2条规定：“工人组织和雇主组织均应享有充分的保护，以防止在组织的建立、运转和管理等方面发生一方直接或通过代理人或会员

---

① 所谓除斥期间，是指法定的权利固定存续期间，权利人在该期间不行使权利，该期间经过后即发生权利消灭的法律效果。除斥期间为固定的不变期间，不存在中止、中断和延长的问题。

② 刘婷：《南非工伤保险法律制度研究》，湘潭大学2012年硕士研究生学位论文。

③ 强磊，关彬枫：《集体谈判与集体合同的理论与实务全书》，中国物价出版社1995年版，第654页。

④ 国际劳动组织第87号公约第3条规定：“工人组织、雇主组织均有权制定各自组织的章程和规章，充分自由地选举其代表、自行管理与安排活动，并制定其行动计划。公共当局应避免进行任何旨在限制这种权利或妨碍其合法行使的干涉。”

干涉另一方的任何行为。”第4条规定：“必要时应采取符合国情的措施，鼓励和推动在雇主组织和工人组织之间最广泛地发展与使用集体协议的自愿谈判程序，以便通过这种方式确定就业条款和条件。”除此之外，第98号公约还规定了工会享有罢工权。

《世界人权宣言》第23条第4款规定，“每个人都有权组织和参加工会。”《公民权利和政治权利国际公约》第22条规定，“每个人有权拥有与他人结社的自由。”《经济、社会和文化权利国际公约》第8条第1款（甲）项规定，“各缔约国承担保证每个人有组织工会和参加他所选择的工会的权利，以保护和促进他的经济和社会利益。”

几内亚法律规定，在连续12个月雇员人数超过25人的企业，必须成立工会。工会代表每月有10小时的行使职权的时间。

南非1995年《劳动关系法》第11条和第78条（b）款对工会进行了定义：它是指经过注册登记的工会，或者两个或两个以上经过注册登记的一致行动的工会联合体。南非的代表制工会是由雇员组成的组织，它主要通过集体谈判方式代表雇员在工作场所以及整个社会中的利益，代表制工会最首要的任务是通过团结工人，争取改善雇员的工作条件。因为雇员作为个体，通常没有力量和本钱与雇主进行交涉，其工资、工作条件往往由雇主单方面按市场规律决定。①

二、其他组织

除了工会之外，还有另外一些工人组织。例如南非的工场论坛就是这种组织的典型。② 下面以此为例进行剖析。

（一）工场论坛设立

1. 设立工场论坛的条件

根据南非《劳工法》规定，任何工场具备以下条件就应设立工场论坛：（1）人数达到100人以上；（2）申请人为代表制工会；（3）没有在同一个工场重复设立论坛。根据南非《劳工法》第82条的规定，工场论坛设立时还必须制定章程。章程主要包括以下内容：（1）工场论坛成员的人数及任职、离职、解职的条件；（2）工场论坛执行官的功能、权力及选举程序；

① 王鹊林：《南非集体谈判制度研究》，湘潭大学2010年硕士研究生学位论文。

② 李琛：《南非工场论坛述评》，湘潭大学2006年硕士研究生学位论文。

（3）保障工场论坛能够正常运行的其他条件。

2. 设立工场论坛的程序

凡符合申请条件的工场，应由一个代表制工会或工会联合组织向南非调解仲裁委员会申请设立工场论坛，同时将设立申请书交雇主一份。经调解仲裁委员会审查，如果申请符合以上条件，则指派一名人员去协助工人从事组建工作。如果工人和雇主已就组建工场论坛达成了协议，组建程序就要按照该协议的规定进行。

根据南非《劳工法》第 82 条规定，工场论坛还可以以如下方式设立：如果一个雇主拥有两个或更多相互之间独立且具备一定规模的企业，就可以设立一个作为总部的论坛来处理一般性的事务，并在其下设立一些分论坛来处理具体事宜。

（二）工场论坛的职权

设立工场论坛的主要目的，是保障职工参与企业决策、经营管理、监督以及利润分配等权利。南非《劳工法》第五章的对工场论坛的功能作了一般性的规定。具体来说，工场论坛对企业享有知情权、咨询权和共同决策权。

（三）工会与工场论坛的关系

南非《劳工法》规定，作为发起者的代表制工会与工场论坛之间是相互补充、相互扶助的关系。每个职工都是拥有独立权利的公民。职工参与制是劳工法规定的职工应享有的一项权利。工场论坛是一种独立的组织，是代表职工利益的、具有客观性的组织。工场论坛的建立意味着将会存在两套职工代表制，即工会享有签订集体协议权利，而工场论坛享有参与企业经营管理具体事务的权利，所以两种组织的功能会出现一定程度的重合。

尽管立法者强调工会和论坛应该是两个独立的机构，但法条本身又并未给两者划分一条明确的界线：什么样的事是论坛有权处理的，工会又可以就哪些事务发挥自己的作用。南非法律在赋予论坛一些权利的同时，又让这些权利的行使受到工会和工会与雇主签订的集体协议的限制。法律规定得如此模糊，为实践操作带来了很大的不便。

（四）工场论坛与雇主的关系

工场论坛的出现为这些企业带来了全新的观念。根据南非《劳工法》规定，雇主和工场论坛是平等关系。申请人和雇主可以根据自己的要求设立一个论坛。职工通过论坛可以参与企业管理，获得自己的权益。而雇主则通过论坛可以调动职工的积极性，减少劳资纠纷。但劳资之间的利益在很大程度上是对立的，工场论坛不可能化解劳资矛盾，而且雇主担心工场论坛会增强职工的对抗力量。所以，南非成立工场论坛的企业并不多见。

第五节　解雇

一、解雇的条件与程序

在解雇方面，必须符合法定条件，并且必须遵守严格的程序。例如坦桑尼亚《劳工法》规定：雇主解雇员工须经多次警告方可解除雇用关系。如果雇主非因法律原因解雇劳工，须向其支付资遣费（按年度工资 ×0.0005 ×服务年限计算），并可能被诉为不公正解雇而遭处罚。此外，还有一些细致的规定，例如，雇主与劳工合同的终止地与当初雇主招募该劳工的地点不在一处时，雇主应支付该劳工交通费。

塞内加尔法律规定在以下三种情况下可以解雇员工：签订合同的双方达成协议；员工的重大错误：不可抗力；否则，则需要付给员工自合同签订日期开始为期 1 年的工资。

科特迪瓦法律规定，解雇应以书面形式通知，该通知可用挂号信投递，或在人事代表或证人在场时交给雇工。解除合同时，除非有重大错误或事先另有协议，解雇的通知应按规定提前发出。解雇时，要结算雇工的权益工资并发给工作证明，主要权益有：①奖金：工作满 1 年的享受年终奖金，奖金数为月平均工资的 75% ×工作年限；劳动局一般按实际工作月份予以计算，扣除平时已发的部分。②解雇费：一般为月平均工资的 30% ×实际工作年限。③没有提前通知要支付提前通知费。

二、不公正解雇的概念

在现代劳资关系中，雇主往往利用其优势地位，随意解雇员工。而对于处于弱势地位的雇员来说，一旦被解雇，可能面临衣食无着的窘境。所以，现代立法对雇主的这种随意行为，予以规制，审查解雇是否公正。

判断解雇是否公平，可以从三个方面进行。

（一）解雇发生与否

在每一个不公平解雇争端中，首先要确认的问题就是，终止雇佣关系的行为或事件是否构成“解雇”。

南非1995年《劳动关系法》第186条（1）定义了什么是“解雇”。解雇即：

（1）雇主在经通知或未经通知的情况下终止雇佣合同。

（2）雇员合理地期待雇主在相似或相同的条款下更新固定期限雇佣合同，但是雇主降低合同待遇或拒绝更新。

（3）在以下情况下，雇主拒绝女性雇员重返工作岗位：

（a）在法律的规定、工会集体合同或她本人的劳动合同的条款下休产假；

（b）在其预产期前至多4个星期，以及产后8个星期内离开工作岗位。

（4）雇主因相同或相似的原因解雇若干雇员以后，对其中的一个或一部分雇员重新雇用而拒绝重新雇用其他人。

（5）因雇主使雇员无法继续工作而造成雇员经通知或未经通知终止而雇佣合同。

（6）当雇员基于第197条或第197条A款而发生调任，新雇主提供的实质性条件低于原来的雇主，雇员经通知或未经通知终止雇佣合同。

（二）解雇理由公平与否

如果解雇的理由属于当然不公平解雇的情形，则该解雇为当然不公平解雇。当然不公平解雇又称为自动不公平解雇，其理论基础在于，如果一个解雇行为无论如何都不可能是公平的，或者解雇的理由是违反法律规定的，这样的解雇就是当然不公平解雇。国际劳工组织第158号《雇主主动终止雇佣公约》（1982年）第5条列举了不能构成终止雇佣合同有效理由的情况。南非在《劳动关系法》中接受了国际劳工组织的建议要求，并根据国情作了补充。

对于雇主来说，解雇雇员需要合理的解雇理由。南非《劳工法》中，解雇雇员的合理理由包括：雇员不当行为，即雇员不遵守雇主设定的工作规则或者雇员拒不履行雇佣合同所设定的义务；雇员能力或资格不够，即雇员由于自身无法控制的原因不能完成工作，或者由于身体上或精神上的疾病或伤害不能完成工作；经营性裁员，即雇员的职位在雇主的经营中已经不再必要。如果雇主解雇雇员的理由不符合该三项理由中的任何一项，则该解雇将可能被判断为不公平解雇。

（三）解雇程序正当与否

受到英国法与国际劳工组织的影响，南非劳工法庭对雇主的解雇程序十分注重。在解雇中，雇主需要遵循相应的程序标准，否则即使解雇的理由合理，该解雇也将因为违反公平程序而被法庭判定为不公平解雇。在基于不同理由的解雇中，解雇程序各不一样。对于基于雇员不当行为和雇员能力与资格的解雇，南非《劳动关系法》中没有相关的程序规定，而是由专门的《解雇实施规则》作出规定。然而南非《劳动关系法》第189条对经营性裁员的程序作了具体的规定，并且1999年又颁布了《经营性裁员实施规则》。

无论解雇的形式如何，解雇的程序要求目的都在于，使雇员获得公平的机会对于解雇的决定施加影响，并且使作出解雇决定的一方做到公平、公正。

具体说来，不公平解雇表现为三种形式：明显不公平的解雇、理由不公平的解雇和违反公平程序的解雇。

三、不公正解雇的类型

南非把不公平解雇分为三种表现形式：明显不公平解雇、理由不公平的解雇和违反公平程序的解雇。在这三种表现形式中，明显不公平解雇与理由不公平的解雇都是从解雇理由的合理性方面考量的，只是由于基于对雇员某些特殊权利的保护，将一些解雇理由不合理的情况归为明显不公平。在明显不公平解雇的案件中，只要雇员证明雇主的解雇理由属于当然不公平的状况，雇主便失去了抗辩的可能。

（一）明显不公平的解雇

明显不公平的解雇是指无故解雇或解雇的理由明显违法的解雇。南非《劳动关系法》第187条（1）规定，雇主在解雇雇员时，如果违反第5条或者基于如下理由而解雇的，该解雇为明显不公平的解雇：

（1）雇员参加或支持，或表示将参加或支持符合第四章规定的罢工或抗议活动。

（2）雇员拒绝或表示将拒绝从事原本是由正在进行罢工的员工从事的工作，而该罢工符合第四章规定。除非该工作是为了制止对生命、个人安全或健康的现实的危险的发生。

（3）就有关雇主与雇员共同关心问题，雇主强迫雇员接受其要求。

（4）雇员实施或表示将实施针对雇主的如下行为：

（a）行使本法赋予的权力；

（b）参与本法规定的程序。

（5）雇员怀孕，计划怀孕，或与她怀孕有关的其他原因。

（6）雇主不公平地、恣意地直接或间接歧视雇员，包括但不限定于以下方面：种族、性别、民族和社会出身、性倾向、年龄、身体残疾、宗教信仰、政治理念、文化背景、语言、婚姻状况或者家庭责任。

（7）与第 197 条或第 197 条 A 有关的调任，或与调任有关的原因。

（8）雇员实行了《保护举报人法》（2000 年）规定的举报行为，雇主违反该法律的规定。

（二）理由不公平的解雇

理由不公平的解雇是指，雇主解雇时给予雇员的理由看似合法合理，但事实并非如此而构成的不公平解雇。这种情形在实践中往往难以把握，是雇主以貌似合法的理由掩盖其非法的目的。这些理由有很多种，但概括起来大致有三大类：（1）雇员行为不当；（2）雇员没有能力或资格；（3）经营性裁员。

1. 因雇员行为不当的解雇

在因雇员违反规章制度而导致的解雇中，该规章制度须是合法兼合理的。如果规章制度为法律所禁止或要求雇员为违法行为，则该规章制度不合法，雇员无需遵守。同样，如果该规章制度对雇员的要求超过了合理性的界限，则违反该规章制度的行为不能被视为违反规章制度的不当行为。

对于相同或相似的不当行为，雇主如果在不同的雇员之间采取了截然不同的对待，例如仅解雇一个人而不追究其他人，这种不同的待遇本身就是不公平的，尽管就该被解雇的雇员个人单独考虑，解雇是没有问题的，但这将有可能导致法庭认为解雇不公平。这就是“有选择的惩罚”。

一般认为非工作时间和非工作场所雇员的行为与工作无关，所以当雇主要对雇员在为非工作时间和非工作场所的行为有所限制时，雇主必须有充分的理由证明他的这种限制要求是合理的，只有当法庭认为雇员在为非工作时间和非工作场所的行为确实和雇主的限制行为有一定的联系，才能接受雇主的要求。不仅如此，雇主还必须证明解雇员工是对雇员不当行为的合理制裁。

在 *NUM & others v East Rand Gold & Uranium Co. Ltd* 案中，一位雇员因为在运载员工上班途中的公司巴士上攻击另一名同事而被解雇。法庭认为解雇的理由充分，虽然事件发生在非工作时间和非工作场所，但作为公司雇员，包括袭击者在内的车内所有员工仍然有责任受到行为约束，而且，公司也有责任保障员工在往返工作途中的人身安全。

刑事犯罪行为是工作时间以外实施的可能会严重影响到雇主利益的另一种特殊情况。一项刑事犯罪行为，即使与工作无关也不涉及其他雇员，但如果能证明雇员的过错或犯罪行为影响到了雇主及公司业务，约束力依然存在。

2. 因雇员缺乏能力或资格的解雇

在劳动法上，这种解雇称为基于能力不足的解雇。与因不当行为的解雇相比，在基于能力不足的解雇中，雇员主观上没有过错。雇员不能达到工作标准，这是他们自己无法控制的，不存在法律意义上的故意或过失。因此，基于能力不足的解雇与因裁员而发生的解雇一样，都属于“无过错”的解雇。

基于能力不足的解雇可分为两类，一类是因为雇员缺乏工作所需要的技能、知识或效率，这一类解雇可以称为“工作表现不佳”；另一类是因为雇员的疾病或受到伤害而不能按标准完成工作。

在实体上，基于工作表现不佳的解雇首先要有雇员不能达到雇主制定的合理标准的事实。而且雇员的这一工作表现是由于其自身的原因而不是其他，例如因为雇主工作安排不合理或得不到足够的技术支持而造成的。劳工法庭曾指出，它不会认可雇主单方面的陈述作为以工作表现不佳解雇员工的证据。① 对雇员工作表现不佳的客观证据可以是客户、同事的投诉，或者交易业绩的明显不足的记录等。

疾病或伤害造成的工作能力不足可能是暂时的，也可能是永久性的。如果雇员仅是暂时无法正常工作，雇主有义务调查此能力不足或伤害的程度，以根据不同程度采取不同措施。如果雇员可能在相当一段时期内都无法恢复正常工作，雇主应该要考虑除了解雇以外的其他任何可能性，需要考虑的相

---

① 法庭认为，评估的作用在于使雇主对雇员的缺陷的描述与价值上的主观判断变得“客观和合理”。

关因素包括工作性质、离职的时间、疾病或伤害的严重程度以及为该雇员安排临时的其他工作的可能性等。如果雇员是永久性的能力不足，雇主应该调查是否存在向该雇员提供其他岗位的可能，或者根据雇员的伤残情况调整该雇员的工作职责或改变其工作环境。在这些调查中，该雇员有权陈述自己的意见并有权获得同事或者工会代表的帮助。

3. 因雇主的经营性裁员而解雇①

经营性裁员也是非过失性解雇的一种，劳动合同的解除不是因为雇员存在过错，而是基于客观情况的变化使劳动合同无法履行从而解除劳动合同的情形。经营性裁员是指雇主由于生产经营状况发生变化而出现劳动力过剩，通过一次性辞退部分雇员，以改善生产经营状况的一种手段。经营性裁员是市场经济中不可避免的现象，因此其在南非劳动法律中，一直都是解雇发生的正当理由。裁员发生的原因大体可以分为：企业业务收缩；企业经营状况恶化；企业并购与分拆；企业转产与搬迁；法律或政策改变等。②

（三）违反公平程序的解雇

因不同原因解雇雇员，必须符合不同的程序，否则构成违反公平程序的解雇。主要有如下几种公平程序。

1. 基于雇员不当行为而解雇的公平程序

对于雇员行为不当的解雇，雇主在其惩戒规则中应订立解雇所应遵循的程序：调查、听证、向上级申诉。提供“听证”及“向上级申诉”两程序的目的是限制雇主的人事管理权，使雇员不会轻易地被解雇。

2. 基于能力或资格而解雇的公平程序

在这种情形下，雇主应首先判断是否因雇员不当行为无法胜任或未达相当效率，比如须判断雇员究竟是因偷懒、故意的疏忽，还是真正因为先天的能力不足。如果是先天的能力欠缺，雇主应遵循三个程序，其分别是调查、给予雇员改善的机会及警告。

① 我国之前称为经济性裁员，但是新《劳动合同法》第41条第3款规定，企业转产、重大技术革新或者经营方式调整，经变更劳动合同后，仍需裁减人员的，可以裁减人员。这意味着，企业因经营性原因可以裁员。因此可以认为，新法与旧法相比，将“经济性裁员”调整为“经营性裁员”。

② 甘露：《论南非不公正解雇的表现形式》，湘潭大学2009年硕士研究生学位论文。

3. 基于疾病或伤害而解雇的公平程序

如果雇员是因为生病或受伤而未能符合雇主的工作要求，雇主应收集足够的资料，以对雇员现在及未来的健康状况及工作的能力予以正确的评估。涉及雇主有必要收集雇员的医疗报告及与雇员协商，给予雇员辩解的机会。同时要尽可能调整工作环境或雇员的工作职责，或者尽可能提供其他可以适合该雇员的岗位。未取得证据或未经协议而单方解除劳动合同将使解雇不公平。

4. 基于经营性裁员而解雇的公平程序

裁员由于社会影响力较大，因此，各国立法均采取谨慎态度，规定严格的裁员程序加以限制。① 南非的裁员程序包括：

(1) 预告通知期。出于非归因于雇员的原因实行裁员解雇，雇主应给予一定的通知期限，就即将裁员的事实，可能受影响的工会及雇员，尽可能地给予警告。

(2) 征求工会意见。雇主如果考虑进行裁员，必须征求工会的意见；如果没有工会，则应当征求全体雇员的意见。

(3) 裁员人员的选择标准。雇主对所采取的选择成员标准及最能够达成预期结果的方式，尽可能寻求工会的支持，并应避免造成裁员不公平及雇员生活困难困境。

(4) 提供替代工作。雇主至少应当给予雇员关于避免被解雇的方法，或者限制解雇的人数以及减轻解雇后果的相关建议。雇主须尽量考虑是否有其他安置雇员的工作机会，以替代解雇。

(5) 提供书面信息。雇主应当向工会，如果不存在工会时向全体雇员提供一切有用信息，为此应书面通知。通知内容包括但不限于：裁员的动机、解雇员工的数目、通常雇员的人数及裁员解雇的具体期限。

---

① 李阳梅：《劳动合同单方解除制度研究》，四川大学2005年硕士研究生学位论文。

第六节　罢工与关厂

一、罢工

罢工是劳资纠纷发生之后，全部的劳动者或者其中一部分的劳动者选择停止工作，造成工作不能正常进行的情况。罢工产生的主要原因是劳动者希望通过其举动改变劳动环境或提高其获得的劳动报酬。

罢工权是工会权利最后的保障，只有当其他方式如集体谈判破裂的时候，工会才会行使此项权利。一般各国只承认由工会组织的罢工，个人罢工是非法的。南非 1995 年《劳动法》第四章对工会的罢工权和雇主的闭厂权进行了规定。罢工只是雇员暂时停止工作的行为，是单纯的劳动行为的中断，而不是劳动合同关系的终结，雇员之所以选择罢工，只是因为能给雇主造成压力，以促进问题的解决。罢工是雇员集体、一致的行为，是多数雇员在工会的领导下有组织地停止工作。

根据南非 1995 年《劳动法》规定，罢工以维持和改善劳动条件，提高劳动报酬，获得经济利益为日的，以缔结或修订集体协议为目标，而不是以取得政治、宗教等非经济利益为目的。由集体谈判破裂导致的罢工，并且是按照法律规定的方式，有组织、有纪律的罢工是受到法律保护的。

南非 1995 年《劳动法》赋予了工会罢工权，并且对按照其规定的程序进行罢工的雇员可以免受解雇，也就是对工会罢工提供一定的保护。但是其中有一个重要的变化，雇员不能将可以提交仲裁或司法审判的劳动争议，通过罢工的形式解决，罢工必须是在穷尽了司法解决途径之后才能进行的。该法还对工会进入工场的权利进行了规定，并且在该法中之前的产业法院变成了现在的“谈判委员会”，但是两者的职能不同。除此之外，雇主必须按照集体协议的有关规定会见工场论坛的雇员代表，并且必须将相关问题的信息披露给雇员代表，雇主可以与他们就有关问题进行协商。①

南非将劳动者的工作权和罢工权统称为公民的劳动权利。工作权是劳动者通过自身技能进行工作的权利，通过工作创造了劳动价值即应当获得相应的劳动报酬。而罢工权与工作权利相对，主要是指劳动者在特定环境下或者

---

① 王鹊林：《南非集体谈判制度研究》，湘潭大学 2010 年硕士研究生学位论文。

在追求特定目的的情况下可以不再进行正常工作，以不工作的形式追求其相应权利的获得。由此可见，罢工权是劳动者在自身合法权益受到侵害时而产生的主动保护其各项权益或者在相应权益未达到满足的情况下追求更多权益而进行的行为，是劳动者对其权益的一种主动救济，属于救济权利。由于罢工权这种救济权利的主动性，其权益行使很有可能遭到滥用。一旦罢工权遭到滥用，罢工权设立本身的用意就会被扭曲，不仅不能达到维护处于弱势地位的劳动者的合法权益的目的，更可能在权力滥用的过程中造成其他更加不利的后果。①

二、关厂

简明牛津英语词典将关厂定义为“关闭一个可运作实体的行为，例如，雇主或雇员一方拒绝完成他们的工作，除非对方接受他们的条件”。或者说是“雇主与雇员之间由于不能通过协商解决问题或就雇佣关系达成一致时，雇主因为经济上的压力而采取的措施”。

南非 1995 年《劳动关系法》第四章罢工和关厂制度对关厂制度作出了明确规定，包括第 64 条至第 77 条的合法关厂的基本要件、关厂的申请与受理、关厂的限制性规定、对罢工者的处理以及非法关厂的权利救济模式和途径等内容。

根据南非法律规定，关厂制度是为了保护劳动者合法的罢工权利的有效行使，防止罢工权利的滥用，而赋予雇主可以采取的对抗措施。也就是说，关厂制度的产生限制了非法罢工这种权利滥用行为的出现，为雇主因非法罢工行为造成的损失提供了救济途径。但这种关厂权，对社会危害较大，必须严加限制。

南非 1995 年《劳动法》规定，在集体谈判失败时，雇主可以关厂。雇主也可以针对工会组织的罢工进行关厂。雇主在关厂前 48 小时必须以书面的形式通知工会或者雇员，否则就不符合劳动法的有关规定，但若是针对工会组织的罢工行为的闭厂，则不需要通知。雇主的关厂权只是一种防御手段，雇主不能凭借其经济优势，来打压工会，甚至变相地解雇雇员。关厂应当以和平的方式进行，不得以暴力的方式进行关厂，关厂行为结束后，雇主和工会必须尽快恢复生产。

① 文晓峰：《南非关厂制度探析》，湘潭大学 2012 年硕士研究生学位论文。

在南非关厂制度中，合法关厂的进行是必须满足一定的条件的。特别是在合法关厂行为开始之前，雇主就必须进行一些前置程序对关厂行为进行各项安排，不符合关厂的基本条件或未在关厂之前完成关厂的必要前置程序的，都将因为不符合实体或程序性规定而被确认为不合法。另外，由于雇主雇用工人进行生产是要为其创造效益的，雇主最希望的还是能够将生产持续进行下去。当因罢工发生而导致生产实在无法进行下去的情况下，雇主还可以通过协商解决等多种方式更加快速地帮助工人恢复生产，不需要通过关厂的方式阻止生产的持续进行。如果说关厂是部分工人在一定时间内停止生产，那罢工就是使生产完全停滞下来的更为严重的手段。因此，关厂应该是雇主最不愿意看到的情况，是劳资纠纷解决过程中雇主为维护自身权益而最后选择的权利救济方式。

合法关厂的法律要求与罢工是基本一致的，只不过在细节上有所区别。雇主在实施关厂前，必须有一个避免雇员罢工的集体合同，否则就应该将争端上报给南非调解仲裁委员会裁定，雇主在得到该委员会许可前不得关厂。另外，在实施关厂前，雇主至少应提前48小时向不涉及此争端的商会公示该决定。在实施关厂前，雇主还必须将该公示提前交给根据上述集体合同成立的议价委员会知悉。而对于不受保护的罢工而言，雇主在实施关厂前就用不着上述程序了。但雇主若再实施关厂前没有向法定第三方作出通知的话，雇主就有义务证明该关厂是对不受保护的罢工的一个回应。在 Kgasago & others 诉 Meat Plus CC 一案中，因为不能证明雇员的罢工是不受保护的，雇主的关厂被法院裁定为不合法。

若雇主为了单方面改变劳动条件而实施的关厂，工会或许可要求在达成和解前，雇主有义务不得擅自改变雇员劳动条件。根据南非《劳动关系法》的规定，突然性的关厂都是不合法的行为，工厂进行关厂之前必须首先进行一段时间的预告，给工人充分准备的时间。与此同时，雇主还必须承受一定的忍耐限度。在一些案件中，法院表明如果雇主的忍耐限度被超过了的话，那么雇主解雇罢工者就会认为是公平的。如生产和利润的损失使得雇主再也忍受不住罢工继续下去。

南非《劳动关系法》中没有规定雇主进行二次关厂的条款，故二次关厂并不合法。但现实中也可能出现这种情形：即使工会将争端提交至法定调解程序，雇主仍可能实施关厂。南非《劳动关系法》第187条专门就此种情形作了规定：雇主有权为回应雇员的罢工而关厂，同样，雇员们也有权为回应雇主的关厂而罢工。雇主遵照南非《劳动关系法》关厂条款中规定的程序实施的关厂行为，在法律效力上可以对抗民事诉讼程序，甚至是民法中规定的禁止性情节，而且雇主没有赔偿因关厂而受到损失的雇员的义务。

即使在面对合法罢工行为的前提下，关厂也不是随意可以进行的。关厂的进行首先必须满足一定的时间限制，在关厂开始之前应对与之相关的各方当事人履行通知义务。通知义务完成之后再经过一段时间的等待，给工会以及相关管理部门充分的时间准备，方能进行关厂。在完成通知义务之后的这一段等待时间里，雇主是被限制进行关厂的，在这段时间进行的关厂行为将不受法律保护。如果雇主未经通知即进行关厂，那么这种关厂行为就是非法的，有关部门在知道情况后可以对该类关厂行为进行禁止或实施相应的处罚。另外，在劳动纠纷发生之后，如果劳动者将争端提交仲裁机构或法院进行解决，那么在法院审理或者仲裁机构实施仲裁期间，关厂行为也是被禁止的。在关厂发生之前，对劳动争议进行调解是一项必经程序，其目的是防止关厂行为的突然发生。这种调解属于政府调解，由劳动委员会行使，但也必须以 10—15 天为限，避免变成变相禁止关厂。事实上，南非国家对关厂实行事前审查制度并不是所谓的变相禁止关厂行为。对于关厂行为的事前审查制度具有其制度和法律上的合理性。如果关厂可以随时进行，不存在任何制度和时间上的限制，关厂权就很有可能遭到滥用，任意进行的关厂行为就很有可能为劳资关系甚至社会稳定带来不利影响。对关厂制度实行事先审查就可以避免临时关厂所带来的社会损失，也可以最大程度地降低关厂权滥用的可能性。

雇主的关厂申请必须经过调解委员会的调解无效之后才能进行受理。一般如果能够不采用关厂形式，而是较为和缓地解决问题，那是最好的方式了。而且，劳动争议必须经过仲裁或者调解程序而不能解决，才能提议关厂。换言之，劳动争议未经调解、仲裁或者正在调解、仲裁过程中，雇主不得关厂，当然，用工单位一方也不准关厂停业或者解雇劳动者。另外，雇主还基于下列争端不得关厂：共同合同中规定的不得关厂的争端；提交至仲裁或诉讼的争端；涉及雇员必备的劳动条件的争端；法院裁定不得关厂的争端。①

① 文晓峰：《南非关厂制度探析》，湘潭大学 2012 年硕士研究生学位论文。

第八章　非洲土地法

土地是人类社会存续和演进的基础。① 非洲陆地总面积约 3020 万平方千米，占世界陆地总面积的 20.2%。对于很多非洲国家来说，土地处于国家社会、政治和经济的核心地位。非洲土地资源丰富，但是存在大量未开垦的土地，土地利用率低。

大多数非洲国家制定了专门的土地法，但因为土地特殊的法律性质，与其相关的法律往往非常繁复。以乌干达为例，主要与土地相关的法律包括《土地法》《布干达土地（临时证书法）》《土地征用法》，其他涉及土地的规范性文件还有《宪法》《产权登记法》《传统财产归还法》《道路法》《动产转让法》《公寓财产法》《国家环境法》《国家林业与植树法》《合作社法》《房东与租客法》《矿业法》及一些单行条例和政府法令。本章主要从非洲各国的土地法文本出发，对非洲土地法律体系进行梳理。

非洲各国土地法体例编撰各不相同，但其主要内容大致相似，都包含土地权属、土地管理、登记制度、土地转让、土地纠纷解决和其他杂项规定（主要包括土地测量及可能涉及刑事犯罪的处罚）。以乌干达《土地法》为例，共分为六章 96 条，各章名称如下：（1）释义；（2）土地持有；（3）土地管控与征用；（4）土地管理机构；（5）地区土地裁判机构；（6）杂项。

① 陈明：《历史比较视野下的土地冲突：土地权力与土地权利的互动》，载《南京农业大学学报（社会科学版）》2017 年第 1 期。

第一节　土地权属

一、土地所有权归属

大多数非洲国家独立以后都经历了既有传统的世俗法律保障的公社土地所有权向现代民族国家司法体系下的现代土地制度的转型。根据伦敦政治经济学院学者凯瑟琳·布恩的研究，在那些没有经过国有化而是保持了相对比较传统的世俗土地分配制度的地方，政府依照族群身份分配土地。而坦桑尼亚等国独立后不久就将所有的土地（无论拥有者是黑人还是白人）一律收归国有，然后由国家重新分配土地，每个家庭的土地不超过 10 英亩，只有大型企业获准得到更多的土地。经历了大规模国有化的国家，酋长制结构被大大削弱，土地的分配不再依照族际界限划分，人们对国家统一体的认知程度更高。

非洲各国法律对土地所有权规定充分体现出上文所描述的差异。例如乌干达，土地是完全私有的，其《宪法》第 237 条规定："乌干达的土地属于乌干达公民，并根据本宪法规定的土地保有制度授予他们。"而加纳则体现出多种所有权共存的状态，其《土地法》第 2 条规定："土地的最高和最终权利，归国家、部落、家族、家庭与个人所有。"坦桑尼亚《土地法》第 23 条规定了"坦桑尼亚的所有土地都是公共土地，总统代表所有公民作为受托人"，确定了土地属于国家的基本原则。当然，也有较为特殊的所有权归属制度，例如赞比亚《土地法》第 3 条规定"赞比亚的所有土地应绝对归于总统，并应由他永远代表赞比亚人民持有"。

二、土地保有权类别

由于非洲历史的特殊性，独立后非洲各国土地权属陷入异常复杂的状态。非洲各国在殖民者到来之前已有长期形成的习惯土地制度，殖民时期大多通过母国法与习惯法并行的方式对土地进行管理，独立后各国政府出于各种目的对土地权属的规定也各不相同。不同类型的土地保有权制度随着时间的推移而演变，反映了各国政治、经济以及传统习俗的交叉影响。非洲当前常见的土地保有权类型有四种，即习惯土地、国有土地、私有土地和租赁土地。

（一）习惯土地

习惯土地保有权通过提供对社区的认同与归属感来支持传统社区的稳定。在非洲，习惯土地保有权不仅是一种土地制度，其背后包含了非洲特有的社会规范与相关制度体系，特别是传统的土地争端解决机制。然而，习惯土地保有权近来面临着各种挑战。主要挑战之一是对商业用地的需求不断增加，这导致农村地区习惯土地流失与当地居民传统生计的改变，在人口密度高或自然资源丰富的地区尤其如此。例如，在非洲的许多地方，土地正在转变为大规模的商业种植园、采矿作业或城市地区，导致当地居民从他们祖传的土地上被驱逐。习惯土地保有权面临的另一个挑战是缺乏法律的承认和保护。虽然当前非洲各国对习惯土地保有权制度进行立法规制，但很多未进行登记的土地①通常得不到国家法律和政策的承认或保护，导致土地掠夺、土地冲突和土地使用的风险增加。

（二）国有土地

非洲国有土地制度一直处于争议当中。一些国家出于政治考量，在土地法或宪法中刻意回避了这一问题②，当然也有非洲国家实行完全或并行的土地国有制度，并对经济和社会产生了正向的作用与影响。非洲的国家土地保有权源于殖民主义，在殖民时期，土地被从土著居民手中夺走并移交给殖民政府。殖民政府随后将土地的所有权和控制权授予欧洲在非洲定居者并用于商业耕作和其他目的。殖民主义结束后，非洲各国政府继承了这种国家土地保有权制度。很多非洲国家颁布的土地法规定国家是土地的最终所有者，个

① 近年来，国际社会在努力承认和保护非洲的习惯土地保有权。2009 年，非盟通过了《非洲土地政策框架和指南》强调承认和保护习惯土地权利的重要性。此外，一些非洲国家也引入了法律改革以承认习惯土地保有权并为其提供保护。然而，根据 Adenle 在 2015 年的调查发现，在实施这些法律改革和确保传统土地保有权得到充分承认和保护方面仍然存在挑战。由于习惯土地保有权制度的复杂性与各地区不同社区背景的巨大差异，导致难以制定尊重习惯制度多样性的有效法律框架。此外，习惯和法定土地保有权制度之间也存在冲突，由于经费或其他原因的制约，很多地区未充分进行社会调查特别是特定地区的习惯制度，针对习惯土地进行法律规制已经与很多传统社区产生了巨大的冲突，这也是大量习惯土地并未得到登记的根本原因。

② 乌干达就是这方面绝佳的例证，虽然其《土地法》并没有国有土地保有权，但实际情况是大部分土地都属于或控制在政府或与国家有联系的公共部门机构手里，且许多大规模的土地投资出现在乌干达国有土地上，主要集中于国有森林保护区内。

人和社区只有使用和占有土地的权利。

非洲国家土地保有权的法律框架很复杂，各国都有不同的法律法规。总的来说，国家负责将土地分配给个人和社区，也可以为公共目的征用土地。国家土地保有权对非洲大陆的经济发展产生了重大影响。有学者指出，国家土地保有权让土地集中在少数个人和公司手中，导致了不平等和贫困。同时，缺乏有保障的土地使用权也阻碍了农业发展，农民因面临失去土地的风险而无法投资于自己的土地。围绕国家土地保有权的法律框架，企业难以获得土地，导致投资和经济增长不足。此外，国家土地保有权还会导致被剥夺土地的土著社区与社会弱势群体的边缘化。

国家土地保有权对非洲大陆的经济发展和社会正义产生了重大影响，围绕国家土地保有权的法律框架也产生了大量腐败和土地冲突问题。为应对这些挑战，非洲各国政府正积极改革其土地法律和政策，以确保更公平地分配土地，保障个人和社区的土地权益。

（三）私有土地

私人土地保有权是殖民主义时期引入的概念，独立后在许多非洲国家得到广泛采用。在非洲，私有土地因国家的不同存在定义和描述的差异化，例如加纳称私有土地为普通法下的不动产，而乌干达《土地法》中的私有土地指自由保有土地和迈罗土地。布干达、原托罗以及安科莱王国地区实行土地自由保有制，目前一般为私人土地，有地契，主要由教会、学院和一些个人持有，在乌干达所占比例不大。土地自由保有制又分为本地人保有和裁定保有两种类型。前者是指托罗王国和安科莱王国境内的自由保有制度。根据1900年《托罗协定》“闲置土地和未被利用土地为王室土地”，规定了土地国王私有的土地制度基准。然后，在国王私有的土地制度基础上，将其中的255平方英里的土地分配给一些主要的高级酋长，122平方英里的土地分配给政府官员作为这些人的自由保有土地。在布干达，这类土地进一步被细分为小片土地。土地上的承租人只要按时支付租金，他们就享有土地上的永久居住权，并且可以继承。裁定保有制度是在基伊兹、布吉苏和安科莱等土地登记试点计划下建立的，1955年，保护国政府宣布鼓励土著居民拥有土地个人所有权的提案，除了以上地区外，大多数地区因为怀疑政府的动机而否决了这个提案。这些地区的原住民接受登记个人所有权提案主要是基于人口压力和边界纠纷的多重性。在这三个地区设立试点计划，根据习惯法对个人所有权进行裁定，一旦所有人根据《所有权登记法》获得土地权利，该裁定保有土地也要服从其他保有土地应当遵守的法律规定。自由保有土地是一种完全土地私有制度，个人享有完全土地所有权。发展至今，迈罗土地和自由保有土地都是私人享有完全土地所有权的土地制度，二者的区别除了形成的历史原因不同外，另一个最大的区别是当非本国国民与当地人进行土地交易时，如果交易客体是迈罗土地，非本国国民必须提供土地用途说明才能被允许进行交易，而自由保有土地则不受此限制，这是来乌干达的外国投资者进行土地交易中需要注意的问题。

从非洲各国就私有土地规制的共性出发，私人土地保有权是指个人或公司而非国家或社区对土地的所有权，该所有权是永久性的。私人土地保有权允许个人或公司拥有使用和转让土地的专有权，但要遵守国家的某些限制和规定。

私人土地保有权的优势在于允许个人和公司拥有可靠的土地所有权和转让权，让土地拥有较高的市场价值，特别是在商品农业和房地产开发领域。私人土地保有权也因个人和公司对投资于他们的土地以获得长期利益的可预期性得以提高土地生产力。当然，私人土地保有权也造成了很多非洲国家的社会问题。以南非为例，由于土地分配的不平等，导致许多土著社区和小农户失去土地。围绕私人土地使用权的法律框架也因未能为充分保护农场工人和劳工租户等弱势群体而受到批评。

（四）租赁土地

租赁土地保有权允许将土地使用权从所有者临时转让给承租人。肯尼亚《土地法》将租赁土地定义为“土地所有人在有或无对价的情况下授予其土地的独家占有权，包括如此授予的权利和授予该权利的文书，还包括转租”。土地权利人将土地租赁给他人，与承租人签订租赁协议，然后办理登记，转让土地权利，对于出租人来说，其仍然是相应土地的主人，而承租人取得租赁土地的权利。租赁土地的特殊性同样来源于非洲的殖民历史，由于最初的欧洲殖民者在非洲进行开发时，发现在非洲盛行的公共土地所有权制度与母国土地制度存在较大的差异性，因此引入了土地所有权和保有权的概念，最初租赁土地保有权被视为在非洲定居的欧洲人提供土地使用权的一种重要方式。

由于租赁的费用低，对土地的控制更为灵活，交易主体范围更广，租赁土地保有权在非洲已经成为最受欢迎的土地交易方式，租赁土地在非洲的土地类型中所占比例也越来越高。同时，在大部分非洲国家，租赁土地是外国投资者唯一能获得的土地类型。

第二节　土地管理

土地管理是国家为调整土地关系，组织和监督土地的开发利用，保护和合理利用土地资源，而采取的行政、经济、法律和技术的综合性措施。主要包括以下几方面的内容：建立健全土地法规体系；土地资源的调查和统计，按照国家制定的土地分类标准和技术规程，查清土地的数量、质量、分布及其在各部门、各使用单位的分配利用情况，及时、准确地反映土地数量、质量、地类的变化，定期更新土地统计数据；权属管理。划定地界、确定权属、核发证书，做好土地权属变更登记工作，掌握土地的权属变化情况，会同有关部门处理土地纠纷；承办城市建设用地审批，合理分配土地资源，保证土地的合理利用；土地利用管理。会同有关部门制定土地利用总体规划，编制城市各项建设占用土地的年度控制指数，监督监察各类土地的利用情况，查处制止各种违法占地的浪费土地的行为。非洲国家一般在中央设立国家土地委员会，在地方设立地区土地委员会。当然，针对习惯土地复杂的状态，一些非洲国家还会设立专门的习惯土地管理机构对土地进行管理。

一、土地管理机构

（一）国家土地委员会

就国家土地委员会的设立来看，根据乌干达《土地法》第 46 条设立了乌干达土地委员会，并可以作为法人起诉或被起诉。委员会的组成包括 1 名主席和不少于 4 名由总统经议会批准任命的其他成员。委员会成员中至少有 2 名是在与土地有关的事务方面具有资格和经验的人且至少有 1 名是女性。此外根据乌干达《宪法》第 238 条，担任议会议员或地方政府委员会成员的人应在被任命为委员会成员后放弃该职位。委员会成员任期 5 年，可连任一届。

就国家土地委员会的职能来看，肯尼亚国家土地委员会是根据宪法设立的，并由 2012 年《国家土地委员会法》实施，职能包括：代表中央政府和县政府管理公共土地；向中央政府提出关于国家土地政策的建议；就肯尼亚全国土地登记的综合方案向中央政府提出建议；对土地和自然资源的使用进行研究，并向有关当局提出建议；主动或在接到投诉后对目前或历史上的土地不公平情况进行调查，并且建议予以补救；鼓励在土地冲突中应用传统的争端解决机制；对法律规定区域内的土地税和不动产溢价进行评估；监督并负责督查全国土地使用规划。

（二）地方土地委员会

非洲各国地方土地委员会通常与国家土地委员会的设置类似，例如乌干达《土地法》第56条到第63条，地方土地委员会也可以作为法人起诉或被起诉。委员会最少由5名成员组成：包括1名主席；1名代表市议会的成员；1名代表县议会的成员；该地区每个县至少有1名成员。上述成员中至少有三分之一是女性，且至少1名成员应为具有土地相关资格和经验的人。担任地方政府委员会成员的人，在被任命为委员会成员后，应放弃该职位。

地方土地委员会的职能包括：

（1）在该地区持有和分配不属于任何人或当局的土地；

（2）促进土地权益的登记和转让；

（3）在前控制当局授予的租赁的情况下，接管出租人的角色并行使权力；

（4）促使官员或其代理人进行土地调查、规划、绘图和估价；

（5）编制和保存一份关于农业作物、非永久性建筑物和任何其他可能规定事务的补偿率清单；

（6）每年审查本小节（5）段所指的赔偿率清单；

（7）处理与本款提述的其他职能有关或附带的任何事项。

（三）习惯土地委员会

非洲各国往往会针对习惯土地设立专门的委员会，独立于政府体系下的其他土地委员会开展工作。例如，加纳根据其《宪法》第36条第（8）款和《土地法》第2部分第1章就习惯土地的管理专门设置了习惯土地秘书处。加纳《土地法》第14条规定，拥有土地的王国或氏族，应根据本法的规定，设立一个根据本法制定的条例规定的习惯土地秘书处，以管理其土地。土地委员会和土地管理办公室应根据本法合作设立和履行与习惯土地秘书处有关的职能。土地委员会和土地管理办公室应在建立习惯土地秘书处方面提供技术和咨询服务。习惯土地秘书处应在每三个月结束时，向土地委员会和土地管理办公室提交习惯土地秘书处记录的每笔交易的记录。

习惯土地秘书处应就习惯权益和交易履行以下职能：

（1）记录土地权益，保存和维护习惯土地秘书处运营区域内土地交易的准确和最新纪录；

（2）提供习惯土地秘书处运营区域内现有习惯土地权益清单，包括有能力授予该区域权益的人员；

（3）提供相关：（a）土地记录；（b）土地权益等级信息；（c）制定有效解决争议的流程；（d）通过替代争议解决方式促进土地争议的解决；（e）促进参与式编制地方计划；（f）就土地问题开展社区教育、提高认识和意识；（g）根据《宪法》第36条第（8）款的规定，编制在传统土地秘书处收到的所有收入的定期账目；（h）提供搜索土地记录的设施；（i）履行土地所有者确定的与土地有关的任何其他职能；（j）根据第（1）款保存的记录是与传统土地秘书处经营区域内的土地有关的交易的证据，并在适用情况下作为交易通知；（k）负责某一地区的土地官员和土地官员应在该地区内履行本法案和根据本法案制定的条例所要求的职能。

值得注意的是，当前非洲各国虽然就土地权力下放问题作出了很大努力，例如都在地方设立地区土地委员会和习惯土地委员会。但实际上在土地决策权力下放方面效果不甚理想，一部分是因为遭到了政治抵制，还有就是该制度的新特性，甚至是县土地管理委员会的工作人员都不了解新的制度配置和角色的变化。总体而言，这种新配置意味着地方机构在土地使用方面必须增加民主投入和监督，通过赋予当选代表更大的公共规划过程的权力，来破坏政治上的恩庇关系。通过批准当地委员会管理土地，委员会也受到向议会报告的独立机构的国家监督，当选代表拥有发言权，但不能直接控制土地。因此，政府官员相互串通来谋取公共土地就更加困难。总的来说，多数人希望将总统在土地事务上的权力下放，这一点在新的法律安排中得到体现。权力下放符合人民的预期，只不过需要花费时间和精力投入。在肯尼亚，这样的政策遭到了土地部门的抵制，2016年《土地法修正案》撤销了县土地管理委员会，土地部门的权力下放受到重大影响。

二、土地管理控制

非洲国家对土地的管理控制往往基于土地法规和政策。在可持续发展目标中，没有特别涉及法律和政策主题，但它们贯穿或隐含在其中。《综合地理空间信息框架》明确强调了要求建立与地理空间信息有关的稳健的政策和法律框架。

（一）国际法框架

当前国际社会对各国土地的管理控制非常关注，签订了大量的国际文件或区域多边协议用以建立并确保有效的土地管理制度，并确保这种制度是可获得的、可接近的、包容的、参与性的、回应性别和少数族群需求的，并支持向所有人交换、应用和管理土地信息。包括《国家粮食安全范围内土地、渔业及森林权属负责任治理自愿准则》《新城市议程》《皮涅罗准则》《仙台准则》《基于目标的有效土地管理》《海洋/海事空间规划》中界定的善治原则。政策案例也可以从非洲联盟的《非洲土地政策框架和准则》以及非洲联盟国家元首的《非洲土地问题和挑战宣言》中检索到。性别评估标准、国际金融组织、土地权利统一体都公认在土地法制定中的赋权。

这些框架还应界定各种法律制度在解决争端的负责程度。通常，非洲土地管理通过国家或州的土地法以及基础土地政策框架来授权。土地管理体系已经制定出支持性政策、立法、保障、问责机制以及围绕数据和隐私的保护。这种强大的法律支持往往将土地数据与其他类型的地理空间信息区分开来。土地数据法律和指令可能规定了数据收集、订购和存储方法。然而，为了顺利实现可持续发展目标，必须认识到某些土地管理体系固有的二元化和多元化特征，尤其是在发展中国家。平行体系可能随着时间的推移而演变，部分体系可能与文化和生活习俗密切相关，而可能并不符合成文法。原住民的习俗、传统和土地权属制度与成文法应同样得到承认。同样，在海岸带，多种法律制度可以共存。需要建立共存和互补的法律和政策平台。

（二）国内法规制

当前非洲各国对土地管理控制主要包括政府对土地的征用；国内森林法、采矿法、环境法、水法和环境保护相关法律对土地的管理和利用；政府对环境敏感区的管控，这其中主要是政府或地方人民政府代为保护天然湖泊、河流、地下水、天然池塘、天然溪流、湿地、森林保护区、国家公园和其他为公益而保留的生态旅游用地，地方政府应政府要求，为人民的共同利益托管的资源。政府提出请求并经议会批准，为人民和为了国家的共同利益托管的资源；政府对土地的规划及分区。

以肯尼亚为例，有关土地管理控制主要集中于对公共土地的保护和分配上。肯尼亚《土地法》第 2 章第 12 条规定：

（1）当国家或县政府认为可能有必要分配全部或部分特定公共土地时，

内阁秘书或负责土地相关事务的县执行委员会成员应通过以下方式向委员会提交采取必要行动的请求：

（a）以现行市场价值向最高投标人公开拍卖，但不得低于保留价格；

（b）仅适用于目标人群或群体，以改善其不利地位；

（c）可能规定的投标公告；

（d）可能规定的公开抽签；

（e）可能规定的公开征求建议书；

（f）可能规定的同等价值的公开交易。

（2）委员会应确保已确定分配的任何公共土地不属于以下任何类别：

（a）受侵蚀、洪水、滑坡或水涝影响的公共土地；

（b）属于森林和野生动物保护区、红树林和湿地或属于此类保护区缓冲区或环境敏感区的公共土地；

（c）可能规定的流域、河流集水区、公共水库、湖泊、海滩、河岸和领海附近的公共土地；

（d）为安全、教育、研究和规定的其他战略公共用途保留的公共土地；

（e）公共土地内具有特殊国家价值的自然、文化和历史特征；

（f）保留土地；

（g）委员会根据宪报公布的命令将任何其他土地归类为此类土地。

（3）根据《宪法》第65条，委员会应根据国家或县政府的请求，拨出土地用于投资。

（4）在满足第（3）小节的要求时，委员会应确保对土地的投资有益于当地社区及其经济。

（5）根据《宪法》和任何其他法律，委员会可与国家和县政府协商，根据《维也纳外交关系公约》在互惠基础上将土地分配给外国政府。

（6）在授予非公民的租约到期、终止或终止时，土地权益或权利的复归应归属于国家或县政府（视情况而定）。

（7）除非已根据本法第（17）节对公共土地进行规划、调查和服务，并编制了开发指南，否则不得分配公共土地。

（8）根据本节分配的公共土地不得出售、处置、转租或细分，除非其是为分配目的而开发的。

（9）如果根据第（8）款分配的土地未按照租约规定的条款和条件开发，则该土地应自动归还给国家或县政府（视情况而定），委员会应在其年度报告中包括本款的实施情况。

（10）在根据本节分配公共土地时，委员会可施加其认为可取的任何条款、契约、规定和保留，包括：

（a）申请人应在委员会规定的期限内亲自占用和居住该土地；

（b）申请人应在委员会规定的期限内完成此类工作并将此类资金用于永久性改善公共土地；

（c）处置公共土地必须支付的对价。

（11）委员会应制定条例，规定分配标准和相关事项。

（12）委员会应制定规定公共土地分配标准的条例，在不影响前述一般性的情况下，此类条例可规定：

（a）所有保有制度下的土地所有权和使用权形式；

（b）拨出土地进行投资的程序和方式；

（c）土地拍卖和处置应遵循的程序；

（d）在租约到期时收回公民土地的适当机制；

（e）与土地用于投资的当地社区分享利益的机制。

第三节　土地登记

非洲土地登记制度在殖民时期引入，主要用来促进土地从当地社区转移到欧洲在非洲定居者手中。同时，土地登记制度也被用来为土地保有权建立法律基础，并促进土地税的征收。独立后，许多非洲国家继续沿用殖民时代遗留下来的土地登记制度。虽然非洲各国对土地登记有着不同的要求，但基本包含了登记机构与登记程序的相关规定。

一、登记机构

由于非洲各国土地权属复杂，20 世纪初各国土地登记机构分散且大多管理不善。随着土地纠纷数量不断攀升，当前基本设立了专门的土地登记法，以统一土地登记机构和相关登记程序。土地登记主要是为记录与土地上的占有、所有权或其他权利转让相关的事项，以促进交易并防止非法转让。

尼日利亚土地登记处为土地管理局的下设机构，负责管理所有境内土地登记事务，主要处理土地所有权、边界和其他交易的信息，包括存储与土地有关的注册文件、登记契约、同意书、归属契约、法院判决、交易契约和签发土地文件及搜索经核证的土地注册副本。

二、登记程序

根据2015年《拉各斯州土地登记法》第2条，拉各斯州土地的各种权益文件均应根据法律规定进行登记。登记过程涉及大约七个主要阶段：

（1）向拉各斯州土地局提交州长同意申请书。此流程附有相关文件和缴纳征税的证据，例如制图费、申请费、行政费和背书费等。

（2）该申请被提交给拉各斯州测量办公室，以制定测量计划，确认土地是否未被政府征用，以及测量申请中的土地坐标是否超出卖方财产的边界。

（3）此后，申请将被退回地政局，并发出评估函，要求申请人支付必要的同意费、印花税、资本利得税、注册费等。

（4）将支付上述费用后获得的付款收据转发给拉各斯土地局办公室。

（5）然后将契约转发给土地局指定的专员，专员将代表州长批准契约。

（6）获得同意后，契约随后由拉各斯州国税局盖章（如果交易双方是个人）或联邦税务局（如果转让人或受让人是公司）。如果没有加盖印花，土地注册处将不会接受该文书的注册。

（7）最后，将加盖印花的契约提交给拉各斯州土地登记处进行登记。登记完成标志着土地权益流转的完成，同时原始契约将被退还给申请人。

在大多数非洲国家，未登记的土地权利往往很难得到国家的保护，特别是习惯土地。虽然当前各国在法律上认可习惯土地上土地占有者的合法性，但实际情况是由于缺乏登记导致这种保护非常脆弱。著名非洲法学者Peters P E就指出，自殖民时代以来，撒哈拉以南非洲大部分地区的习惯土地已被视为不完全财产，即使习惯土地权利在该国的宪法和土地法中得到承认，也不意味着国家将在司法实践中主动保护他们。虽然土地登记系统可以为土地所有权的转让和其他交易提供法律保护，但当前在非洲许多地区运作不佳或处于根本不存在的状态。当然，随着土地保有权制度改革和技术进步的影响，各国政府正逐步推进确保土地登记系统，让土地登记系统朝更有效、易于使用的方向发展。

第四节　土地转让

土地转让是土地所有权或使用权有偿或无偿地由甲转给乙的行为。在土地私有制条件下，土地买卖、土地出租等属于有偿转让；土地赠与、土地遗赠等属于无偿转让。由于非洲各国对土地权属规定的差异化，土地转让制度也不尽相同。本节主要介绍非洲国家土地转让中的交易行为，包括土地交易的程序与外国人限制。

一、土地交易

不论是租赁、买卖或者抵押，土地交易需要满足一般的双方法律行为要件，以双方当事人达成合意为基础，再遵循以下交易程序。在买受人或者抵押权人与出卖人或者抵押人交易之前，土地的受让方需要了解土地信息以作出交易判断。以租赁为例，承租人意欲租下某块土地，需先向标的物所在地的土地局申请估价师与测量师，或者向中介机构聘请有资质的估价师和测量师，对交易土地进行测量并估价，然后与土地的登记权利人进行接洽。

以乌干达为例，具有资质的中介机构出具的估价单和土地测量结果都会受到土地委员会的承认。接洽过程中，交易相对人需要根据不同交易类型以订明格式向土地拥有人提交申请，以供其同意交易。注册的土地所有权人应该在接到申请之日起的 6 个星期内，或在订明的较长时间内，以订明的格式，向交易相对人作出或有条件的答复或无条件的同意，或者拒绝该交易。如果登记的土地所有权人拒绝同意该项交易，或者提出交易相对人反对的条件，或者没有在订明时间内给出答复，交易相对人可以针对被拒事项向土地法庭提出申诉。土地法还规定，土地所有人没能作出上述决定均可被视为拒绝。在当事人未能就交易事项达成一致的情况下，由土地法庭行使其司法职能帮助交易的进行。土地法庭在行使该法所述职能时，有几种应对途径：第一，按照土地所有权人的要求向相对人作出同意交易的裁决；其二，背离所有权人施加的条件作出同意交易的自由裁决；其三则是直接拒绝该项同意；其四，使程序延期，促使交易双方自由达成协议。交易在土地法庭的介入下达成协议后，由土地所有权人在协议的副本上签名，或者通过土地法庭的允许由法庭秘书签名，协议副本须送交或者寄给记录员，以订明格式与协议（即同意交易的同意书）一起存档。《土地法》第 34 条第 9 款规定："本条所使用的任何交易，如在未经本条所规定的同意下进行，交易无效并且不得有效地转移土地的任何权益，而记录员不得在没有同意的交易中作出同意的记录。”

二、外国人限制

非洲大部分国家都不允许外国人以任何形式获得土地的所有权，但可以通过租赁等方式得到土地的使用权。以莫桑比克为例，由于其土地国有的性质，因此明确规定外国人不得获得土地所有权，但法律规定了一个特殊的土地权利，土地使用和享用权，其允许了外国人对土地的使用。DUAT（土地使用和享用权利）可以由莫桑比克的自然人和企业法人拥有，也可以由本地社团拥有（社团指：生活居住在村落或比村落小的领地上的家庭和个人集团，他们旨在通过保护居住领地、农业领地、重要的文化场地、牧地、水源和扩展地来维护共同的利益）。由地方社团获得的DUAT是由共有权原则管制的。外国人如果证明了他们具有批准的投资项目而且满足以下条件也可以是DUAT的拥有者：（1）如果他们是自然人，他们至少在莫桑比克居住了5年以上；（2）如果他们是企业法人，他们在莫桑比克组建或登记注册了企业。

DUAT的获取可以有三种方式：（1）在没有违反宪法的前提下，如果自然人和地方团体根据普遍的习惯和风俗占用土地，就可以得到DUAT；（2）以善意的前提使用了土地至少10年以上的由莫桑比克自然人可以得到DUAT；（3）由自然人或企业法人提出的申请得到核准。

在城市化地区，获取DUAT可以有以下方式（2006年11月26日的第62/2006号法令）：（1）通过抽签得到位于基本城市化区域内小块用地；（2）通过公开拍卖得到位于完全或中等城市化区域内小块用地，用于住宅、商业服务建筑物的建设，且开标不能低于城市化费用的价值；（3）通过私人谈判得到土地，谈判双方是当地政府及其机构和与以下项目有关的项目发起人：建设工业和农业畜牧业设施和超级市场、合作或联合建设住宅，以及与主要的投资项目有关的住宅建设。

获取DUAT要通过土地证来证明。土地证程序包括地方行政当局的意见，并获得当地社团对该块土地权属的确定。除了土地证以外，获取DUAT还要由代表地方团体的成员和专家证明。DUAT持有人可以在生前把DUAT转让给或遗赠给他人。此转让包括土地上的基本设施、建筑物及其他附属物，而且转让是以公证的方式作出，并事先得到相应的政府当局的批准。

在城市，土地的 DUAT 是和附着物一起转让的，而且不允许有附加条件。还应该注意，财产所有权的持有人可能会抵押不动产及其附属物。值得注意的是，对持有者 DUAT 上的建筑物权利是没有时间限制的。对于商业活动中获取 DUAT 来说，必须提交商业计划书，而且从事该商业活动要得到临时授权，该临时授权的最长期限对莫桑比克人是 5 年，对外国人则是 2 年。如果所说的商业计划书符合临时授权的期限，那么，相应契约就会被最终核准，其最长期限是 50 年；如果有当事一方提出要求，该期限可以延长。

DUAT 被废止的条件：（1）即使履行了纳税义务，但在要求获批准的日期内，没有正当理由不能开展商业计划书或投资项目的活动；（2）由于公共利益的原因，DUAT 被撤回，但需支付公平赔偿或补偿款项；（3）期限或延续期限到期；（4）持有人终止 DUAT。

与 DAUT 有关的所有行为（包括获取、修改、转让和终止）都要登记注册。该登记注册必须于提出报告后的 15 天内到财产所在地的地政局办理。如遇紧急情况，登记注册必须于 5 日内完成。登记注册必须由证明书证明。根据 DUAT 得到的授权并不是说排除了必要按照适用的法律去申请从事所计划的经济活动的许可证。DUAT 持有人也还要支付授权费和年费，年费的价值取决于投资人是不是莫桑比克人，还取决于土地的位置、大小以及土地的用途。

第五节　土地纠纷解决

土地纠纷是非洲的一个普遍问题，通常是由利益冲突和不明确的土地使用权制度引起的。这些纠纷可能导致社会动荡、经济损失，甚至暴力。为解决这些问题，许多非洲国家设立了土地法庭作为解决土地纠纷的专门法庭。由于土地的特殊性质，土地纠纷一般被认定为所在国具有专属管辖权。例如安哥拉《土地法》第 72 条第 2 款明确写明“外国自然人或法人在确立土地权时，必须在与其有关的争议中明确声明，他们受本国法院管辖”。另外，涉案标的为习惯土地时，不能排除习惯法的适用。

一、土地法庭

土地法庭是专门解决土地纠纷的法庭。这些纠纷可能包括土地所有权、土地使用和土地分配方面的冲突。土地法庭的作用是为解决争端提供一个公平公正的平台，以促进和平共处并确保正义得到伸张。土地法庭有几个关键职能，包括：审理与土地所有权、土地使用和土地分配有关的纠纷；确保土地纠纷得到及时有效的解决；促进和平共处，减少社会动荡的风险；确保争议各方的权利得到尊重和维护；支持政府落实土地政策法规。

乌干达《土地法》第75条第1款规定，乌干达每个区应建立一个地区土地特别法庭。地区土地法庭是该地区的最高法院。关于地区土地法庭的成员的组成规则如下：（1）由主席和两名首席法官任命的人组成，首席法官任命的这两位成员对司法服务委员会负责。《土地法》第75条第2款规定地区土地法庭的主席必须是1名有资格担任地方法官的律师，法庭其他成员不需要受过正规的教育。但是，根据《土地法》第75条第3款的要求，只有在土地事物上有知识和经验的人才有资格担任特别法庭的成员。该法并没有提供任何关于如何实现这一目的的必要知识和经验的指导。因为经过训练，大多数律师都有资格被任命为法庭成员。土地法庭的这一组成原则其实是受到诟病的，因为，从立法目的考虑，担任土地法庭主席的法官并不必须是律师这一职业，因为只要具备丰富的土地知识和经验即可，而且首席大法官的权威决定了地区土地法庭的主席候选人一定是能够被信任的人。如果抛开律师的职业限制，则潜在的主席人选可以扩展到曾经的公务员、氏族首领、前当地委员会官员等任何曾经在与土地打交道的环境中工作，从而熟悉土地知识和具备土地事物经验的人。（2）除了具有土地的知识和经验，被任命为土地法庭成员的人至少年满30岁，具备健全的头脑。（3）性格正直，没有涉及道德沦丧的刑事犯罪，也从未被宣告破产。土地委员会的成员组成要求必须至少有1名女性成员，而地区土地法庭的成员组成没有性别平衡的要求。纵观土地委员会的土地管理职能和土地法庭的土地纠纷解决职能，性格平衡其实很有必要，这对改善非洲国家女性在土地权利上的不平等至关重要。

二、习惯土地纠纷解决

在许多非洲国家，特别是在农村地区，习惯土地保有权是一种共同的土地所有权制度。该制度以习惯法和惯例为基础。但由于习惯土地权属系统的复杂性，导致土地所有权和使用方面常会发生纠纷。为解决这些争端，许多非洲国家承认习惯法对土地的有效管辖。例如乌干达《土地法》第88条第

1 款就规定，“本部分的任何内容均不得被视为阻止、阻碍或限制传统当局行使确定习惯权属争议的职能，或充当就习惯权属引起的任何事项发生争议之间的调解人。”

习惯土地纠纷解决往往是通过部落首领、酋长依据习惯法或传统习俗进行裁判，主要裁决与习惯土地使用权有关的纠纷，包括土地所有权、土地使用和土地分配的纠纷，促进土地纠纷得到及时有效的解决，确保争议各方的权利得到尊重和维护，并在一定程度上支持政府落实土地政策法规。

当然，也有设立专门习惯土地法庭的国家，其法律框架因不同地区而异。例如，在加纳，传统土地法庭是根据 2016 年《地方政府法》设立的，而在马拉维，传统土地法庭是根据 2016 年《传统土地法》设立的。

三、其他土地纠纷解决方式

非洲土地纠纷解决方式还包括了仲裁与调节。① 1994 年，南非颁布了《土地回归权利法》，建立专门的法院处理土地归还案件。该法第 13 章第 1 节规定仲裁出现在以下情况中：（1）两个或两个以上的方面争夺一个土地的权利；（2）双方的陈述是在宪法范围内；（3）所争夺的土地不是国有土地；（4）协会组织相关调解人员进行双方第一次的会议。同时第三节规定被委派的调解员或仲裁员必须既要是第 8 条中提到合适的人选也要是独立机构的仲裁员。同时，该法第 21 章还规定建立专门的土地申索法院，土地申索法院拥有以下权利：（1）决定在本法范围内的土地归还情况；（2）决定财政的补偿；（3）决定土地的所有权归属对象；另外法院的判决对全国有效，有权力裁决全国的案件，而法院的院长需有南非总统直接任命。

第六节　法律责任

非洲国家一般对违反土地法的法律责任作出了明确的规定。根据加纳《土地法》规定了五种违反土地法构成刑事犯罪情形。

第一，公职人员或任何其他人有下列行为之一，则构成犯罪：（1）伪造土地记录；（2）欺诈地发出任何文件，或作出或促使任何文件或文书的

① 杨舟双：《南非土地改革的法律变迁探析》，湘潭大学 2013 年硕士研究生学位论文。

注册，或删除、更改土地委员会备存或发出的文件内的内容；（3）恶意从土地委员会移除任何土地登记册或其中部分，欺诈性地向土地委员会提交任何文件或其中部分；（4）欺诈地污损、涂改或损毁土地委员会备存的任何土地登记册或其他文件；（5）欺诈性地在土地委员会保存的任何土地登记册或任何其他文件中作出任何未经授权的记项或更改；（6）欺诈性地删除、更改或损坏土地的电子记录；（7）非法访问、下载、转让、复制或从事任何其他损害土地委员会记录完整性的行为。一经定罪，可处不少于1000罚款单位但不超过2000罚款单位，或处不少于2年但不超过5年的有期徒刑，或二者并处。

第二，如果某人有下列行为之一，构成犯罪：（1）意图授予该人没有所有权的土地；（2）声称未经授权授予土地；（3）就同一块土地向多于一人作出相冲突的批地。一经定罪，可处70500—15000罚款单位的罚款，或7—15年的监禁，或二者并处。

第三，在测量员或根据本法案行事的官员要求时，任何人无合理辩解（应由该人承担举证责任）故意忽略或拒绝指明该人的土地或该人主张权益的土地，或协助划定该土地的界线，即属犯罪，一经定罪，可处1000—2000罚款单位的罚款，或3—5年的有期徒刑，或二者并处。

第四，任何人未能遵守根据本法正式送达给该人的通知中所载的命令，即属犯罪。一经定罪，可处250—500罚款单位的罚款，或处1—3年的有期徒刑，或二者并处。

第五，任何人妨碍授权官员履行本法规定的职能，即属犯罪。一经定罪，可处500—1000罚款单位的罚款，或处2—4年的有期徒刑，或二者并处。

并且，上述行为造成他人人身伤害或精神损害的，除承担刑事责任外，还要承担民事赔偿责任。

第九章　非洲金融法

金融法是调整金融关系的法律规范的总称。金融关系广泛而复杂，既有横向的平等主体间的金融业务关系，又有纵向的带有行政隶属性的金融监管、调控关系；既涉及微观的经济个体，又涉及整个国家的经济全局和人民大众的基本生活，具有广泛的公共性、全局性、社会性。[①] "非洲金融法"也是一个宽泛的概念，非洲各国规制金融业的法律名称不一，有的国家直接冠以"金融法"，如《阿尔及利亚金融法》《安哥拉金融法》《肯尼亚金融法》《乌干达金融机构法》；有的国家以银行法为主，如《埃及银行法和总统令》《埃塞俄比亚银行业务许可与监督的指令》《津巴布韦银行法》《乌干达银行法》《尼日利亚银行和其他金融机构法》《赞比亚银行与金融服务法》；有的国家侧重于对金融业的规制，如《加纳金融管理法》《南非金融业监管法》；还有的国家专门出台外汇法，以加强外汇管制，如《加纳外汇法》《尼日利亚外汇法（监管及相关规定）》。

第一节　金融机构设立制度

一、金融机构的设立要件

金融机构的设立要件是设立金融机构所必需的具备条件的法律制度。金融机构通常都是公司企业，它们的基本设立要件主要包括企业名称条件、资本限额条件、出资资格条件、从业人员条件、组织管理条件和营业场所

① 朱大旗：《21世纪法学系列教材：金融法（第二版）》，中国人民大学出版社2007年版，第9页。

条件。

根据埃及1992年第37号法律和现行法律的规定，在埃及设立银行，应向埃及中央银行提交申请，获得中央银行的初步批准，启动银行的设立程序。该申请将随附以下文件：（1）一份载有创始人姓名、国籍和住所以及每人的资本份额的声明，提供的资本份额不论法人或自然人都不得超过已发行资本的10%。但是，银行参与设立的应免于上述上限。另外，应规定公开供埃及人认购股份的百分比，无论是法人还是自然人，他们占发行资本的份额不应低于49%，并且每个认购人的份额不得超过已发行资本的10%。（2）一份有阿拉伯文和英文双语的声明，包括银行名称、法定和实收资本、股份数量和每股面值、实物配额及其价值（如有）、银行及其总部的地址、存续期限和目标。（3）一份表明其授权资本不少于一亿埃及镑，实收资本不少于5000万埃及镑的声明。（4）建立银行的可行性研究报告。（5）一份表明已批准任命的银行总经理其在埃及从事银行业务不少于10年的声明，并提供所有相关数据。

埃塞俄比亚的银行设立申请者必须提供以下信息：（1）实收资本证明，包括冻结的认购账户中的存款证明和实物出资估值的证据；（2）若非董事，需提供银行组织者的姓名和职业（包括以前的工作时间和地址）；（3）可行性研究文件；（4）运营前3年财务报表的预测，用以显示经济部门主要类别的贷款和负债；（5）披露已购入超过10%股本的股东的身份，包括其姓名、国籍、所持股份的数量和价值；（6）购买或租赁金库、设备、家具和固定装置的单独费用；（7）经过验证的所有权证书和/或租赁协议；（8）银行向关联方进行的任何购买或拟购买的商品和服务，或房地产租赁的说明；（9）保险范围以及保险范围的建议；（10）拟任行政总裁，创始人和/或董事的简历，包括年龄，婚姻状况，教育程度，过去10年的工作经历，其在商业和金融事务中的经验，他们参与的公民、社会和慈善活动，包括曾担任何种领导职务；（11）银行规定填写的申请表，并提交其中指定的附件；（12）拟议的银行组织结构图，并简要描述主要组织单位的职能。

拟作为金融机构在乌干达进行交易或经营业务的公司应以书面形式向中央银行申请许可证。申请许可证时，须提供以下材料：拟设立金融机构、董事、股东的名称（姓名）与地址（住址）；董事的国籍；各股东的国籍和持股情况；金融机构拟经营的地点；预计就业人数；拟任管理人员和工作人员的资格、经验、国籍和其他有关情况；金融机构的资本结构与盈利前景；申请人的业务、财务计划和盈利预测，即至少3年的资产负债表、损益表和现金流，足够详细地描述经营计划、金融产品和服务的需求以及现有市场的竞争；申请人的董事会风险管理政策以及确保其财务控制完整性的管理操作程序和系统概要；申请人拟议的组织和管理结构、汇报程序和董事会职责的说明；申请人认为与该金融机构的生存能力有关的任何其他资料或与其申请有关的其他事项。

意图在尼日利亚开展除保险、股票经纪业务以外的其他金融业务的，应当以书面形式向央行申请授予许可证，并随申请书一并提交以下文件：（1）拟开展金融业务的公司章程草案；（2）央行不定期指定的其他资料、文件和报告；（3）规定的申请费。

二、金融机构的设立程序

金融机构的设立程序制度，是规定金融企业设立过程中各项工作先后顺序的法律制度。金融机构是重要的企业法人，是社会经济活动的重要主体。因此，必须首先按照法定程序进行设立，取得金融机构主体的资格。但是，金融机构的设立程序不同于普通工商企业的设立程序，包括三个基本步骤：向监管机关提出设立申请、颁发金融业务经营许可证书和办理注册登记。

赞比亚注册机构应在收到银行营业执照申请的180天内决定是否授予执照。如果申请人不符合赞比亚银行规定的条件，则注册机构不得授予许可证。因注册机构拒绝授予许可证而感到不满的，申请人可以对该决定提出上诉。注册机构在决定是否授予银行执照以及确定该执照应附加什么条件时，应重点考量以下因素：（1）申请人的资本充足率；（2）申请人以及申请人的联营公司和关联公司的财务状况、资源和历史记录；（3）董事和主要股东以及拟在授权下从事与公司管理业务相关人员的性格和经验；（4）该业务打算为社区提供的便利和需求；（5）该业务有利可图的经营前景。

乌干达中央银行收到设立金融机构申请书后6个月内，就各项申请进行调查并编制详细报告，且应在收到申请后14天内审议申请和报告，如认为申请符合法律规定，则授予许可证，并按其认为需要的条件发给申请人有条件牌照；或授予申请人有限执照，仅涵盖其认为申请人符合法律要求的金融机构业务部分。中央银行拒绝授予许可证的，应在拒绝书内述明理由，并在作出决定后7天内，以书面形式将决定通知申请人。任何人如果认为因中央银行作出的决定而被侵害，则可在接获该项决定的通知后30天内，就中央银行的决定向高等法院提出上诉，而高等法院可确认或撤销该项决定。

尼日利亚央行收到申请设立金融机构要求的所有资料、文件和报告后，可以附条件或无条件授予许可证，也可以拒绝授予许可证。许可证申请获批准的，央行应当向申请人发出书面通知，申请人应当缴付许可费用。央行可以变更或撤销授予许可证应当遵从的条件，或在授予许可证时附加新的或额外的条件。央行在变更、撤销许可条件或对授予许可附加新的、额外的条件之前，应当将意向提前告知相关人员或机构，并给予相关人员或机构向央行陈述的机会。未按规定获得有效许可证在尼日利亚开展金融业务的，不论是个人还是法人组织，均构成犯罪，应当承担法律责任：（1）法人组织构成上述犯罪的，处以 100 万奈拉罚金；（2）其他情形下，可以单处或并处 100 万奈拉罚金或 5 年以下监禁。

三、分支机构的设立制度

金融企业的分支机构，是指根据业务需要在境内外设立的，不具有法人资格的职能机构。按照许多非洲国家金融法律的规定，金融企业的分支机构设立分为允许设立和不允许设立两种情况。并且，即使在法律允许设立分支机构的条件下，金融机构也必须按照法定程序进行设立。为保证设立分支机构的质量，金融机构设立的分支机构也必须达到设立要件的要求，同时必须按法定程序审查核准。因此，分支机构的设立制度主要包括，设立的要件制度和设立程序制度。

在赞比亚设立金融机构的分支机构须满足的条件：（1）未经赞比亚银行事先书面批准，不论是银行本身还是其子公司不得在赞比亚境内或境外开设分行、子公司或其他机构。（2）拟开设分支机构、子公司或其他机构的银行或子公司应以赞比亚银行规定的形式提出申请，并附有财政部长根据赞比亚银行的建议而规定的费用。（3）银行至少应在关闭分支机构前 60 天，以书面形式将其意向通知赞比亚银行。分支机构在经营过程中：（1）除非许可证的条件限制或限制金融机构在一个或多个特定场所或地点，金融机构可以在赞比亚的所有地方提供其被许可经营的所有金融服务。（2）金融机构应在开设新分行后的 14 天内，以书面形式通知赞比亚银行事实和其地址。（3）金融机构应在关闭分支机构前至少 60 天内，以书面形式通知赞比亚银行其计划。

银行机构在津巴布韦境外设立分支机构等，除经注册官书面批准，否则总部设在津巴布韦境内的银行机构不得以在津巴布韦境外开展银行业务为目的在津巴布韦境外设立子行、分支机构或代理机构。向注册官申请批准在境外设立分支机构的申请书应按照规定的表格及形式，并应附有规定的费用以及规定的或注册官合理要求的文件及资料。注册官如信纳有关的子行、分支机构或代理机构会得到妥善管理，并且不会进行任何违反本法的行为，则应批准其申请；如果注册官不信纳，则拒绝该申请。但在决定拒绝该申请前，注册官应以书面形式通知申请人，说明他拟拒绝申请的理由，并应给予申请人就此事作出充分申述的机会。任何银行机构如违反上述规定擅自在境外设立分支机构，即属犯罪，可处 7 级及以下罚金。

第二节　金融经营规范制度

作为特殊的社会主体，金融机构在社会生活中具有特殊地位，不论中央银行还是普通的金融企业，都要进行具体的经营行为。因此，这些经营行为必须受到法律的规制。非洲国家金融法主要对负债经营、资产经营与经营控制等主要问题作了规定。

一、负债经营规范

负债是金融机构主要的资金来源，主要包括普通银行、信托机构、证券机构和保险机构的负债。中央银行的负债业务是其资产业务的基础，它的基本负债主要包括流通中的现钞货币，金融机构的存款准备金，各清算银行的清算资金，财政金库和经费存款。① 非洲相关法律多对存款准备金或与之相似的负债作了规定。

在乌干达，金融机构董事会应成立由不少于 2 人组成的资产负债管理委员会，履行董事会规定的职能，该职能涉及建立金融机构风险承受能力和投资预期的一般性指南。指南应包括但不限于以下方面：存贷比限制；贷款资本比率限制；对单一或相关客户的敞口限制；对特定存款责任类别的百分比的灵活限制；对银行间和其他不稳定的融资工具的最大依赖；不同类别的新购置的资产和负债的最高和最低期限限制；不同类别的现有资产和负债的最高和最低期限限制；净息差对市场利率变动的敏感性限制；利率敏感资产和

① 刘少军：《金融法学》，中国政法大学出版社 2008 年版，第 319 页。

负债之间的最大失衡百分比；负债和资产的成本和收益之间可接受的最小价差限制；在进行长期调整时，维持运营所需的最低流动性准备金限额会议经费的主要来源应加以量化。中央银行有权不时就资产负债管理委员会审议的事项向金融机构发出通知。

赞比亚银行或金融机构均需设立准备金账户，在宣布分配股息前，应将赞比亚银行规定最低金额从应缴税款后的每年的净利润中转入其准备金账户。赞比亚银行可根据条例规定转入准备金账户所需的数额，计算该数额的方法，准备金账户的形式以及它认为为执行本节所必需的所有其他事项。任何银行或金融机构不得宣布、贷记或支付任何股息或从盈余中转出任何其他款项，如果这样做会导致本法的资本充足率要求受到损害。未经赞比亚银行批准，所有银行或金融机构不得宣布、贷记或支付任何股息或从盈余中转出任何其他款项，如果这样做会导致本法要求的资本充足率受到损害。赞比亚银行可允许在为增加资本而进行相关支付或转账而减少准备金账户，赞比亚银行确信，这是防止该银行或金融机构资本减值或使该银行或金融机构能够作出赞比亚银行认为必要的规定的唯一可行手段。

《尼日利亚银行和其他金融机构法（修订版）》第 15 条主要对银行持有的最低现金准备金、指定流动资产、特种存款和固定证券作了规定：（1）各银行应当在央行保留现金准备金、特种存款，持有指定流动资产或固定证券，其数额视情况确定，但不得少于央行依据《尼日利亚中央银行法》第 40 条不定期规定的数额。（2）若资产和负债均应付给其他银行，则应当相互抵销；在计算指定流动资产时，应当视情况将剩余资产或剩余负债计入或扣除。（3）向银行或者银行境外分支机构、办事处长期贷款的，经央行批准，贷款款项可以从银行即期债务中免除。（4）各银行应当：在合理期限内提供央行要求的任何资料，以使央行确信该银行依法遵守本条第（1）款的规定；所持有的现金准备金、指定流动资产、特种存款和固定证券不得少于央行不定期规定的数额；未经央行事先书面批准，不得向任何人增加贷款额度。（5）银行违反本条第（4）款规定，构成犯罪的，可处罚金。（6）就本条而言，指定流动资产只要可自由转让、无留置权或任何形式的费用，在不损害 1991 年《尼日利亚中央银行法》第 40 条规定的情况下，应当包括以下全部或任何一项：尼日利亚法定纸币、硬币；银行结余；尼日利亚授予许可银行的净余额（不包括未清算数额）和随时可用的款项；联邦政府发行的国债和国库券；在央行可再贴现的国内汇票和本票；联邦政府发行的、到期日由央行批准的股票；经央行批准的可转让存单；和就本款而言，央行不定期批准的其他流通票据。

《尼日利亚银行和其他金融机构法（修订版）》第16条进一步对准备金的保留问题作了规定：（1）各银行均应保留准备金，准备金从各行每年在缴纳税收后、分配股息前的净利润中提取，准备金数额：少于实缴资本的，按照不少于净利润30%的款项转入准备金；或等于或超过实缴资本的，按照不少于净利润50%的款项转入准备金：但在所有可确认的损失获得补偿前，不得依据本款规定转入。（2）银行违反本条第（1）款规定，构成犯罪的，处以50万奈拉罚金。（3）尽管本条第（1）款已有规定，但为确保银行准备金数额充足，保证银行经营和债务适当，央行可以不定期指定每年从净利润中提取准备金的不同比例，这一比例可以小于或大于第（1）款所载转入银行准备金的比例。

在埃塞俄比亚，法定存款准备金是银行重要的货币政策工具和审慎监管工具之一，法定存款准备金要求银行在埃塞俄比亚国家银行持有一定比例的存款余额。鉴于每天向银行准备金账户中存款和取款的频率过高，因此必须监控银行对法定准备金要求的遵守情况。

埃塞俄比亚的银行应在该国国家银行开立两个单独的比尔账户，其用途如下：（1）预留账户：准备金账户应专门用于维持本指令所述的准备金余额；未经埃塞俄比亚国家银行监管部门的事先批准，任何银行均不得从其储备金账户中提取任何款项。（2）付款和结算账户：应使用付款和结算账户通过埃塞俄比亚国家银行进行银行的日常交易。

在埃塞俄比亚经营的任何银行均应始终在上述的准备金账户中保留以活期（活期）存款，储蓄存款和定期存款形式持有的所有比尔和外币存款负债的5%。为了确保银行严格遵守准备金要求，必须对其所提交的报告进行适当的检查和签署，并显示埃塞俄比亚国家银行的监管部门，以显示每个星期三的余额。报告应在下一周的星期二之前提交，并应显示每种存款的余额，在埃塞俄比亚国家银行的储备余额以及储备金的超额/短缺。

准备金的计算：收款过程中的现金项目，如果计入存款，应在计提准备金总额时从中扣除；通过埃塞俄比亚国家银行收取的现金项目，除非记入储备金账户，否则不得作为储备金；所需准备金应根据净存款余额计算，即不包括在每个报告周末显示的收款过程中的现金项目。

银行储备金余额不足会受到处罚，罚款应按储备金不足额计算并乘以储备金账户仍然不足的天数，乘以当前银行平均借贷利率计算的利率。不过，埃塞俄比亚国家银行可以其认为可以接受的理由免除上述罚款。

二、资产经营规范

银行机构的资产主要包括贷款资产、贴现资产、现钞资产、存款资产和投资资产等。

《津巴布韦银行法》规定，津巴布韦银行主要经营活动包括：接受存款；提供信贷，包括消费者信贷和抵押信贷、有追索权或无追索权的保理业务、商业交易融资、通过止赎或其他方式收回延期的款项、福费廷（即对账单、票据和其他证明出口商对出口货物的收受人债券的文件无追索权的中期贴现）；买卖票据，不论是为有关银行机构的账户还是为其客户的账户，包括承销支票、汇票和存款证在内的货币市场票据、与债务证券或利率有关的期货、期权和其他金融衍生品、汇率及利率工具、债务证券及股权；提供汇款服务；根据《外汇管制法》，买卖外币，包括远期和期权式外汇期货买卖合同；签发和管理支付手段，包括信用卡、旅行支票和银行汇票；货币经纪；贵重物品、证券的保管和管理；作为投资组合经理或顾问提供服务，或者作为金融代理或顾问提供服务；融资租赁；根据《租购法》签订或接受分期付款购买合同；代表客户买卖股份；提供征信服务。同时规定，除注册银行机构外，任何人不得在津巴布韦经营银行业务。已注册的银行机构不得经营除该银行已注册的银行业务以外的任何其他类别的银行业务；或从事其注册证书未规定的任何银行活动；违反相关规定构成犯罪的，可单处或并处第 14 级以下罚金或 5 年以下有期徒刑。

针对银行资本不足问题，乌干达法律规定，中央银行可要求这种银行提交资本重建计划，并指派 1 名合格而且有能力的人为银行制定和完成资本重建计划出谋划策。被指定人员需定期向中央银行报告。如果中央银行要求银行提交资本重建计划或者注入更多资金，该银行不服从的话，那么中央银行应采取以下措施：（1）禁止银行开设新的分行；（2）对银行资产增长和负债加以限制；（3）限制银行存款利息和到期的定期存款利息。很明显，这样做是为了防止银行利用高利息吸引存款。中央银行还可能将该银行下达不服从命令的主管撤职。若银行资本严重不足，除了禁止开设分行、限制到期存款利息和定期存款利息、限制资产增长和负债外，中央银行还应采取其他措施。这包括禁止银行开展外汇业务和资产负债表外交易。资产负债表外交易指的是风险不记录在银行资产负债表上的交易。其中可能包括掉期息率协议、商业信用证、备用信用证、回购协议、贷款承诺、担保承兑和履约保证金。同样，多数资产负债表外项目必须基于风险要求得到资金支持。

中央银行也可接管银行并和银行董事达成协议，要求银行 180 天内将核心资本调整为风险性资产的 4%。如果银行无法履行或者中央银行认为银行没有能力将核心资本调整到风险调整资本的 4%，那么中央银行将关闭该银行并且让该银行接受破产管理。然而，该法并没有制定任何条例来阻止中央银行关闭银行。这些果断的强制性措施不仅有利于维护储户权益，还根据银行的资本情况将银行进行分类，并针对不同情况给出了不同的分阶段解决方案。

为了进一步保护储户，法律颁发了一些禁令来保护银行资本。银行不得用本行或分行的股份或其他资产形式作为抵押品准予预付贷款、信贷或住房贷款。若支付或者分利行为将导致银行达不到储备金要求，那么银行不得分发任何股息或者转移利润或资产。银行也不得从银行董事、主管、附属公司或相关人员手中购买不良或低质量贷款。不良贷款指的是本金或者利息逾期不付超过 90 天甚至更久的贷款，或者是本金或者利息逾期未付超过 90 天并且被资本化、重组或续借的贷款。该法还设法限制个人或者有着共同利益的群体进行大风险信贷。贷款总额不得超过总资本的 25%，也就是核心资本和附加资本的总和。只有在下列情况下，银行才可以提供最高金额为总资本 50% 的贷款：贷款能够迅速生利、贷款期限不超过 1 年并且以政府证券或者银行定期存款及利息作抵押，或者银行持有以出口商为受益人的保兑不可撤销信用证。若待转移资产总额超过银行总资本的 25%，在未提前通知中央银行的情况下，银行不得将资产外部化。银行不得从事贸易、商业、工业农业方面的交易，也不得投资房地产、股票承销公司或证券经纪公司。银行可以通过子公司参与股票包销或证券经纪，但只能将 25% 核心资本投资于此类子公司。

三、经营控制规范

金融机构的经营控制制度，是指以控制经营风险、保护金融机构稳定经营为目的，针对其经营过程中可能出现的风险。具体规定其业务经营行为规范的法律制度。

南非规定，为维护和加强金融稳定性，储备银行必须采取以下措施监控风险：监督并不断审查金融体系的优缺点，以及影响金融稳定的任何风险，以及这些风险的性质和程度，包括发生系统性事件的风险，以及金融稳定监督委员会成员提出或金融业监管机构向储备银行报告的事项中设想的任何其他风险；采取措施降低影响金融稳定的风险，包括向金融业监管机构和任何其他国家机关建议为降低这些风险而采取的措施；定期评估国际市场基础设施标准制定机构在共和国制定的原则的遵守情况，并根据共和国的情况和背景，向金融业监管机构和部长报告调查结果。同时规定金融业监管者必须与储备银行合作，相互配合，维护、保护和加强金融稳定；向储备银行和金融稳定监督委员会提供储备银行或金融稳定监督委员会合理要求的协助和信息，以维持或恢复金融稳定；及时向储备银行报告金融业监管机构发现的对金融稳定构成或可能构成风险的任何事项；以及从与金融稳定有关的金融机构收集信息。除金融业监管机构外，国家机关在履行其职能时，应考虑其活动对金融稳定的影响，同时应向储备银行及金融稳定监察委员会提供该行或该委员会合理要求的协助及资料，以维持及恢复金融稳定。

乌干达对金融机构的最低持续资本作了较为具体的要求：金融机构应始终保持核心资本不少于风险调整资产总额加上由中央银行以法规确定的风险调整资产负债表外项目的8%；资本总额不少于风险调整资产总额加上由中央银行以法规确定的风险调整资产负债表外项目的20%。如果监管审查过程暴露了金融机构的现有风险大大增加，中央银行有权对特定的金融机构规定更高的持续资本要求。乌干达同时对限制金融机构从事证券活动作了规定：经许可接受存款的金融机构，不得自营或者自担风险从事任何股票包销，或任何证券经纪或交易活动。金融机构违反该规定的，应向中央银行缴付民事罚款，罚款额为违例事项持续期间每日5货币点。

第三节　金融监管法律制度

金融监管是指监管机关为保证金融业的安全与稳定，维护公众利益和促进社会经济发展，对金融机构及其业务活动、金融市场等实施的监督管理活动。① 非洲国家主要针对一般金融业务与银行业务予以法律监管。

① 刘少军：《金融法学》，中国政法大学出版社2008年版，第351页。

一、一般金融业务的监管

乌干达《银行法》规定，如果中央银行认为有必要，为了金融机构的安全和稳健，或者为了存款人的安全，或者为了确定本法的规定是否得到适当遵守，中央银行应以书面形式要求任何附属公司、联营公司、控股公司、子公司或控制金融机构的个人，在通知规定的期限内，向中央银行或其指定代理人提供必要信息或文件，内容包括该附属公司、联营公司、控股公司、子公司或控制金融机构的个人的会计报表和其他财务记录。中央银行有权委任 1 名合格人员，对金融机构的附属公司、联营公司、控股公司或附属公司的经营和事务进行审查；或对金融机构行使控制权的任何人进行审查，以使其确定附属公司、联营公司、控股公司、子公司或控制金融机构的个人的经营和事务，不损害有关金融机构的安全和稳定。

任何人未能、拒绝、遗漏或忽略提供上述资料，构成犯罪的，单处或并处不超过 250 货币点的罚款、2 年以下有期徒刑；并就该罪行持续期间另处不超过 50 货币点的罚款。如果金融机构的任何大股东或董事是自然人而未能、拒绝、遗漏或忽略提供根据本条第（1）或（2）款要求的信息，或是未能、拒绝、遗漏或忽略的一方；或是公司而未能、拒绝、遗漏或忽略提供本条第（1）或（2）款所要求的信息，或是未能、拒绝、遗漏或忽略的一方，则该公司将不再是适当人选，且不得继续作为金融机构的大股东或董事。

纠正措施方面，如果中央银行有理由相信或发现金融机构的事务以损害存款人利益或损害金融机构利益的方式进行，或违反本法或任何其他成文法，或金融机构拒绝接受检查，或提供虚假资料，在不影响任何其他行动方针的情况下，中央银行有权书面命令金融机构采取补救措施以遵守本法或根据本法发布的条例、通知或命令；就改善金融机构的管理、财务健全或业务方法所采取的措施发出指示；要求金融机构的董事或管理层就其执行上述命令或指示签署协议；或执行或指定代理人对金融机构进行特殊检查，以确定该机构的财务状况，并评估处置方案，费用由该金融机构承担。

凡金融机构未能、拒绝、遗漏或忽略遵从中央银行发出或订立的命令、指示或协议，则中央银行可作出以下任何或全部命令、指示或协议：启动具有法律约束力的临时或无限期停止令，要求金融机构及其管理层停止不当或不可接受的行为、限制贷款或停止申报股息；撤销或暂停任何人对金融机构事务的管理；对违规的管理层成员进行处罚，并由其亲自处理；委任 1 名中央银行认为有适当资格及有能力就一般事宜或为执行上述命令、指示或协议而向该机构提供意见及协助的人，而获委任的人的意见具有与根据上述指示相同的效力，并应当视为中央银行根据本条作出的指示；指定 1 名中央银行认为具有适当资格和能力的人员，在纠正问题所需的期间内管理金融机构的事务；要求金融机构在规定的期限内重组董事会；不批准设立分支机构的；吊销外汇交易商执照；要求金融机构增加规定的资本；或在中央银行认为适当的情况下进行任何其他制裁。中央银行经主动或收到向其作出的陈述后，有权修改、取消或维持上述任何命令，并可在作出修改或取消后，提出修改或取消的内容生效的必要条件。

二、银行业务的监管

赞比亚《银行与金融服务法》规定，出现以下情形，赞比亚银行应对该银行或金融机构采取监督行动：（1）银行或金融机构拒绝遵守赞比亚银行依法下达的命令或指令；（2）银行或金融机构拒绝依法进行检查或妨碍检查；（3）有关银行或金融机构违反任何成文法开展业务，或从事不安全的行为；（4）银行或金融机构因无法或可能无法在正常营业过程中继续经营；（5）银行或金融机构的资本金低于规定的最低限额，或银行或金融机构资不抵债。赞比亚银行可能采取的监管行动包括：接管银行或金融机构；暂停该银行或金融机构的执照，期限不超过 6 个月；限制银行或金融机构的牌照；以及吊销银行或金融机构的执照。

津巴布韦储备银行有权持续监察并监督银行业务。储备银行可任命 1 名或多名官员或雇员为监察员，以监察并监督该银行机构。为监察及监督任何银行机构，储备银行管理者可以：在没有事先通知的情况下，在正常办公时间内的任意时间进入银行机构的任何场所或任何根据合理理由认为与该机构银行业务有关的证券、账簿、记录、账户或文件存放在其中的场所；要求银行机构的每位官员、雇员或代理人出示该机构的任何证券、账簿、记录、账目或文件；搜查与该银行机构经营的银行业务有关的任何款项、证券、账簿、纪录、账目或文件；如有合理理由对该银行机构的任何款项、证券、账簿、纪录、账目或文件有所怀疑，则可打开任何保险库、保险柜或货柜查阅；对银行机构的证券、账簿、记录、账户或文件进行审查、复印，并从中摘取重要内容；从该银行机构所在处将任何证券、账簿、纪录、账目或文件取走的时长应足以对其进行审查、复印，并从中进行提取重要内容。

如发现银行机构存在违法行为，储备银行可采取以下行动：（1）如在监察员报告后，并在适当考虑有关机构所作的申述后，储备银行认为某银行机构已违反其注册的任何条款或条件，或已违反本法的任何条文、规定或根据本法作出的要求或命令，储备银行可在符合本条规定的情况下，采取下列一项或多项措施：向机构发出警告；要求该机构任命1名储备银行认为有资格就其业务的开展向该机构提供建议的人员；向机构发出书面指示，要求其采取规定的补救措施；持续违反行为每日处以等量的不超过10级及以下的罚金；指示该机构暂停或罢免其任何董事、官员或雇员的职务；指示该机构暂停其全部或任何银行业务；任命1名管理者监督机构的事务；召开机构股东会或者其他所有者的会议，讨论拟采取的补救措施；由接管人管理该机构；向注册官提出相关建议。（2）在采取上述行动前，储备银行应以书面形式通知有关银行机构，并应给予该机构就此事作出充分申述的机会：认为其有罪的违反行为，以及将其认定为违法行为的实质理由；储备银行就被指称的违反行为拟采取的行动。如果储备银行认为为防止对银行机构或其存款人、债权人或股东造成不可弥补的损害，有必要立即采取行动，则储备银行有权在给予银行机构根据本款作出申述的机会前采取该行动。

第四节　金融机构破产和清算制度

破产是指债务人因不能偿债或资不抵债时，由债权人或债务人诉请法院宣告破产并依破产程序偿还债务的一种法律制度。

一、破产制度

赞比亚规定，当银行或金融机构在到期时不能履行其义务或其资产不足以履行其债务或赞比亚银行规定的监管资本金额为零或更低时，该银行或金融机构即为资不抵债。

（1）破产时，银行或金融机构不得：收取所有押金；开始所有新的或继续进行所有现有的银行或金融服务业务（视情况而定），但有序地变现、保存及保全其资产所附带的除外。

（2）与存款人或债权人的交易采用根据赞比亚银行批准的净额结算或全额结算的结算制度或所有成文法规定的安排进行的结算方式，如果交易或结算发生在清算银行或金融机构的决议之前，或在赞比亚银行指定接管人或接管银行或金融机构之前，不得仅因银行或金融机构破产而被第（1）款所禁止。

（3）银行或金融机构的董事、首席执行官、首席财务官、经理或雇员知道或在适当履行职责时，可合理地预期知悉该银行或金融机构的破产；而该人导致或准许所有违反本条的行为，即属犯罪，一经定罪，可处不超过10万个罚款单位的罚款或不超过5年的监禁，或两者并处。

乌干达《金融机构法》第95条第（1）款规定，出现以下情形，中央银行可以对金融机构实行破产管理：中央银行确定该金融机构可能无法满足其存款人的要求或在正常业务过程中支付其债务；中央银行确定该金融机构已发生或可能发生将耗尽其全部或实质上全部资本的损失；金融机构资本严重不足。被进行破产管理的金融机构，由中央银行作为该已关闭的金融机构的接管人。中央银行应自接管之日起12个月内，单独或合并考虑并实施下列任何或所有选择：安排与其他金融机构合并；安排其他金融机构购买资产和承担全部或部分负债；安排出售金融机构；清算金融机构的资产。第（2）款规定，如果中央银行认为其措施满足以下条件之一，应采取第（1）款所述的措施：最有可能实现金融机构资产最大化；保护存款人的利益，包括他们在未受保护的存款金额中的利益；将存款保障基金的成本和其他债权人的损失降至最低；确保金融部门的稳定。第（3）款规定，在确定金融机构的资产可变现的金额时，接管人应当以现值为基础，采用实际贴现率对备选方案进行评估，或记录评估和评估所依据的假设，包括有关利率、资产回收率、通货膨胀、资产持有和其他成本的任何假设。

第96条规定，禁止对接受破产管理的金融机构提起诉讼，且任何人不得采取任何步骤强制执行对金融机构财产的任何担保，不得对该金融机构或其财产提起或继续进行其他法律程序。

尼日利亚《银行和其他金融机构法》规定，银行基于以下原因之一，可以向央行申请破产：可能无法履行本法规定的义务；随时可能暂停付款；无力偿还债务。央行行长可根据上述原因向提出破产申请的银行下达如下书面指令：（1）禁止该银行在央行指令可能列明的期限内进一步提供信用贷款，该项禁止指令有例外的，应当实施指令中列明的例外条件，并不时通过进一步类似的指令，延长上述期限。（2）要求该银行在指令规定的期间内，就央行认为必要的、指令中列明的银行或其业务、银行董事或管理人员采取措施或行动，或者不作为或不履行。（3）根据成文法或银行章程规定的限制，在指令列明的日期开除银行经理或管理人员的，应当以书面形式记录原因。（4）委任他人就合理开展银行业务向银行提供建议，并在指令中规定由银行支付上述被委任人员薪酬，该薪酬可能在指令中列明。

银行申请破产后，由保险公司接管其业务，在央行认为保险公司没有必要继续接管银行业务之前，保险公司均应继续以银行名义并代表银行管理开展银行业务。保险公司的成本和开支，或银行委任人员的报酬，应当作为银行资产的首要支出费用。

二、破产清算与赔偿制度

关于金融机构破产清算，乌干达有自愿清算与中央银行清算两种情形。

（一）自愿清算

金融机构经中央银行事先批准，可以向高等法院申请自愿清算其业务。自愿清算的金融机构应立即停止一切活动，但为有序变卖、保存及保全其资产及清偿其债务而附带进行的活动除外。金融机构进入清算阶段中，股东对金融机构股本的未催缴认缴责任，应当持续至清算结束；尽管有《公司法》的规定，如果金融机构处于自愿清算状态，则请求权的排序应符合本法第105条的规定；但《公司法》有关优先偿付的规定不适用于金融机构的自愿清算；金融机构董事会在向持有直接债权的债权人支付款项前，应当经中央银行批准，作出必要安排以确保债权持有人之间按比例分配，减少诉至法院。如中央银行认为根据本条申请自愿清算其业务的金融机构的资产不足以履行其义务，或认为其业务的清算的完成被不当地延迟，则中央银行如认为适当，有权将该金融机构依照有关规定进行强制清算。

（二）中央银行清算

中央银行决定清算金融机构时，应当作出解散金融机构事务的命令，且该命令应在乌干达当地发行量较大的报纸上刊登。尽管《公司法》有规定，凡根据本条启动任何金融机构清算程序，该金融机构的清算人应当由中央银行或中央银行指定的任何其他人担任。根据本条任命的清算人的报酬、其设立的成本和费用以及清算的成本和费用应由被清算金融机构的资产支付。

在赞比亚，获得许可的金融机构破产后，如果是《公司法》规定的公司，则赞比亚银行应按照第81条第（2）款（a）项的规定接管该机构；如果不是《公司法》规定的公司，但受另一机构的监督或控制，则赞比亚银行应吊销其执照，并向适当机构发出指示以将该机构清算或解散；如果是根据成文法设立的机构，则赞比亚银行应撤销其执照，并可以建议有关当局将该机进行清算或解散。

津巴布韦对金融机构破产时向存款人支付赔偿金问题作了专门规定。金融机构破产，董事会应在切实可行的范围内尽快赔偿存款人因该机构破产而可能遭受的与其在该机构的受保护存款有关的直接损失，但补偿款额不得超过规定的款额。在符合规定的条款及条件下，考虑到已支付给存款人的以下款项，董事会可减少对任何存款人的补偿：由有关供款机构的清算人从该机构的资产中取出的；由任何其他人提供，以补偿其受保护存款的损失的。金融机构向存款人支付补偿后，存款人可代替董事会而享有相关受保护存款的任何权利并采取补救措施，但以补偿金额为限。

第五节　外汇管理制度

外汇管理，又称“外汇管制”，是指一国政府授权国家货币金融管理当局或其他国家机关依法对外汇收支、买卖、借贷、转移以及国际间结算、外汇汇率和外汇市场所实施的管制措施。外汇管理的作用在于：（1）稳定本国货币的对外汇率；（2）防范外汇风险、保护国内市场、促进经济发展；（3）平衡本国国际收支。①

一、外汇管理的主要内容

（一）外汇管理机关

中央银行是非洲国家主要的外汇管理机关。加纳《外汇法》规定，加纳银行是实施本法的许可、管理和监督机构，银行可以要求在本国境内居住或经营业务的人向银行提供该部分或全部外汇交易的详细资料；以银行规定的形式提供申报表，并附上该人的外汇交易详情。尼日利亚《外汇法（监管及相关规定）》规定，尼日利亚中央银行经部长批准，可以适时发布指令，以规范外汇市场交易及其他可能适合外汇市场有效运作事项的相关程

① 朱大旗：《21世纪法学系列教材：金融法》（第二版），中国人民大学出版社2007年版，第650－651页。

序。同时规定，中央银行可以任命能够证明具有充分资源和能力依据本法开展业务的银行或非银行企业组织，作为外汇的授权交易商或授权买家。乌干达《银行法》规定，中央银行有权规范银行外汇交易。核心资本低于最小金额50%的银行不得进行外汇交易。而且，现有不符合该项要求的银行必须向中央银行上交详细的外汇交易信息，中央银行会要求银行在6个月内达到要求。在这期间，该银行不得从事任何新的外汇交易。而且，其现有的外汇交易也必须在中央银行规定的条件下进行。银行产生的一般外币或者指定的外汇的未平仓合约净额不得超过核心资本的25%。该净额限制是为了保护银行资本，因为外汇的负面波动可能会导致银行陷入困境。还有另外一种风险，如果银行用借来的外币转成本国货币并以更高的利息借出，一旦出现货币贬值或者严重跌价，银行就得用更多本国货币偿还外币借款，得不偿失。

（二）经常项目外汇管理

经常项目是指国际收支中经常发生的交易项目，包括贸易收支、劳务收支、单方面转移等。非洲国家的金融法主要对贸易收支作了规定。加纳《外汇法》第15条第（1）款规定，居民与非居民之间或非居民之间往来加纳的每一笔外币付款均应通过银行支付；第（2）款规定，在不限制第（1）款的情况下，加纳商品出口的付款应通过非居民银行支付给加纳出口商银行；第（3）款规定，每次向加纳或从加纳汇出外汇，均应通过有许可证从事汇款业务的人或任何其他经授权的交易商进行。

尼日利亚《外汇法（监管及相关规定）》第二部分第21条规定了以现金形式进出口外汇的情形：（1）非以银行汇票、邮汇或电汇方式进口外汇超过1万美元或同等价值现金，将外汇存入授权交易商住所账户的，只能从该账户中提取现金；（2）本条第（1）款所指的外汇，以现金进口到尼日利亚的，只能以现金从尼日利亚出口；（3）为免生疑问，任何授权交易商均不得以现金以外的其他方式，允许他人提取本条第（1）款所指的外汇或为他人提取本条第（1）款所指外汇提供任何便利。

（三）资本项目外汇管理

资本项目外汇是指国际收支中因资本输出和输入而产生的资产与负债的增减项目资本，包括直接投资、证券投资、各类贷款等项目。

尼日利亚《外汇法（监管及相关规定）》第一部分第15条第（1）款规

定，任何人都可以通过授权交易商、电汇、支票或其他可转让票据将外汇或外资进口到尼日利亚，并依据本法规定在市场上兑换成奈拉，投资企业或证券。第（4）款规定，依据本条第（1）款进口到尼日利亚并投资企业的外汇，应当通过可自由兑换货币的授权交易商，确保资金的无条件转移。

（四）对个人的外汇管理

加纳《外汇法》第1章第5条第（1）款规定，满足以下条件的个人，可以向银行申请经营外汇业务的许可证，银行应在收到申请书后60天内向申请人发放许可证：符合牌照所需的条件、支付规定的许可证费用。第（2）款规定，申请人可使用许可证从事以下业务：买卖外币纸币、硬币和旅行支票；电子付款单位；世界银行可能决定的任何其他活动。

（五）外汇市场的管理

加纳《外汇法》第1章第3条第（4）款规定，外汇交易业务包括：购买和出售外币；接收或支付外币；进口和出口外币；借出和借用外币。

尼日利亚《外汇法（监管及相关规定）》第一部分第7条第（1）款规定，市场交易应当与银行间系统交易相同，即在以下主体间进行：公众和依据本法任命的授权交易商、依据本法任命的授权交易商间、依据本法任命的授权交易商和授权买家。

二、违反外汇管理法的法律责任

（一）行政处罚

加纳《外汇法》对银行可暂停或吊销根据本法签发的许可证作了较为详细的规定。第1章第12条规定，出现以下情况之一的，银行可代持牌人所在的银行吊销牌照：在许可证签发日后90天内未使用许可证；未在许可证的发放、续期或续期申请中披露持证人已知悉或合理地预期持证人已知悉的重要资料；提供有关申请许可证的实质资料，而申请许可证的实质内容是虚假的；没有遵守根据该法发布的指令；自发出许可证后，已不符合申领许可证的资格；本行发现外汇交易业务管理有失职、违规行为的；以及处于清算、接管或被判定破产状态。

第14条规定，被侵权人被暂停或吊销许可证，可向银行提交呈请，要求复核其决定。银行收到申诉后，应当在30日内作出复议决定并作出答复。对银行的决定或对银行未能在30天内作出决定感到不满的人，可向法院提起上诉。

（二）刑事处罚

加纳《外汇法》第4章第28条第（1）款规定，任何人不得：销毁、损毁、损毁或移走文件；作出在重要事项上属虚假的声明；为本法之目的提供信息时，该人明知在要项上作出虚假的陈述，或鲁莽地在要项上作出虚假的陈述；伪造或以任何方式伪造文件，或故意使用伪造或虚假的文件，阻挠某人行使本法或根据本法赋予该人的权力意图违反本法的规定。第（2）款规定，不遵守第（1）款规定，构成犯罪，经简易程序定罪，可处500以下罚金或4年以下有期徒刑，或二者并处。

第29条规定，在没有根据第5条第（1）款签发的许可证的情况下从事外汇交易业务；违反或不遵守第6条规定的限制；违反或不遵守进行外汇转让业务所需的任何条款或条件，构成犯罪，经判决可处以不超过700个罚款单位的罚金或不超过18个月的监禁或两者兼而有之。第（2）款规定，任何人如根据本条第（1）款规定被裁定犯了罪行，而该罪行与财产有关，法院应命令将该财产没收给共和国。

第（3）款规定，个人、组织或者法人根据本法或根据本法制定的条例实施的犯罪：对于合伙企业以外的法人团体，该团体的每位董事或官员也应被视为实施了犯罪；在合伙企业中，该机构的每一合伙人或官员均应被视为实施了该项犯罪。第4款规定，任何人如证明该罪行是在该人不知情或纵容下犯的，并证明该人在顾及所有情况后，已尽了应有的谨慎及努力防止该罪行的发生，则该人不得被视为已犯第（3）款所订罪行。

尼日利亚《外汇法（监管及相关规定）》分别对自然人与法人犯罪作了规定。第29条第（1）款规定，任何人：意图在市场上骗取、伪造、破坏或毁坏任何外汇、旅行支票或其他兑换工具；或兑换外汇开展本法未规定的用途；或兑换本法规定以外的任何汇票、外汇纸币、其他外汇或交易票据；或伪造或向中央银行、市场出示任何虚假文件，以期在市场交易中使用的，依据本法，构成犯罪行为。第（2）款对不同情形的刑事处罚作了规定：个人犯罪的，处以5年监禁或涉案外汇金额5倍的罚金；法人组织犯罪的，处以涉案外汇金额10倍的罚金。第（3）款规定，依据本条规定认定的犯罪行为人的所有动产或不动产，应当予以没收交至联邦政府。第（4）款规定，依据本条规定认定授权交易商犯罪的，中央银行应当撤销对授权交易商的任命。第（5）款规定，除本条规定的任何其他处罚外，所涉外汇应当没收交至联邦政府。

第 30 条第（1）款规定，个人或单位：作为存款人，从本法规定的账户中提取外汇，并将外汇出售给尼日利亚境内或境外未授权的交易商；意图骗取、伪造、破坏或毁坏依据本法保存的存折；作为银行，将在该银行开立的住所账户的收益转换为非预期用途；作为存款人，通过银行系统以外的其他渠道兑换汇票、外汇纸币或流通票据；作为授权交易商，允许存款人违反本法第 2 条规定提取外汇或以任何方式为提取提供便利；违反本法第 21 条规定支付或接受现金，构成本法规定的犯罪。第（2）款规定，依据本条第（1）款规定，构成犯罪的，处以：个人犯罪的，处以 2 年以下监禁；入境港管理人员或银行管理人员犯罪的，处以 5 年以下监禁；法人组织犯罪的，处以涉案外汇金额 10 倍的罚金。第（3）款规定，除依据本条规定的处罚外：（a）涉案的外汇，应当予以没收交至联邦政府；（b）法人组织依据本部分规定构成犯罪的，法院可以命令该法人组织立即清算，而无须任何进一步保证，但为履行该命令，法人组织的所有资产及财产应当没收交至联邦政府；（c）授权交易商依据本部分规定构成犯罪的，除本款（b）项规定的处罚外，法院还可以建议撤销授权交易商的许可证。

第 31 条专门对法人组织犯罪作了规定：依据本法，法人组织构成犯罪的，在犯罪行为发生时担任该法人组织的业主、董事、经理、秘书或类似的其他管理人员，若声称以其职务实施的，应当视为构成犯罪，并接受本部分规定的处罚。但上述人员能够证明该犯罪行为是在未经他同意或纵容的情况下实施的，且考虑到自己的职务性质，已经尽了其应尽努力的除外。

第十章　非洲矿业法

矿产资源是一个国家社会经济发展的重要物质基础，矿产资源问题关系着一个国家能否实现可持续的长久发展。非洲因其丰富的物质资源素来被誉为“世界的原料库”，特别是其拥有种类繁多、储量巨大的一些重要矿产，这些矿产的开发对于非洲国家而言意义非凡，因此，在非洲国家现代经济的发展过程中，采矿业占据着举足轻重的地位。在许多非洲国家，如尼日利亚、南非、刚果民主共和国、加纳、安哥拉、科特迪瓦、莫桑比克、纳米比亚、坦桑尼亚、赞比亚等，采矿业已经有较长时间的实践，并且这些国家制定了强有力的法律、法规等规范性法律文件，用以规范、指导矿业活动。

矿业法或采矿法是东道国政府监管矿产开发的主要工具之一，它规定了矿产行业各攸关方的法律权利和法律义务、获得并保持矿业权的要求和程序、争端出现及裁决的选择和要求等。理想情况下，矿业法还是政府部门的规划工具，明确政府部门的管辖权，并向外部世界提供一个全面、清晰、易于使用的图则以详细说明政府的政策和法规。因此，矿业法承载着当前政府政策的信号，也是东道国利用该行业开展国际公共关系的重要工具。

在一部分非洲国家，矿业立法的主要形式是一部单独的《矿业法》，通过该法管理矿产的勘探和开采等矿业活动，如阿尔及利亚、尼日利亚、津巴布韦、乌干达、南苏丹、布隆迪。此外，也有部分非洲国家，除《矿业法》外还制定其他相关法律来共同规范矿业活动，如肯尼亚有《矿业法》《自然资源（利益分享）法》，卢旺达有《采矿和采石法》《矿产税法》，在坦桑尼亚，与矿业权制度密切相关的法律较多，除《矿业法》外，还有《采掘业（透明度和责任）法》《自然财富和资源（永久权利）法》《自然财富和资源（审查和重新谈判不合理条款）法》《成文法（杂项修订）法 2017》《成文法（杂项修订）法 2019》。在内容上，有些国家对矿产行业单独立法，有些国家将矿产行业、石油行业或采石行业合并一起立法。本章将对非洲矿业法的主要内容、非洲矿业法的评价分析等进行介绍。

第一节　矿业权的基本规定

一、矿业权的属性

在非洲国家，一般将矿业权定性为财产权。比如，肯尼亚矿业部在2016年发布的《申请许可证的规定》中对矿业权进行了详细的解释，规定矿业权是指授予持有人勘探和/或开采矿产许可的财产权，该财产权可与财产所有权分离，并在书面的许可证中予以证明。在非洲国家的实践中，对于矿业权财产权的性质，其主要关注的焦点在于矿业权与合同的权利义务有什么区别与联系？这种财产权利与土地权利有关系吗？勘探权是否完全不同于生产权？对于此项财产权，非洲国家矿业法对其规定的最明显特性就是排他性。大部分非洲国家的矿业法都明确规定了勘探许可证、采矿许可证的持有人享有在矿产许可证区域内专属的权利。

此外，对于矿业权的属性，非洲国家对矿业权制度的设计更偏重于对矿业权的行政审批与监管，在矿业权的申请、矿业权的续期、矿业权的转让等矿业权诞生与行使的各个环节，非洲国家的主管部门基本上都处于主导地位，缺少了主管部门的同意或授权，其矿业权的取得、转让都无法获得或开展，甚至在坦桑尼亚，因其秉持并深化了矿产资源为全体坦桑尼亚人民所有的观念，在坦桑尼亚《自然财富和资源（审查和重新谈判不合理条款）法》的规定下，即使矿业权人已经与主管部门签订矿产协议，但议会仍有权力对矿产协议进行审查并可撤销损害坦桑尼亚人民利益的矿产协议，矿产协议作为矿业权所依附的载体变得极不稳定，矿业权的行使受国家机关干预的可能性更大了。

二、矿业权的概念和类型

在有关的研究资料中显示，各国立法中对矿业权概念作出明确规定的并不多。最为明显的有日本和韩国两个国家，在本国的矿业法中不仅提出了矿业权的概念，还对矿业权的含义作出了清晰的规定①。而中国的现行立法，没有在法律层面上明确使用矿业权的概念，矿业权的概念是出现在前国土资源部②的规范性文件中，如最早的《矿业权出让转让管理暂行规定》，以及后来的《国土资源部关于进一步规范矿业权出让管理的通知》《矿业权交易规则（试行）》等。虽然部委的规范性文件提出了矿业权这一概念，但也并没有清晰地界定矿业权的含义，只是提出矿业权包含探矿权和采矿权。

非洲国家矿业法对矿业权的规定也有类似的地方。肯尼亚 2016 年《矿业法》第 4 条对矿业权进行了解释，指出矿业权是指勘探许可证、保留许可证、采矿许可证和小型勘探许可证、小型采矿许可证和手工采矿许可证。卢旺达 2018 年《采矿及采石法》及相关的部委规章制度中均没有使用矿业权的用法，但出现了矿产许可证的提法，第 8 条中规定，矿产许可证的类型包括依据矿业法而授予的勘探许可证、采矿许可证（小型采矿许可证、中型采矿许可证、大型采矿许可证）、矿产交易许可证、矿产加工许可证。南苏丹 2012 年《矿业法》中没有出现矿业权的用法，但在 2015 年发布的《矿业（矿业权）条例》中出现了矿业权的用法，却没有作出任何的解释③。坦桑尼亚 2010 年《矿业法》、2018 年的《矿业权条例》中均使用了矿业权④一词，但都没有对矿业权的含义作出解释。乌干达 2003 年《矿业法》、2004 年《矿业条例》使用了矿业权一词，虽然在矿业法中对矿业权这一名词作了解释⑤，但却不是关于矿业权的定义。

由以上非洲国家的规定可以看出，非洲国家主要的矿业法律并没有对矿业权作出明确的定义，但综合来看，在非洲国家，矿业权是指由国家相关主管机构授予持有人的进行勘探或开采矿产资源的权利，主要包括探矿权和采矿权。虽然非洲国家的矿业法没有对矿业权的概念作出明确规定，但有个共

---

① 李显冬：《中国矿业立法理论与实务》，中国政法大学出版社 2015 年版，第 38 页。

② 2018 年 3 月，中国进行了国务院机构改革，其中将国土资源部的职责整合，组建了中华人民共和国自然资源部。

③ 南苏丹 2015 年《矿业（矿业权）条例》第 2 条第（2）款：本条例的目的是为规范《矿业法》所规定的矿业权。

④ 坦桑尼亚 2010 年《矿业法》第 4 条：矿业权是指本法第 7 条指定的各类许可证。

⑤ 乌干达 2003 年《矿业法》第 2 条：矿业权是指勘探许可证、采矿许可证、保留许可证、采矿租约或本地许可证。

同点，就是都将矿业权与本国的矿产许可证相联系，也即取得了矿产许可证方可享有矿业权，如尼日尔《矿业法》第 13 条规定矿业权即为踏勘许可证、手工采矿许可证、勘探许可证及大小规模采矿许可证。当然，两者并不完全对应，例如肯尼亚的《矿业法》规定了踏勘许可证这一类型，但踏勘许可证却被排除在矿业权范围之外。如此看来，在非洲国家，取得矿产许可证便是享有矿业权非常重要的条件。

在非洲国家，矿产许可证基本遵循矿业权分类的两分法来对应，大致包括踏勘许可证、勘探许可证、采矿许可证、手工采矿许可证、保留许可证、本土许可证以及一些矿产品交易许可证，当然，各个国家的矿产许可证类型存在一些细微差别。如踏勘许可证，仅阿尔及利亚、肯尼亚、乌干达、南苏丹、加纳、尼日尔、尼日利亚、加蓬、南非等少部分国家规定了此种类型；采矿许可证方面，有些国家规定了大型采矿许可证、小型采矿许可证，如阿尔及利亚、肯尼亚、坦桑尼亚、卢旺达、南苏丹、赞比亚、刚果（金）等，而有些国家对采矿许可证不作大中小型的划分，如埃及、加纳、尼日利亚、南非、博茨瓦纳、津巴布韦等。

第二节　矿业权的行政管理

非洲国家矿业法一般规定由矿业部①负责矿业法的一般管理。矿业部长的职责大致包括：与企业进行矿产协议的谈判；授予、吊销、中止、延展矿业权；授予矿产出口许可证；设立必要的机构和子部门以实现矿业法内容；宣布某些矿物或矿藏为战略矿产或战略矿藏；规定处理战略矿产和战略矿藏的发现、勘探、开采、加工和出口的方式等。另外，矿业部通常下设矿务局、矿业地籍办公室、地质调查局、矿业环境保护局等，以帮助矿业部更好地开展工作。但应予以注意的是，近些年非洲国家矿业法频繁修订，这也导致了矿产行业监管机构的增减、相关职能的时常变化。例如肯尼亚负责矿业管理的是石油与矿业部，以加强该国采掘业的管理，而石油与矿业部的前身是石油部与矿业部，两个部门原本在 2016 年新成立，2018 年又进行了合

---

① 各国矿业部的名称有些许不同，如埃及为石油和矿产资源部，南苏丹为石油与矿产部，卢旺达为自然资源部，布隆迪为能源与矿产部，坦桑尼亚为能源与矿产部，乌干达为能源与矿产开发部。

并。肯尼亚2016年《矿业法》规定新设立矿业局，负责对采矿业进行日常监测，并负责监督根据许可证开展的所有采矿作业。它还主要负责处理所有许可证和租约申请，并执行采矿业的安全和环境标准。它在这方面的职能包括监督所有获得许可证的采矿作业，以确保遵守适用的法律、法规和良好的石油生产做法。肯尼亚2016年《矿业法》还设立了一个地质调查局，负责开发国家地质数据库和促进对采矿部门的兴趣。非洲国家还设立若干监督机构，监督采矿业的具体任务和职能，包括定价、本土内容开发、环境恢复和采矿生产社区基础设施更新方面的专业机构等。

矿业机构方面，根据非洲国家矿业法规定而成立的矿业机构大致有：国家矿业有限公司、矿产与金属商品交易所、矿业权委员会。国家矿业有限公司是国家政府在矿产资源方面的投资机构，公司的启动资金一般由议会划拨，其职能包括：进行矿产的勘探、开采及相关活动，代表国家政府进行投资，依约在与探测、勘探、开采相关的事业、企业或项目中获取或持有利益，收购从事矿产开采、勘探、精炼、分级、生产、切割、加工、购买、销售或营销的公司或企业的股份或权益，单独或与其他公司、企业一起，以委托代理、承包商或其他方式开展业务活动。矿产与金属商品交易所，是为促进矿产贸易交易的效率和安全而成立的交易各种矿产和矿产资源合同的期货市场，通常由矿业部长对矿产与金属商品交易所的成立和职能作出规定。矿业权委员会的职责主要是在如下方面以书面形式向矿业部长提出意见或建议：同意、拒绝、保留、更新、撤销、暂停、变更、交易、招标或转移矿业权协议；适合小规模采矿或人工采矿的区域；可能被禁止或限制采矿的区域；作为战略性矿产的公告；采矿许可证中生产的停止、暂停或削减；应为矿业权或矿产支付的费用或特许权使用费等。这三类机构的董事会基本由国家元首任命，由国家级相关行政部门的副部长担任董事会成员，任期一般为3年且可连任一期。还有些国家近些年成立了一些专业委员会，如卢旺达于2017年2月成立了矿产、石油和天然气委员会，负责执行与矿山、石油和天然气有关的国家政策、法律和战略，并向政府提供建议，还承担一些监督、协调的职责；坦桑尼亚于2015年颁布施行了《采掘业（透明度与责任）法》，根据此法成立了坦桑尼亚采掘业（透明度与责任）委员会，是一个独立的政府部门，向总统和国民议会报告。

第三节 矿业权的主体

一、成为矿业权主体的条件

关于矿业权主体的类型，有些国家规定矿业权的主体仅为法人，有些国家没有限制矿业权主体的类型，自然人、法人均可以成为矿业权的主体。而对于成为矿业权主体的条件，非洲国家的矿业法大致有两种规定方式，一种是以肯定性的条件加以约束，一种是以否定性的条件加以排除。而有个别国家的矿业法则没有对获取矿业权的主体身份作出规定，如埃及、卢旺达、安哥拉等。

前一种的方式有阿尔及利亚、肯尼亚和布隆迪等国家，其中一些国家的规定相对简单，如阿尔及利亚仅规定踏勘许可证人和勘探许可证人应是由阿尔及利亚管辖或在其原籍国正式组建并注册的受外国法律管辖的贸易公司；采矿租约和中小型矿物开发许可证人应是经在阿尔及利亚法律管辖并正式成立的贸易公司。一些国家的规定则较为详细，如肯尼亚矿业法规定，能获取矿业权的包括自然人和法人，自然人应是心智健全，年满 18 岁，具备所需的技术能力、专业知识、经验和资金且未被任何法律取消资格；法人应为公司，且在肯尼亚注册成立，未按公司法进行清盘或被法院清盘或在进行清算，公司董事应要求证明其具备所需的技术能力、专业知识、经验和资金。同时，在肯尼亚“成立”，指的是根据公司法的规定在登记的办公地点且在肯尼亚境内经营。

后一种的方式被较多国家所选择，如博茨瓦纳、加纳、南苏丹、坦桑尼亚和乌干达等。如坦桑尼亚矿业法规定，矿业权不得授予如下的自然人或法人。自然人的话，未满 18 岁；是未解除破产的破产人，其已依据任何成文法被判定或以其他方式宣告破产，或与其债权人订立协议或和解计划，或为债务人的利益而利用任何法律。法人的话，正在进行清算，除非此清算是构成持有人重组或合并计划的一部分；有管辖权的法院已就该法人团体的清盘或解散作出裁决；与债权人达成和解或安排的。此外，初级采矿许可证只能颁发给坦桑尼亚公民，或由坦桑尼亚公民组成的合伙企业，或成员、董事均为坦桑尼亚公民，在坦桑尼亚境内并由坦桑尼亚公民直接或间接控制的公司。宝石采矿许可证一般只颁发给坦桑尼亚公民。从以上规定可以看出，选取这一方式国家的矿业法对于矿业权主体的关注点在于其经济状况，自然人的话不得是破产状态，法人的话不得是被清算的状态。

二、矿业权主体的个别要求

在非洲国家，矿业权主体除了遵循以上的一般规定外，一些特殊的矿产许可证还对矿业权主体作出了进一步的要求。比如乌干达的本土许可证，此类许可证适用于小规模的勘探与开采作业，申请人若是自然人，则其只对乌干达公民发放；申请人若是法人，则乌干达公民应对机构持有 51% 以上股东利益方予以发放。再如肯尼亚和南苏丹的手工采矿许可证，也仅对其本国的公民发放。

第四节　矿业权的取得

在矿业权的初次取得方式上，与西方矿业发达国家所遵循的招标主义不同，非洲国家采用的是“申请为主，招标为辅”的原则。此外，对于已经初次从政府部门取得的矿业权，非洲国家亦对其流转作出了相应的规定。

一、矿业权的申请

对于矿业权的申请，非洲国家矿业法基本上都作出了规定，区别在于矿业法是否有对申请原则作出清晰的说明，例如肯尼亚就对申请遵循“先到先得”的原则作了明确规定，“先到先得”是指根据收到申请的先后顺序审议和批准申请的原则，因此，同一个区域上已有矿业权的，亦不再授予矿业权。此外，对于矿业权的申请，应首先征得土地权人或土地实际占有人的同意，如申请的土地涉及野生动物保护、自然环境保护、林业保护等方面问题的，还应征得相应部门负责人的同意。其他国家则是规定了矿业权应以申请的方式提出，而没有明确地指出对于申请的处理原则是什么的，比如卢旺达矿业法规定，申请人想要获得矿产许可证须向主管当局提出申请，申请的具体格式和要求由矿业部发布条例作出规定。乌干达矿业法对于矿业权的取得方式作了“人们可以依法取得在乌干达进行勘查、留置、开采和出售矿物权利”的简要说明。具体到矿产许可证的不同类别，其所对应的要求又不一样。目前，主要有五种许可证，各自的申请要求不同。

（一）踏勘许可证的申请

踏勘许可证（Prospecfing Licence）一般只允许进行浅层次挖采，如果拿走标本，需经主管部门批准。对于此类申请，非洲不同国家的规定有所差别。有些国家矿业法仅提及应以规定的格式向矿产专员提交申请，对于申请的内容以及应附加什么资料没有作进一步的规定，如乌干达。有些国家则规定申请踏勘许可证需要提交的申请及资料包括踏勘许可证涉及的地区、拟定进行踏勘作业的方案、用于踏勘作业的技术专门知识和财政资源的详细说明、申请人关于采购当地货物和服务建议的计划等。

（二）勘探许可证的申请

勘探许可证（Exploration Licence）则允许深层次的挖探，勘探手段、方法多样。对于此类申请，非洲国家一般规定除了以规定的形式提交申请外，还应附上相关的资料并提供缴纳费用的证明，至于应附上的资料主要分为三个方面，首先是关于申请人的财力和资质等情况，其次是关于申请勘探区域的详细说明和图则，最后就是关于勘探作业开展的支出计划，雇用本国公民和使用本国商品、服务的计划，环保计划。有些国家的要求很是详细、具体，不仅有对公司的要求，还有对公司董事、股东的详细要求；环保要求也更为详细，涉及对环境、纪念碑或遗址产生的重大不利影响，为减轻此影响将采取的措施及其费用估算；此外，还有对相关社区产生影响的告知等方式的安排，如南苏丹等国。

（三）采矿许可证的申请

通常情况下，采矿许可证（Mining Licence）的申请要求较为严格，一般包括三方面的资料，一是关于申请人自身的资料，包括证明申请人自身的经验和财力的资料；二是矿产资源的说明以及采矿的可行性报告资料；三是社区发展计划、本土就业和商品服务采购计划等。一些国家的采矿许可证分为大型、小型的，其要求相应有所区别，如肯尼亚、坦桑尼亚和乌干达等国家，一些国家即使也分大型、小型采矿许可证，但规定较为简略，如卢旺达、布隆迪等国家。

相比较之下，要求最为详细具体的要数南苏丹。南苏丹 2012 年《矿业法》将采矿许可证分为小型采矿许可证、大型采矿许可证。小型采矿许可证的区域面积不超过一平方公里（根据规定的地籍网格系统进行调整）①，大型采矿许可证的区域面积不得超过覆盖地面和（或）地下采矿作业和加工作业合理要求的拟议采矿区域，区域面积最大不超过235个CU（约50平方公里）和最少不小于五个地籍单元，地籍单元由一个由整个地籍单元组成的连续多边形组成。② 小型采矿许可证申请应按规定的形式和方式提交给矿业地籍办公室，并附上如下资料：如申请人是公司，须载有公司的注册名称及注册地，公司注册证书及其组织章程大纲及章程细则的核证副本，其董事的姓名及国籍及每名已发行股本10%或以上股份的实益拥有人的姓名；证明申请人及其董事符合《矿业法》第7条第（2）款规定的资格要求；载有申请人在南苏丹和其他地方的勘探作业和采矿作业的简介和历史；确定负责监督采矿作业的矿井经理人的姓名和资格；附一份所申请许可证拟定小型采矿区域的以规定方式绘制并显示经要求的详情的图则；附一份列明申请人可用的技术及财政资源详细情况的书面文件，以及申请前一年的经审计账目的核证副本；附一份载明规定资料的商业计划书；述明所申请的期限不超过10年；详细说明开展小型采矿作业可能对拟定采矿区域内的环境、纪念碑或遗址可能产生的重大不利影响，减轻影响将采取的措施及其费用估算；提供一份如何在持续的基础上向地方政府、传统当局和社区告知其在其所管辖范围的区域内或附近进行采矿作业的情况的说明；说明规定的其他事宜；和可以列明申请人希望部长予以考虑的其他事项。大型采矿许可证的申请应按规定的形式和方式提交给矿业地籍办公室，并须符合以下条件：如申请人是公司，须载有公司的注册名称及注册地，公司注册证书及其组织章程大纲及章程细则的核证副本，其董事的姓名及国籍及每名已发行股本10%或以上股份的实益拥有人的姓名；证明申请人及其董事符合矿业法第7条第（2）款规定的资格要求；载有申请人在南苏丹和其他地方的勘探作业和采矿作业的简介和历史；确定负责监督采矿作业的矿井经理人的姓名和资格；附一份所申请许可证拟定小大型采矿区域的以规定方式绘制并显示经要求的详情的图则；附一份列明申请人可用的技术及财政资源详细情况的书面文件，以及申请前一年的经审计帐目的核证副本；附一份载明可行性研究及规定资料的商业计划书；述明所申请的期限不超过25年；详细说明开展大型采矿作业

① 南苏丹2012年《矿业法》第59条。
② 南苏丹2012年《矿业条例》第43条。

可能对拟定采矿区域内的环境、纪念碑或遗址产生的重大不利影响，为减轻此影响将采取的措施及其费用估算；提供一份如何在持续的基础上向地方政府、传统当局和社区告知其在其所管辖范围的区域内或附近进行采矿作业的情况的说明；附具体说明申请人计划雇用南苏丹国民或与南苏丹国民签约的书面文件；说明规定的其他事宜；以及可以列明申请人希望部长予以考虑的其他事项。

（四）保留许可证的申请

博茨瓦纳、南非、津巴布韦、肯尼亚、南苏丹、坦桑尼亚、乌干达等国对保留许可证（Retention Licence）的规定较为一致，主要应提交如下资料：申请所涉及的矿物或矿藏；由独立专家所作的关于以下方面的研究和评估：开采的前景，矿藏的商业意义，导致不能立即开发矿藏的不利市场条件、经济因素、技术限制或其他因素；申请所涉及的区域；在许可证下开展拟定勘探作业的详情；由于相关不利的市场条件、经济因素、技术限制或其他因素导致不能够开发矿物时，申请人关于开发矿物可用的经验和财政资源的细节。

（五）手工采矿许可证的申请

尼日尔、刚果（金）、赞比亚、肯尼亚、南苏丹等为数不多的国家对手工采矿许可证（Artisand Mining Licence）作出了规定。一般情况下，手工采矿是指使用传统或习惯方式和手段而进行的传统和习惯采矿作业，手工采矿许可证仅颁发给已成年的本国公民，并且在同一块土地上已授予其他矿业权许可证的不再授予手工采矿许可证。手工采矿许可证的申请较为简单，通常包括申请人的姓名、国籍和住址；申请许可证涉及的矿产；想要申请许可证的区域描述；已经得土地所有人的同意，且该土地未被指定为手工采矿或小型采矿区域。

二、矿业权的招标

矿业权的招标，在非洲国家是作为矿业权申请的例外，刚果（金）、赞比亚、肯尼亚、卢旺达和坦桑尼亚等为数不多的非洲国家矿业法作出了规定，其中肯尼亚还专门制定了《矿业（通过招标授予矿业权）条例》对可以指定投标的区域、投标的程序、评标的程序作了详细的规定。通常情况下，非洲国家矿业权的招标往往针对指定区域的大型作业、潜在的矿区或者涉及公共利益的矿区而进行，投标的程序与其他政府项目的投标大体一致。指定的区域一般是指具有很高的矿产勘探潜力或存在具有经济意义矿床的区域，并且按授予采矿权的先到先得原则，实现国家利益的最大化，此时矿业部长可根据相关委员会的建议将此区域指定为矿业权的招标区域。潜在的矿区，通常是指可予以经济开采的、特定的、已测量好的矿产资源的一部分。另外应注意的是，如果公开招标未能收到投标，或者投标均不符合标准，矿业部长可在矿业权委员会的建议下与相关企业进行直接谈判，并最终授予矿业权。

相比较而言，刚果（金）、肯尼亚在矿业权招标方面的规定最为详细、具体，卢旺达和坦桑尼亚在这方面的规定则存在明显的区别，卢旺达的招标针对的是潜在的矿区，而坦桑尼亚则是以公众利益为出发点，对矿区的潜在价值没有作太多的要求。

第五节　矿业权的内容

一、矿业权人的权利

矿业权人的权利，是指矿业权人根据法律规定为实现自己的矿业权及相关权益的可依法行使并受法律保护的权利。在非洲国家，矿业法根据不同的矿产许可证类别对矿业权人的权利作出了不同的规定。值得注意的是，手工采矿许可证虽然在非洲一些国家矿业法中是矿产许可证的一种类型，但其矿业法往往并没有对手工采矿许可证持有人的权利作出规定。

（一）踏勘许可证持有人的权利

一般而言，踏勘许可证持有人的权利规定有两方面，一是踏勘许可证持有人权利的非排他性，规定踏勘许可证持有人享有的是非专属性权利；二是按规踏勘的权利，包括进入踏勘许可证区域，建立设备、营地、厂房等，以及带走限制数额的矿物样品。大致包括：进入或飞越踏勘区进行经批准的踏勘作业；在不超过踏勘所需合理限度的范围内，从踏勘区内采集和带走样品和样本；从湖泊或水道中采集木材和水用于踏勘作业；建立实施踏勘作业所必需的设备、厂房和建筑物；以及在踏勘行动结束时或之前，移走许可证持有人可能在许可证区域内竖立的任何营地、临时建筑物或装置。

（二）勘探许可证持有人的权利

勘探许可证持有人的权利一般包括两个方面，一是按规定进行勘探的专属性或排他性权利，包括进入许可证区域，建立必要的设备、厂房等，二是就勘探区域优先申请采矿许可证的权利。有些非洲国家的矿业法仅规定了前一方面的权利，如肯尼亚、南苏丹、乌干达等国家的矿业法规定，勘探许可证持有人在其许可的区域内进行勘探作业享有排他性的权利，具体包括：划定许可证范围内的区域；进入许可证所指明的土地范围，并在土地表面或其下面采取一切合理措施以进行探矿作业；建立必要的设备、厂房和建筑物以进行勘探作业。有些国家则两方面的权利都有作出规定，如加纳、卢旺达规定了就勘探区域的申请采矿许可证优先权，坦桑尼亚规定了宝石勘探许可证的可处理宝石权。

（三）采矿许可证持有人的权利

一般而言，采矿许可证持有人的权利规定包括三个方面，一是权利的排他性，规定采矿许可证持有人的专属性权利；二是合规的开采作业，包括进入许可证范围内的采矿区域，建立厂房、设备，倾倒、堆放矿物等；三是开采矿物的处理，包括运输、加工、精炼、销售等。如南非矿业法规定，采矿许可证持有人就许可证所指明的矿物或矿藏享有进行采矿作业的专有权利，包括：进入许可证所指明的区域范围，并在该土地表面上或地下采取一切合理措施以进行采矿作业；建立挖掘特定矿物所需的设备、厂房和建筑物，以及运输、修整或处理如此回收的矿物；支付所需的费用和特许权使用费后，可处置回收的矿石。

（四）保留许可证持有人的权利

非洲国家矿业法一般规定，保留许可证持有人享有如下专有权利：在保留区域内进行勘探作业，并就保留区域的全部或部分申请采矿许可证。同时，保留许可证持有人在行使前面的权利时，还可以：划定属于该许可证范围内的范围；进入该许可证所指明的土地范围，并在该土地表面或地下采取一切合理措施进行勘探作业；并建立进行勘探作业所需的设备、厂房和建筑物。

二、矿业权人的义务

矿业权人的义务，是指为保证矿业权的恰当行使而依据法律规定，加诸于矿业权人的法律负担。矿业权人的义务，不仅关系到矿业权的恰当行使，也关系到矿业事务的恰当管理，因此，非洲国家矿业法通常都根据矿产许可证的类型对此作了较为明确、完整的规定。

（一）踏勘许可证持有人的义务

一般而言，踏勘许可证持有人的义务涉及四个方面，一是踏勘作业的按规进行，如时间、使用的技术、使用技术的方式、区域等规定；二是报告义务，包括踏勘作业的持续报告，和发现矿物的报告；三是禁止义务，禁止进入踏勘区域以外的地区，禁止将踏勘作业所得的矿物处理或带离所在国；四是善后的义务，须将进行踏勘作业时树立的仪器、设备等在规定时间内移除出许可证所涵盖的区域。如乌干达矿业法规定踏勘许可证持有人的义务有：依据其许可证开展踏勘作业；按季度或在其他规定时间向专员提交地质报告、财务报告及其他规定资料；发现矿产向专员报告；在许可证有效期届满之时或之前，拆除其搭建的营地、临时建筑物或装置，并还原或修复造成的地表破坏，直至专员满意为止。[①] 此外，在根据踏勘许可证进行踏勘的过程中取得的矿物，是为政府的财产，除为取样、化验、分析或其他检验而需要的合理数量外，未经矿产专员书面同意，不得由许可证持有人或其他人处置。若踏勘许可证持有人意欲保留或处置在踏勘过程中取得的矿物，其应向矿产专员提出书面申请，说明相关矿物的种类及数量，以及取得该矿物的土地的情况；若矿产专员相信申请人有合理的需要去测试所踏勘土地的含矿质，专员可书面授权申请人保留此矿物；或者，专员可授权申请人在缴纳规定的特许权使用费后处置此矿物。

（二）勘探许可证持有人的义务

勘探许可证持有人的义务通常包括两个方面，一是勘探作业合规的义务，包括作业开始的时间、方式、环境保护的要求等；二是报告义务，包括矿物、考古等发现的报告以及日常作业的记录按时报告。也有些非洲国家的矿业法除了规定以上两方面的义务外，还规定了善后义务，要求勘探许可证持有人应将勘探区域内的设备、仪器等移处以及恢复当地的地表状态。如卢旺达矿业法规定，勘探许可证持有人应在勘探许可证颁发之日起 90 日内开始勘探作业；每 6 个月向主管当局提交一份按已批准的矿产勘探计划进行的

① 乌干达《矿业法》第 24 条。

勘探作业的进度报告；按许可证附带的条款和条件培训员工；在发现勘探许可证范围外的矿床时立即通知主管当局；在持有人于卢旺达的地址保存勘探作业记录，记录应包含以下内容：钻孔、穿透的地层并作这些地层的详细记录，发现的矿产、地质化学和地质物理分析的所有结果；从勘探区收集的矿物的鉴定和分析结果，第一项和第五项的地质解释；按经批准的矿产勘探年度计划进行的支出详情；每年不迟于许可证颁发之日后的90日，向主管当局提交经审计的拟定勘探作业支出报表；持有人对经批准的矿产勘探计划如有修改，应通知主管机关，主管机关应自收到修改方案之日起60日内核准或否决该方案；发现历史物品或任何其他重要物品时，在30日内通知并向有关机关提交该物品；在许可证到期或终止后90日内移除临时建筑物或其他设施；回填在勘探作业过程中导致的钻孔和挖掘，或以其他方式确保其安全。①

（三）采矿许可证持有人的义务

采矿许可证持有人的义务通常包括两个方面，一是采矿合规义务，包括采矿作业开始的时间、环境保护要求的遵守、社区发展协议的签订等；二是报告记录的义务，包括日常采矿作业应保持记录并按期上报，发现许可证外的矿物上报等。非洲国家矿业法对采矿许可证持有人义务的规定不存在根本性的差异，细微差别在于环境保护要求的严格程度以及是否要求签订社区发展协议、本土就业和商品服务采购协议。而对于社区发展协议和本土就业和商品服务采购要求，大部分非洲国家矿业法都作出了相应规定。如乌干达矿业法规定，乌干达采矿租约持有人的义务有：根据已核准的开发和采矿作业计划及其租约的条款和条件，开发和开采其租约所涵盖的矿床；在开发和采矿作业计划中确定的生产日期当天或之前开始生产；以规定的方式划定和保持矿区的范围；在乌干达保存一个地址，并在矿产专员处注册，所有通信和通知将寄往此处；每月应向专员提交有关采矿作业的全面准确记录，其中包括：所有地图、地质报告的副本，地质报告应该包括解释、样品分析、航空照片、岩芯、日志和测试，以及此类采矿租约持有人获得和汇编的所有其他数据；系统的财务报表及矿产专员要求的其他账簿，如持有人从事与其在采矿租约内的作业无关的任何活动，则其须就其采矿租约下的作业分别备存账

① 卢旺达《矿业法》第24条。

簿。此外，矿产租约持有人如果出现减产、停产等情况，应在 14 天内通知矿产专员并征得同意批准方可进行。

（四）保留许可证持有人的义务

非洲国家对保留许可证持有人义务规定详略不一，其义务大致包括：以规定的方式确定许可证区域；回填在勘探作业中导致的挖掘，或以其他规定的方式、以矿业部长指定的方式让勘探作业中作出的挖掘能恢复安全；永久保护，或以规定的方式或按照矿业部长的其他指示确保勘探作业期间的井眼安全；遵守环境恢复和遗产计划的条款和条件；移走在许可证规定的范围内为勘探作业而建立的设备、厂房或建筑物；对矿业部长可能合理需要的有关矿床的商业开采前景进行研究和评估；并遵守许可证的条件或现有的、可适用的矿产协议，以及矿业部长或授权官员根据矿业法发出的指示。此外，保留许可证持有人还应按许可证所要求的方式，保存勘探作业完整、准确的记录并向相关部门报告。

（五）手工采矿许可证持有人的义务

一般而言，手工采矿许可证持有人的义务包括：对有关的手工采矿许可证所规定的用地施加限制；确保每月现场总产量和矿砂和材料的每日产量不超过规定的相应限制；确保所有矿石和材料的重量或体积经过适当测量并以书面记录；建立和保持充分和准确的账簿和记录并随时提供，以供有关当局查阅；在规定的时间内应向有关当局提交该历年的年度报告；说明在许可证所涵盖的每个场地进行的手工采矿活动，包括现场开采的每个矿物的单个和总量生产水平；评价采矿对每个矿场的环境影响；所有已支付或已发生的成本以及与手工采矿场的运营有关的收入或应计收入的说明。

三、矿业权的期限

踏勘许可证方面，期限较短，通常为 1 年或 2 年且不可续期。

勘探许可证方面，期限一般不超过 5 年，续期的次数一般不超过两次，并且续期时会附加其他条件，如减少勘探许可区域的面积等。

采矿许可证方面，一般以年限或矿山的寿命来作规定，非洲国家在采矿许可证的具体期限规定方面存在较大差别。如坦桑尼亚矿业法规定，特别采矿许可证的期限为可行性研究报告中所述的矿体的估计寿命，或申请人要求的期限，两者以较短者为准。特别采矿许可证持有人可在许可证到期前 1 年内的任何时间，向部长申请续期其全部或部分采矿区域的许可证，续期的期限不超过矿体剩余的估计寿命。采矿许可证的期限最长为10年，许可证持有人可在许可证到期日之前6个月内向部长申请续期许可证，续期申请应当采用规定的格式，并附有税务机关就续期期间的作业出具的规定费用和税费的清缴证明，续期的期限不超过10年。初级采矿许可证的期限为7年，许可证持有人可在许可证到期前3个月内，向区域矿务官员申请续期许可证。

保留许可证方面，一般期限在5年左右，还可能根据保留许可证发放的前提而有所区别。如南苏丹矿业法规定，保留许可证如是根据勘探许可证颁发给持有人的，其许可证期限从勘探许可证到期起最长期限为5年；保留许可证如是根据采矿许可证颁发给持有人的，则其许可证期限从勘探许可证到期之日起最长期限为6年。但不论是哪一种情况颁发的保留许可证，其期限都不可延长。

手工采矿许可证方面，有些国家矿业法规定了期限并规定只可续期一次，如肯尼亚；有些国家没有规定期限，但规定每年必须更新一次，如南苏丹。

表1　非洲部分国家的矿业权类型及其期限

国家	踏勘许可证	勘探许可证	采矿许可证	保留许可证	手工采矿许可证或小规模采矿许可证
埃及	/	2年，可续期一次	15年	/	/
阿尔及利亚	用于研究，一年	3年，可续期两次	30年，可根据可开采储量多次续期。此外还有中小型矿业公司采矿许可证，期限最长10年	/	/
肯尼亚	2年，不可续期	不超过3年，续期不超过两次，每次最长不超过3年	不超过25年或者矿山的预测寿命，两者以较短者为准	不超过2年，续期不超过2年	3年，可续期一次

续表

国家	踏勘许可证	勘探许可证	采矿许可证	保留许可证	手工采矿许可证或小规模采矿许可证
坦桑尼亚	/	不超过4年，可续期一次，续期不超过3年	特别采矿许可证的期限为可行性研究报告中所述的矿体的估计寿命或申请人要求的期限，以较短者为准。采矿许可证的初始期限不超过10年，可续期，每次续期不超过十年	/	初级采矿许可证，期限七年，可续期
乌干达	1年	不超过3年，可续期，不超过2年	采矿租约，不超过21年或拟开采矿体的预计寿命，以较短者为准。可续期，不超过15年	不超过3年，可续期一次，不超过2年	/
卢旺达	/	不超过4年，可续期一次，不超过4年	不超过15年，可续期多次，每次不超过15年	/	/
南苏丹	不超过2年，不可续期	5年，可续期两次，每次不超过5年	小型采矿许可证，不超过10年，可续期一次，不超过10年。大型采矿许可证，不超过25年，可续期多次，每次不超过20年	以勘探许可证为基础申请，期限为5年；以采矿许可证为基础申请，期限为6年。不可续期	没有期限，须每年更新

续表

国家	踏勘许可证	勘探许可证	采矿许可证	保留许可证	手工采矿许可证或小规模采矿许可证
加纳	不超过12个月，可续期一次，不超过12个月	不超过3年，可续期一次，不超过3年	30年，可续期一次，不超过30年	/	/
尼日尔	1年，可续期1年	3年，可续期两次，每次3年	大型采矿：20年，可续期两次，每次10年。小型采矿：5年，可续期三次，每次5年	/	2年，可多次续期
尼日利亚	1年，每年更新一次	3年，可续期两次，每次2年	25年，每24年更新一次	/	未规定期限
加蓬	2年或更长，不可续期	2年，可续期一次	开采矿产许可证：10年，可多次续期，每次不超过5年。开采矿产特许权：25年，可续期，每次不超过10年	/	/
刚果（金）	/	5年，可续期一次	采矿许可证不超过25年，可续期，每次不超过15年。尾矿采矿许可证有效期为5年，可以多次续延，最长延长期限为5年。小型采矿许可证5年，可按照相同期限续期一次	/	1年，可按照相同期限无限续期

续表

国家	踏勘许可证	勘探许可证	采矿许可证	保留许可证	手工采矿许可证或小规模采矿许可证
南非	1 年，不可续期	5 年，可续期一次，续期不超过 3 年	30 年，可续期，每次不超过 30 年	不超过 3 年，可续期一次，不超过 2 年	/
博茨瓦纳	/	3 年，可续期两次，每次不超过 2 年	25 年，可续期不超过 25 年	3 年，可续期一次，不超过 3 年	/
赞比亚	/	4 年，可续期两次，续期每次不超过 3 年，总期限不超过 10 年	小规模采矿许可证 10 年，大规模采矿许可证 25 年。未规定是否可续期	/	2 年，未规定是否可续期
津巴布韦	/	2 年，可续期一次，期限为 5 年	特别采矿租约，25 年，部长可根据根据总统批准续期，不超过 10 年	3 年，可根据委员会的建议多次续期，每次不超过 3 年	/

第六节　矿业权的变更、暂停、撤销及放弃

一、矿业权的变更

在非洲国家，矿业权的主体或股份权益的变更事项，应按规定得到主管部门的许可批准，否则不产生法律效力。如肯尼亚矿业法规定，矿业权的分配、转让、抵押或交易均应报请矿业部长的同意，当然，在没有正当理由的

情况下，矿业部长不得拒绝同意矿业权的分配、转让、抵押或交易，并应在收到变更申请之日起的30天内作出决定。

而对于转让，一般都规定转让包括转让全部或部分的股份权益，区别在于是否转让部分的股份权益都需经得主管部门的许可同意。在此方面，非洲国家的规定有所区别。肯尼亚是规定矿业公司将发生所有权或控制权的单一权益超过许可证权益的25%的重大变更才需要矿业部长的许可同意；而卢旺达是不论转让全部还是部分，均须以书面形式申请主管当局的授权。坦桑尼亚又有所不同，特别采矿许可证、采矿许可证不论转让比例多少都应经得当局的书面同意，初级采矿许可证则不受此限制。乌干达则规定踏勘许可证不能转让，其他矿业权的转让须获得矿产专员的批准。

二、矿业权的暂停

矿业权的暂停是指暂时停止矿业权的相关权益及其行使运作。南非、埃及、赞比亚、加蓬、安哥拉、肯尼亚、卢旺达和坦桑尼亚等少数国家对此作出了规定。引起暂停矿业权的原因大致为未能遵守矿业权的义务规定，各国的具体规定有所差别。坦桑尼亚的暂停矿业权仅限于矿业权人未能遵守矿业法加诸的义务，不存在别的附加，而在肯尼亚，除未能遵守矿业权的相关义务外，犯有矿业法规定的犯罪行为、被发现在申请矿业权或申请矿业权续期时作出不实陈述、被判定破产或公司宣告破产都可能被暂停矿业权；在卢旺达，未能支付该付的款项，拒绝主管官员或主管当局进入矿产勘探、开采、贸易和加工或采石场作业区域，未能遵守矿产勘探、加工、开采和贸易以及采石场运营中的健康和安全标准；未能为员工提供保险；未能按照法律向员工支付费用；未能为矿产勘探、加工、开采和贸易以及采石场作业的员工提供所需的保护设备都可能被暂停矿业权。此外，主管当局在作出暂停矿业权的决定时通常会给予矿业权人一定的完善履责时间。

埃及的规定又有所不同，除了主管当局对矿业权人作出暂停矿业权的决定，埃及矿业法还规定矿业权人可以因主管当局认为可接受的技术原因而请求暂停其矿业权，请求中应包含暂停的期限和后果。

三、矿业权的撤销

矿业权的撤销通常源于矿业权人的严重违规、违法行为。如卢旺达的撤销事由包括如下：未能在截止日期到来前开始勘探或采矿作业；未能开展最低限度的工作或未能履行最低支出义务；以非公平价格出售矿物；未依照卢旺达矿业法规定的采矿许可证的内容；未能遵守暂停许可证的补救规定，未能遵照法律规定而转让矿业权。但应注意的是，大部分非洲国家矿业权撤销的决定是由矿业主管部门作出的，有少部分国家矿业权撤销的决定是由有司法管辖权的法院作出的，比如南苏丹。

四、矿业权的放弃

按照少部分非洲国家矿业法的规定，对放弃矿业权通常要求不多，如肯尼亚矿业法规定，矿业权人可提出放弃全部或部分区域的矿业权，且矿业权人无需说明理由，仅需详细说明放弃的区域即可；刚果（金）矿业法规定采矿许可证持有人、小型采矿许可证持有人、尾矿开采许可证持有人可以通过向矿业部长递交声明，随时全部或部分放弃其在许可证允许采矿的区域。

第七节　矿业权的财务规定

非洲国家矿业法一般均规定，从事矿业活动的矿业权持有人应相关法律规定缴纳相应的税、费。通常情况下，需要缴纳的费用一般有：向中央或地方缴纳的各种税目、矿业权年费、特许权使用费等。

一、税

矿业权人需要缴纳的税目通常按管理机构的级别分为中央税和地方税，总体而言包括：企业所得税、行业税、动产资本收益或动产税、外派员工酬薪特别税、进口税、国内消费税、抵押许可及登记比例税、出让许可及登记比例税、年度及表面积税、股权及股份出让比例税、增值税、临时爆破许可税、样品出口税、安装税和年度环境补偿税、森林砍伐税、外籍人员工作证授予税、爆炸物存放特许资质税、挖掘机登记税、爆破特许资质税、土地税、车辆税、租金所得税、道路交通特别税、矿权转让面积税等。

二、矿业权年费

矿业权年费是指矿业权持有人向非洲国家相关部门（矿业部或者矿业权委员会等）缴纳的矿业权年度费用。此年费通常按矿产许可证的类别及其所批准的面积来征收，如博茨瓦纳矿业法规定勘探许可证的年费为每平方公里5普拉；保留许可证第一年的年费为每平方公里5000普拉，第二年及以上按每平方公里5000普拉逐年递增；开采许可证或矿物加工许可证的年费为每平方公里100普拉。缴纳的矿业权年费将按一定比例分配给中央和地方部门，如埃及矿业法规定矿业权年费的25%分配给各省、75%归国库所有。

三、特许权使用费

特许权使用费是指矿业权人向国家缴纳的在规定期限内经特别许可而使用矿产资源的费用，所缴纳的特许权使用费通常情况下70%归属中央政府、20%归属县级政府、10%归属当地社区，具体留存比例各国稍有不同。

特许权使用费的计算标准通常为获得矿产总收入或者总销售额或者总价值的一定比例，如加纳对矿业权持有人征收的特许权使用费为获得矿物总收入的3%至6%，赞比亚征收的矿产税为矿产总价值的5%至6%。特许权使用费的征收比例也因矿产资源的种类不同、级别不同也有所不同，比如，在博茨瓦纳，特许权使用费按照不同矿产的市场价值百分比收取，宝石类10%，贵金属类5%，其余类别3%。在肯尼亚稀土、铌和钛被列为贵重矿物，按总销售额的10%收取特许权使用费率；煤炭、黄金的特许权使用费率分别为总销售额的8%、5%；金和铜的特许权使用费率为10%；钻石的特许权使用费率为12%。布隆迪2013年《矿业法》规定以总市场价值为单位，基本金属按3%、贵金属按2%、宝石按2%、其他矿物质按1.5%征收特许权使用费。南苏丹2012年矿业法规定以总市场价值为单位，铀按2%，宝石按3.3%，金按6%，煤按9%，铜、铬和其他矿产资源按10%征收特许权使用费。坦桑尼亚2010年矿业法规定以矿物总价值为单位，征收特许权使用费的比率为：铀为5%，宝石和钻石为5%，金属矿物如铜、金、银和铂族矿物为4%，其他矿物包括建筑材料、盐、工业矿物组中的所有矿物为3%。

四、其他费用

通常情况下，非洲国家矿业法规定，自然人或法人申请签发、续签、扩展、延期、变更、转让、转租、合并或分割矿产许可证等，均应按相关法律规定缴纳规定的费用。此外，有些非洲国家矿业法还规定了场地恢复准备金、矿业发展基金等需要缴纳的费用名目。

以上的税、费均须按时足额缴纳，若矿业权人未缴纳规定的费用，相关部门将向矿业权人发出通知，要求其规定时间内（如30天内）将未缴纳的费用重新缴纳。若矿业权人未在通知中规定的时间内缴纳费用，该部门将对此情况予以记录，矿业部长可据此暂停相应的许可证，同时禁止其从有关矿区进行矿物质、矿产品的交易，若矿业权人在规定的更长时间内仍未缴纳相关税、费，矿业部长可根据情况吊销许可证。当然，矿业权人亦可向矿业部长申请相关税、费的减免或暂时中止。

第十一章　非洲破产法

破产是市场经济发展到特定阶段发生的法律现象。为规范破产程序，保护债务关系，化解债权债务矛盾，保障社会公平，促进社会和谐发展，作为市场经济社会法律体系重要组成部分的破产法顺“势”而生。

非洲国家的破产法深受英国、美国、法国等西方国家法律思想、原则及破产相关法律文本的影响，整体呈现出起步晚、体系化程度较低、一体化趋势明显等特点。世界银行每年综合各国开办企业、办理施工许可证、获得电力、登记财产、获得信贷、保护少数投资者、纳税、跨境贸易、执行合同和办理破产 10 个领域，对 190 个经济体的营商环境便利度进行打分和排名。最新数据显示，与拉丁美洲及加勒比海地区、南亚、东亚及太平洋地区、欧洲和中亚地区的国家相比，非洲各项数据指标偏低落后。以撒哈拉以南非洲为例，其债权回收率仅达 20. 5%，破产时限为 2. 9 年，破产成本为资产总价值的 22. 8%。

但这并不代表非洲国家尚未形成破产法。非洲国家基于其得天独厚的资源优势，日益成为外国投资者的聚集地。为使投资更为便捷、安全、高效，非洲国家政府极为重视商事法领域的改革，非洲商法协调组织也正是在这样的大背景下成立的。破产法作为为投资者排解后顾之忧的法律，在非洲国家民商法变革中成为被重点关注的对象。也就是说，非洲国家破产法完善、发展空间极大。近年来，“企业拯救”成了非洲国家进行破产法改革的重点。改革涵盖资产接管、债务重整与妥协、重整计划、破产从业人员监管、管理程序、公司资源安排（CVA）、快速清算程序等内容。

第一节　非洲破产法概述

一、非洲破产法概念

对于破产的法律概念，各国立法规定并无本质区别，表述上的差异主要是对破产在法律制度上作广义还是狭义的理解。[①] 我国《法学大辞典》对“破产”的定义为：“债务人不能清偿到期债务或负债超过资产时，由法院强制执行其全部财产，公平清偿全体债权人，或者在法院主持下，由债务人与债权人会议达成和解协议，避免倒闭清算的法律制度”[②]；《元照英美法词典》将“破产”解释为：“个人、合伙、公司或市政法人等无力偿还到期债务的状况”[③]；《南非贝尔法律词典》中则将破产这一概念阐释为：“无法偿还或支付某人的债务”。

以非洲国家官方语言为划分依据，英语非洲国家多将广义的“破产”概念表述为 Insolvency，而将狭义的“破产”，即破产清算程序表述为 Bankruptcy、Liquidation 等，如赞比亚的《公司破产法》、加纳《公司破产和重组法》、埃及《重组、预防性和解与破产规制法》；法语非洲国家则多表述为 Faillite、Banqueroute、Procédure collective 等，如阿尔及利亚《商法典》的第三卷《破产与破产管理、再生与破产相关犯罪》、马达加斯加《债务清偿集体程序法》、非洲商法协调组织《债务清偿集体程序（破产）统一法》；葡语非洲国家多讲“破产”这一概念表述为 Insolvência，如安哥拉的《关于公司恢复运营和破产法律制度的法律》、佛得角《佛得角恢复公司运营和破产法》、莫桑比克《商业企业破产重整法》。

非洲国家破产法深受欧美等西方国家破产法律理念、制度的影响。从内容和制度设计上来看，非洲国家的破产法整体上由破产清算制度与挽救债务人的和解、重整等制度两部分构成。马达加斯加《债务清偿集体程序法》中对预防性和解、司法重组、资产清算三大程序进行了明确的规定，其中预防性和解程序旨在避免陷入困境但尚未停止支付的公司

① 王欣新：《破产法》（第四版），中国人民大学出版社 2019 年版，第 2 页。

② 邹瑜，顾明：《法学大辞典》，中国政法大学出版社 1991 年版，1295 页。

③ 薛波：《元照英美法词典》，法律出版社 2003 年版，第 132 页。

停止支付或停止经营。该非诉程序要求各方当事人同意，目标为就债务清偿达成协议，并中止个人诉讼；司法重组程序和资产清算程序则旨在补救停止支付的行为。

二、立法体例

关于破产法的立法体例，各非洲国家采取的形式不一。整体上来看，非洲国家破产相关立法的模式主要分为两大类型。

一是将破产法进行单独立法。非洲国家大多采取的是这一立法体例。如马拉维的《破产法》，以 355 条的总篇幅对基本规定、实施体制、公司重组、破产管理人、公司清算、清算一般规则、其他替代方案、针对债务人的条款、破产执业者及其资质、跨境破产等内容进行了阐释；莫桑比克《商业企业破产重整法》则是以 179 条的总篇幅，对一般性规定、破产和司法重整的共同规定、司法重整、重整转破产、破产、诉讼外重组、刑事条款和刑事诉讼程序、最终和过渡性条款进行了阐述。

二是将破产法作为单独的一卷、一章或一节列入民法典、民事诉讼法典、商法典或公司法之中。例如，阿尔及利亚将破产相关规定整合成了《商法典》的第三卷——《破产、恢复型破产管理及破产相关犯罪法》；埃塞俄比亚将破产相关规定纳入其《商法典》第五卷“破产和重组计划”中。由于破产事务较为繁杂，仍有部分非洲国家通过混合立法的形式对破产事务进行规制。最为典型的便是埃及，其破产相关事务同时受《第 11/2018 号重组、预防性和解和破产法》以及埃及《民法典》的规制。除此之外，南非破产方面的大部分事项主要受 1936 年《破产法》的调整，该法对债务人财产的没收及相关事项作了规定，主要涉及个人破产，而有关公司破产的法律规定主要包含在南非《公司法》中。

三、主体适用范围

破产法适用于哪些主体，即对人的适用范围问题，体现为各国破产法中对债务人破产能力的规定。[①] 这里的破产能力，主要是指债务人能够适用破产程序解决债务清偿问题的资格，也就是民事主体可以被宣告破产的资格。

非洲国家的破产法大多适用于自然人以及私法法人，破产法律文本多以

---

① 王欣新：《破产法》（第四版），中国人民大学出版社 2019 年版，第 25 页。

列举的方式指明或排除破产法适用的对象，部分国家将金融服务机构的破产事务规定在其他的法律当中。莫桑比克《商业企业破产与重整法》调整的对象主要包括社团和财团、民事合伙、合作社、自然人。但是不包括公共资本控股的上市公司或公共资本完全拥有的公司、信贷机构和公私金融公司、养老金实体、医疗保健计划运营公司、保险公司、资本化公司和其他在法律上等同于上述实体的公司，这些特殊企业适用各自的具体法律。

马拉维《破产法》适用于个人、合伙、独资公司、公司，不适用于2010年《金融服务机构法》规定的金融服务机构。但在特定情况下，马拉维《破产法》适用于金融服务机构。

马达加斯加《债务清偿集体程序法》中的预防性和解程序适用于所有经济与财政处于困境中，但尚有挽救可能的自然人、商事法人、私法规制的非商事法人、私法规制的具有法人资格的公共企业，无论其债务性质如何；司法重整程序和资产清算程序适用于所有停止支付的自然人、商事法人、私法规制的非商事法人和私法规制的具有法人资格的公共企业。总结来说，只有具有商人身份的自然人才受制于集体程序。所有私法规制的法人，无论是否营利，都适用集体程序，其中包括私法法人形式的、已登记注册的公共企业。

埃塞俄比亚《商法典》第968条第（1）款明确了破产法适用范围，包括《商法典》第5条所指的商户①和第10条除联合企业以外的商业组织②。第5条所列出的商户中并未包括医学、法律、建筑和教育等传统职业，也没有会计、顾问、建筑、设计、时尚、计算机编程和商业性质的办公室管理服务等新兴行业，也就是说在埃塞，专职开展这些活动以牟利的人员不被视为商户。另外，手工业者特别在第9条中列出，并不算是该法所谓的“商户”，即使他们就是在从事贸易活动。

非洲商法协调组织《债务清偿集体程序（破产）统一法》则适用于自营职业者，或从事民事、商业、手工业或农业活动的个人、私人法人实体以及作为私人法人实体成立的任何国家监督实体。

---

① 《商法典》第5条，商户范围定义如下：任何专门从事下列活动并以此牟利的人均应被视为商户：(1) 购买动产或不动产以期按原样或经过装修或改装后再出售；(2) 购买动产以出租；(3)《民法典》第2806条定义的仓储活动；(4) 开采矿山，包括勘探和开采矿物油；(5) 采石场非手工艺品开采；(6) 开采盐田；(7) 非手工艺品的动产，如食品、原材料或半成品的转换和调整；(8) 非手工艺人建造、修理、维护、清洁、油漆或染色动产；(9) 非手工艺人为第三方进行的筑堤、整平、挖沟或排水；(10) 非手工艺人的货物或人员运输；(11) 非手工艺人的货物或人员运输；(12) 捕获、分配和供应水；(13) 生产、分配和供应电力、天然气、压缩空气，包括加热和冷却；(14) 经营娱乐场所或广播电视台；(15) 经营旅馆、餐馆、酒吧、咖啡馆、客栈、非手工艺人经营的美容院、公共浴室；(16) 以任何形式出版，尤其是通过印刷、雕刻、摄影或录音；(17) 经营新闻和信息服务；(18) 经营旅游和宣传机构；(19) 以代理人、经纪人、股票经纪人或商业代理人的身份经营业务；(20) 经营银行和货币兑换业务；(21) 经营保险业务。

② 《商法典》第10条定义了商业组织：(1) 商业组织被认为具有商业性质是由公司章程规定，或者事实上从事本法第5条规定的任何活动。(2) 股份公司和私人有限公司始终具有商业性质，无论其目标为何。在《商法典》第212条中对商业组织进行了更为详细对定义。第212条中列举了适用本法典的所有商业组织分类，包括：(a) 普通合伙；(b) 联合企业；(c) 一般合伙；(d) 有限责任公司；(e) 股份公司；(f) 私人有限公司。

第二节　破产申请的提出与受理

一、破产申请的提出与受理

（一）破产原因

破产原因，是指认定债务人丧失清偿能力，当事人得以提出破产申请，法院据以启动破产程序的法律事实，即引起破产程序发生的原因。① 英语非洲国家多将“破产原因”称为“破产行为”或“破产条件”。非洲国家在破产原因的立法上大多采取的是概括主义，即对破产原因作抽象概念性的规定，普遍着眼于破产发生的一般性原因，如不能清偿到期债务、停止支付等。在概括主义的立法模式下，法官根据实际情况灵活适用法律的空间更大。

举例来说，埃塞俄比亚②将暂停付款并被宣布破产作为破产的条件，暂停付款应由任何事实、行为或文件表明债务人不再有能力履行与其商业活动有关的承诺。马达加斯加将集体程序的启动原因划分为三大类别，一是预防性和解阶段，在这一阶段，在尚未停止支付的情形下，如果某一商业公司、经济利益集团或任意其他商业或手工业企业遭遇困境，无法继续经营即可启动程序；债务人如果无法以其现有资产偿还到期债务，则必须作出停止支付的声明，以启动司法重组程序或资产清算程序，无论其债务性质如何。

（二）破产申请的提出

大多数非洲国家针对破产申请，采取的是宣告开始主义，即以法院作出破产宣告作为破产清算程序的开始，日本、法国、德国等西方国家亦采用此种模式。也即是说，在大多数非洲国家，破产申请的提出仅为破产程序的预备阶段，法院最终以作出破产宣告裁定的方式受理破产案件，并启动破产程序。埃塞俄比亚《商法典》第 1024 条规定：“在判决之后，所有的法律程序都应启动，所有的执行申请”。但仍有部分国家对特定类型破产程序的启动节点进行了区别性规定，例如，赞比亚 2017 年《破产法》第 50 条规定，

① 王欣新：《破产法》（第四版），中国人民大学出版社 2019 年版，第 37 页。

② 埃塞俄比亚《商法典》第 969—971 条。

公司清算共有两种情形，法院清算和公司自愿清算，其中公司自愿清算又分为成员自愿清算和债权人自愿清算。第 51 条规定了公司自愿清算始于公司自愿清算特别决议通过时；在法院清算中，向法院提交清算申请是清算开始。若在法院根据申请作出清算决定前，公司已通过自行清算的“特别”决议的，则自决议通过时开始计算清算日期，除非法院另有指示，公司自行清算的决议行为有效。

在破产程序的启动方式上，各国破产立法的规定有申请主义和职权主义之分。前者主要是指法院必须依据债权人、债务人等相关当事人的申请启动破产程序，无权主动依职权启动破产程序；后者则与之相对应，主要指的是由法院启动破产程序，并不以当事人申请作为启动破产程序的前置条件。只要存在现实的破产原因，满足破产条件，在符合法律规定的情况下，法院可依职权启动破产程序。就有权提出申请的主体而言，主要包括债权人、债务人（企业经理）等。马达加斯加《债务清偿集体程序法》规定，企业经理可以在尚未停止支付的情形下，针对其商业公司、经济利益集团或任意其他商业或手工业企业遭遇困境、无法继续经营的状况提出启动预防性和解程序的申请；集体诉讼程序可依债权人的申请启动，无论其债权性质如何，只要债权是确定的，已清算的和到期应偿还的。

（三）破产申请的受理

破产当事人的申请应向对具体破产案件有管辖权的法院提出。为向破产相关当事人提供便利，非洲国家对破产事务的地域管辖规定相对灵活且宽泛，但主要以债务人所在地为核心。莫桑比克的破产企业进入破产与重整程序后，其具有管辖权的法院包括债务人住所地，在境外注册，公司的主要机构或子公司所在地在莫桑比克的，所在地法院有权受理破产、司法重整申请和保存庭外调解和协商的会议记录。上文中提到的主要机构被认为是债务人进行经济活动最频繁、资产数额最多的地方。就马达加斯加而言，具有审理集体程序案件地域管辖权的商事法庭主要为债务人主要营业地或法人注册地所在的商事法庭。如果注册地为境外，案件应由债务人主要经营地所在的法庭管辖。注册地或主要营业地的法庭也有权宣告对债务负有连带责任的人员进入预防性和解程序、司法重整程序或资产清算程序。

对破产案件的级别管辖，不同非洲国家的立法有所不同。例如，马拉维的法院系统共分三级，最高上诉法院即事实上的最高法院，高等法院即中级法院，治安地区法院即事实上的基层法院。马拉维共三个区，相当于我国的省，三个区分别分为 28 个县和 4 个市，每一个区县各有一个治安地区法院。按照马拉维 1994 年《宪法》第 108 条，马拉维的高等法院则有四个，分别坐落在马拉维的四个大城市布兰太尔、利隆圭、姆祖祖、松巴，其中利隆圭是马拉维首都。按照马拉维《破产法》之规定，破产事务由高等法院负责，即位于布兰太尔、利隆圭、姆祖祖、松巴的四个高等法院负责马拉维全国的破产事务。因此，在马拉维办理破产事务，只能去四个高等法院，基层法院无权管辖破产事务。此外，马拉维破产事务局长驻首都利隆圭和布兰太尔，没有独立的官署，而是在工业、贸易和旅游部办公。

二、管理人制度

破产案件由具有管辖权的法院负责审理。在具体案件的审理过程中，对债权申报的核实、确认；对破产财产进行处理、追回、处置、变价和分配等；制定重整计划等纷繁复杂的工作直接影响到债权人、债务人及其他利害关系人的利益，必须事无巨细、及时、高效、公平地进行处理。受法院指导和监督的破产管理人及相关破产专业人员因此诞生。在称谓上，采用大陆法系的非洲国家大多将其称为“破产管理人”，采用英美法系的非洲国家则多将至称为“破产受托人”“破产接管人”“财产管理人”等。各国对于成为破产管理人的条件规定存在差异。除此之外，不同国家的破产管理人，在不同破产阶段及破产事项中的权限有所不同。

非洲商法协调组织《债务清偿集体程序（破产）统一法》规定，在国家破产管理人名单上登记的自然人方可被任命为预防性和解专家或预防性和解、重整或资产清算程序的破产管理人。任何自然人要登记在成员国国家破产管理人名单上，必须符合以下条件：（1）具有完全民事和公民权利；（2）从未受到除警告以外的纪律处分，或从未因普通法规定的犯罪被判处监禁，或从未因侵犯资产罪或经济或金融重罪被判处至少 3 个月的无期徒刑；（3）具有注册会计师资格或获得国家法律授权；（4）在申请登记的成员国拥有纳税住所，并及时履行纳税义务；（5）提供成员国当局或主管司法机关认为足够的道德担保证明。破产管理人不得担任集体程序（破产）中无论债务人还是债权人的任何一方的代表或顾问。破产管理人在进行司法重整或资产清算程序时的职责，须在破产法官的监督下执行。

津巴布韦专门制定了《财产管理人法》，其《破产法》第 41 条第 1 款规定，有资格的人被任命为清算人的是指根据《财产管理人法》正式注册和持牌的破产执业员。清算人有权代表破产财产提起诉讼、取得搜查令、收取报酬等，同时有义务向债务人送达首次清算令，并扣押属于破产财产的财产、向债权人的地址发送清算通知、在清算前调查债务人的事务和其的业务交易、如无法完成则必须提交一份完整的书面报告、收回到期财产债务等。

马拉维《破产法》中有四个非常接近的概念：Administrator，Receiver，Official Receiver 和 Liquidator。结合其法律原意，并且参照元照法律英语辞典的标准译法，分别将其译为公司重整管理人、破产管理人、官方接管人、清算人。其中，公司重整管理人是进入重整阶段的法院或者债权人会议任命的重整事务管理人员，破产管理人是担保债权（非普通债权）的债权人在债务人进入破产程序时，委派的负责监督担保财产变卖之后实行担保债权的人，官方接管人是由法院任命的监管进入破产程序的公司的法庭官员，其往往在债权人会议成立之后卸任，而清算人可以是破产以及清算（公司资产够抵债情形下的自愿清算也在内）时公司的监管人。此外，公司重整管理人、官方接管人、清算人的职权有非常特殊之处，在于一旦其获任，相应程序开始，公司管理层——董事会的职权几乎全部被上述人员接手。此外，官方接管人还有法庭官员之身份，一定条件下有权签发法庭文件。而破产管理人并非我国法律下的破产管理人，马拉维法下的破产管理人是代表担保债权人利益的，因此，其工作职能更多是监督，而非管理。

三、破产债权

在破产或集体清偿程序中，债务人所负的各种债务发生时间、性质等有所不同。为对不同类型的债权人进行公平清偿，有必要明确债权的性质、范围与清偿方法等。一般来说，破产债权是指因破产或集体清偿程序启动前的原因成立的，经依法申报确认，并由债务人财产中获得清偿的可强制执行的财产请求权。①

马达加斯加《债务清偿集体程序法》规定，从裁定启动程序之日起，至启动清偿程序判决的法律声明第 2 次登报后的 2 个月内，所有无担保的债权人或有担保的债权人组成的集体债权人，除企业雇员外，应在不丧失其权利的情况下，向破产管理人申报债权。对于居住在启动程序的法院管辖范围之外的债权人，必须在 3 个月内向破产管理人申报债权。债权人持债权凭

① 王欣新：《破产法》（第四版），中国人民大学出版社 2019 年版，第 196 页。

证，或在没有票据的情况下，在裁定启动破产程序之前，为使其权利得到承认而提起诉讼的，也承担同样的义务。索赔权人仍须提交表明其是否打算行使索赔权的声明。如果没有上述声明，他们将被视为无担保债权人。

所有已知的债权人，特别是在资产负债表上登记的债权人和享有已公布担保权的债权人，如果没有在首次将启动破产程序的裁定登报的 15 天内申报债权，破产管理人应立即以挂号信或其他书面形式通知其申报的必要性，并附上收讫通知，必要时寄送至债权人的法定住所地。在任何情况下，如果已经任命了代表员工的监督员，也应向其发出同样的通知。在收到通知后的 1 个月内未申报债权的，则应取消其债权人和索赔人的资格。对于居住在启动破产程序的法院管辖范围之外的债权人和索赔人，这一期限为 2 个月。

债权人应直接或通过挂号信的形式向破产管理人提交一份声明，说明在决定启动程序之日到期的债权数额、应支付的金额和应支付的日期。声明应说明债权所附担保权的性质。此外，如果债权并非以票据的形式存在，则债权人必须提供所有可能证明其债权的存在和金额要素的凭证。如果债权不具确定性，则必须对债权进行估价。如果债权存在争议，则需进入司法程序。上述声明需附有可供复印的证明文件。破产管理人应当向债权人出具收据。在司法重整的情况下，在召开重整协议会议之后，或者在资产清算的情况下，在清算程序结束后，破产管理人应依债权人的申请，归还其提交的上述资料。如果债权人意图对债务人以外的其他合同签署人就流通票据采取补救手段，则可在核实完成后归还上述资料。

未能在规定时限内提出债权的，只有在没有按照规定的条件起草和交存债权声明的情况下，并且只有违约人证明违约并非其行为导致，才可以通过破产法官的裁定解除其失权状态。在丧失权利的情况下，在不违反规定的情况下，债权人不得获得分配。在重整协议会议之前，不能对被拖欠工资的债权人提出异议。如果商事法庭解除了违约债权人和追偿人的失权状态，书记员应在债权清单中注明。解除失权状态的费用全部由上述人员承担，工资债权人除外。被解除失权状态的违约债权人只能就其提出申请后的财产进行分配。

津巴布韦《破产法》则规定，任何声称是破产财产债权人的人都可以在津巴布韦向财产清算人登记其姓名和地址，并可以指明其声称持有的财产作为债权的担保。有担保的债权人享有与实现担保相关的权利。申请清算令的债权人必须在清算人被指定之前，自费办理清算的所有程序；有担保的债权人在实现担保时应当承担相关义务；有关债权人须负责因其未能将财产交付清算人管有而引致的所有讼费。

四、债权人会议

在破产或集体清偿程序进行的过程中，应充分尊重全体债权人的意志，保障其对破产程序的参与权。由于债权人人数众多，往往只能通过全体债权人的统一行动来实现权利，否则可能会增加破产程序的成本，损害其他债权人利益。债权人会议的设置使得上述问题得到了妥善的解决。债权人会议，指的是由依法申报债权的债权人组成，以保障债权人共同利益为目的，为实现债权人的破产程序参与权，讨论决定有关破产事宜，表达债权人意志，协调债权人行为的破产议事机构。

莫桑比克破产程序中的债权人会议主要由以下三类债权人组成：（1）因劳工法或工伤事故而产生的债权人；（2）有实物担保的债权人；（3）普通债权、特殊债权、一般或从属特权的债权持有人。因劳工法规定的债权人无论其债权金额大小，该债权人的投票都属于因劳工法或工伤事故而产生的债权人类别；有担保债权的持有人应在担保资产价值的限度内与有实物担保的债权人一起投票，在其债权价值的剩余部分与普通债权，特殊特权、一般或从属特权的债权持有人一起投票。债权人会议由法官召集，并至少提前15天在官方报纸和分支机构所在地发行量较大的报纸上发布通知，并张贴副本。债权人大会由破产管理人主持，破产管理人从出席的债权人中指定秘书。债权人的表决权与其债权金额成正比，但在审议司法重整方案时，有《商业企业破产与重整法》第44条第3款规定的情形除外。股东大会表决作为司法重整的唯一通过方式，外币贷记按会议召开前一日的汇率折算为本币。莫桑比克破产程序中的债权人会议可审议组成债权人委员会，通常由因劳工法或因工伤事故产生的债权人指定代表，并选定1名候补代表；担保债权根据债权类别指定代表和候补代表；由债权人指定的具有特殊债权、一般债权或从属债权的代表以及1名候补代表。债权人委员会除负有一般性的义务外，仍须在司法重整和破产程序方面进行监督并检查破产管理人的账户；确保诉讼遵守法律并顺利进行；向法官通报债权人权利受到侵害或利益受到损害的情况；调查利害关系方的任何异议并发表意见；在听取破产管理人的意见后，要求法官召开债权人大会；处理《商业企业破产与重整法》规定的其他情况。在非司法重整中监督债务人的管理活动，并向破产管理人提交报告；监督司法重整计划的执行情况；向破产管理人提出建议，当债务人代表在《商业企业破产与重整法》规定的情况下被免职时，永久资产、不动产和其他担保的构成和处置，以及在司法重整方案获批前，继续为债务清偿所进行的必要经营活动。

马拉维《破产法》下机构有债权人会议、债权人委员会、清算委员会、官方接管人助理委员会。债权人会议和债权人委员会职能与我国类似，而后两者职权比较特殊。清算委员会不仅出现在公司清算程序中，在公司重整程序中亦可出现。清算委员会并不直接行使清算职责，清算职责由清算人行使，清算人委员会处于上一级管理以及监督之地位。官方接管人助理委员会的职权则完全依附于官方接管人。要准确理解官方接管人助理委员会，就需要准确理解官方接管人的概念。官方接管人是公职，而非职业；官方接管人是经破产事务局长委任或者法院委任；官方接管人往往是在公司清算和公司破产事务刚启动，法院未委任清算人之前临时接受负责清算或者破产事务，待法院委任清算人之后离任（但经常也有官方接管人被委任为清算人的情形）。官方接管人不出现在公司重整程序中。

五、破产和解制度

非洲国家的破产预防制度主要包括调解、破产和解（预防性和解）、重组与合并、重整等制度。其中，破产和解（预防性和解）程序由法院依债务人的申请裁定受理并公告后进行。债务人在向有管辖权的法院提出和解申请时，应提交和解协议草案，供债权人会议讨论审查，并表决是否通过。债权人会议如若通过和解协议，法院则可裁定认可并终止和解程序。反之，法院有权裁定终止和解程序并宣告债务人破产。大多数非洲国家针对破产和解制度采用的是和解分离注意，即和解并非破产清算的必经程序，破产当事人可自行选择是先行进行和解还是直接进行破产清算。

具体来说，非洲商法协调组织《债务清偿集体程序（破产）统一法》设定了调解和（简易）预防性和解两种程序。其中，调解是一种预防性、双方同意且保密的程序，旨在避免债务人公司停止付款，以便全部或部分进行其财务或运营重整以保障其安全。这种重整是通过私人谈判和债务人与其债权人或至少其主要债权人之间谈判达成的和解协议进行的，依赖于中立、公正和独立的称作调解人的第三方支持，且该程序应由主管法院院长以非公开方式启动，期限不超过 3 个月，但经调解人书面通知后，可应债务人的请求，通过特别说明理由的决定，最多延长1个月。在这些期限届满时，调解应自动终止，在3个月期限届满前不得启动新的调解程序。如果无法达成和解协议，调解人应立即向主管法院院长提交书面报告。在听取债务人的意见后，院长应终止其任务和调解。在没有破产的情况下，债务人在任何时候可要求终止调解。预防性和解程序是一种预防性集体程序（破产），旨在避免债务人公司停止付款并通过预防性和解解除其债务。债务人本人或债务人与1名或多名债权人可以联合向主管法院提出申请，该申请书应凭收据提交法院书记处。预防性和解草案应规定公司重整的措施，包括公司继续经营的方式、负责执行预防性和解的人员的姓名、职务和地址，以及他们所作的重整公司所需的所有承诺、维持和资助公司的条款、就业水平和前景以及根据《劳动法》规定的条件进行的经济原因的裁员、高级管理人员的更换等内容。受私法管辖的任何独资企业、公司或其他法律实体，其雇员人数少于或等于20人，在向主管法院提起诉讼之前的12个月内，税后营业额不超过5000万西非法郎的小型企业，即使没有提供预防性和解协议草案，也可申请适用简易预防性和解程序。需注意的是，不得对主管法院适用简易预防性和解作出的决定提起上诉。

马达加斯加《债务清偿集体程序法》规定了预防性和解程序，认为这一程序是为避免公司停止支付或经营，允许通过预防性清偿协议清偿其债务的程序。在尚未停止支付的情形下，如果某一商业公司、经济利益集团或任意其他商业或手工业企业遭遇困境，无法继续经营，商事法庭的庭长可以依企业经理的申请受理案件，为其指定1名调解人，负责帮助企业经营，并寻求与债权人达成协议。申请中必须载明企业的困境与债务人为实现重整提出的建议。另外，申请中仍须附载关于企业财务、经济和社会状况的有用信息，尤其是财务报表摘要。如果债务人的建议有助于企业重整，商事法庭庭长将指定调解人，并确定其具体任务与工作期限，工作期限不超过3个月，但期限可应调解人的申请延长一次。法庭庭长可规定指定调解人的条件是支付一笔保证金，该保证金将交存书记处。被指定的调解人可以从审计员、员工及其代表、公共管理部门和社会保障机构，以及负责集中管理银行风险和收缴贷款事项的部门获得所有可以向其提供的、关于债务人经济和财务状况的准确信息。如果调解失败，调解人应通过报告的形式向商事法庭庭长汇报其任务的执行情况，该报告将送达申请人，并于书记处存档。当与所有债权人达成协议时，协议应以书面形式作出，由各方签署，并由庭长下令批准。

经商事法庭庭长批准的协议应由法庭书记员通知各方当事人，告知检察官并在书记处存档。庭长应在调解人完成任务后通过命令的形式确定其报酬。在协议执行期间，所有法律诉讼，针对债务人动产和不动产提起的个人诉讼程序将被中止，以保障作为协议标的的债权的支付。如果债务人不履行或仅部分履行协议中的承诺，法庭可以应一个或多个债权人的申请，宣布终止协议，并取消任何已准予的支付时限。

六、司法重整制度

司法重整主要是指对可能或已经发生破产原因但又有挽救希望与价值的法人型企业，在法院主导下，通过对各方利害关系人的利益协调，强制进行营业重组与债务清理，以使企业避免破产、获得更生的法律制度。与和解、清算制度相比，重整制度的功能特点主要体现在挽救债务人方面。一般来说，破产事务当事人的重整申请被具有管辖权的法院受理后，应当在规定期限内提交重整计划草案。

以莫桑比克为例，莫桑比克《商业企业破产与重整法》确立了商业公司的司法重整框架，目的是克服债务人逾期未履行义务的情况。

（一）司法重整的申请

债务人在提出请求时已正常开展业务超过 12 个月，并且累计满足以下条件的，可以申请司法重整：没有资不抵债，如果有，因此产生的责任由最终且不可上诉的判决宣布撤销；两年之内未获得司法重整特许权；作为管理人或主要合伙人没有犯罪行为。

司法重整将在法官作出重整命令后开始，重整过程自法官批准司法重整之日起持续不超过 2 年。司法重整计划自提出司法重整申请之日起，不得规定 1 年以上的时间用于支付因工作事故引起或造成的索赔。该计划不得规定超过 30 天的时限，以每个工人 5 个月最低工资为限，支付司法重整申请前 3 个月内到期的与劳动有关的索赔。根据《商业企业破产与重整法》，原则上必须根据《7 月 8 日第 11/99 号法律》（《仲裁法》）执行诉讼外追偿。尽管有上述规定，债务人和债权人仍然可以就债务人的重整达成其他私人协议。

（二）司法重整的效果

司法重整的开始意味着在申请之前存在的债权的更新，并对债务人和受其约束的所有债权人具有约束力，但不影响担保，法院一般准予司法重整的决定构成执行权。

司法重整旨在帮助克服无法履行债务人应尽义务的情况，为那些仍然可以恢复的企业家提供工具和条件，以避免破产和清算，从而有助于维持和刺激劳动力、经济、社会环境和增长。与诉讼外重整不同，司法重整是通过法院发起并由破产管理人与债权人委员会（如果存在的话）一起进行的过程。可以说这是一个法院驱动和监督的过程，因为破产管理人将向法官提交债务人活动的月度报告和关于重整计划执行情况的最终报告。一旦法官批准司法重整申请，将通过信函向债权人（由申请所确定）发出接受通知，并在政府公报和当地广泛发行的报纸上刊登同样的通知。债权人有 10 天的时间向已指定的破产管理人提交债权或反对意见。债权人还可以在包括救助计划和债权人名单在内的通知发布之日起 30 日内，对司法重整程序的启动和司法重整程序本身提出异议。

考虑到司法重整的法院命令、债权人名单和其他相关信息要么在政府公报上公布，要么在广为流传的报纸上公布，因此批准的重整计划必须包含：将采用司法重整程序的详细说明和相应的理由；证明公司的经济可行性；债务人资产的经济财务报告和评估。此外，在债务人公司进行司法重整期间，所有行为、合同、协议和文件必须包含债务人名称以及“在司法重整中”的标注。

重整计划的开启对债务人和所有受重整计划约束的债权人具有约束力，债权人不得继续或以任何形式对债务人公司提起仲裁等法律程序。债权人可以在载有债权人名单的通知公告之日起 30 日内对司法重整计划提出异议。如果司法重整计划受到任何债权人的质疑，法官必须召集债权人大会解决此事，会议应在提出抗辩的截止日期后 60 天内召开。

至于可能存在的“未知”债权人，公布司法重整的决定、债权人名单和召集债权人大会的主要目的是督促所有这些“未知”债权人申报债权，并在法定时限内，请求被承认为债权人。因此，如果这些“未知”债权人不依法申报，相应的债权将不被确认。

《商业企业破产与重整法》没有规定“简易程序”。重整时间表是根据批准的重整计划确定的，考虑到重整程序自法官批准之日起不应超过 2 年，该时间可能受到许多因素的影响，包括但不限于针对重整计划的规定提出的任何反对、董事会的免职和破产管理人的任命。

（三）司法重整的终止

在规定的期限内履行到期债务后，法官应作出判决，命令终止司法重整，并规定：向破产管理人支付剩余费用，破产管理人只能在报告获得批准后，在30天内提交财务报表并履行相关义务；确定要收取的法庭费用；破产管理人在最长15天内提交一份详细报告，报告应包含债务人执行重整计划的情况；解散债权人委员会和解雇破产管理人；与法人资格登记机关沟通以采取必要措施。

（四）司法重整转为破产

在司法重整过程中出现下列情况，法官应裁定破产：根据《商业企业破产与重整法》第41条的规定，债权人大会决议破产；债权人大会拒绝重整计划；债务人不履行重整计划中承担的任何义务。

即使债务人没有出现上述情况，以下情形法官也可裁定破产：债务人在没有正当理由的情况下，未能在到期日支付一份或多份强制执行的流动负债；不支付对任何流动负债的执行；不存放或不在法定时限内指定足够的资产进行扣押；仓促清算其资产或使用破坏性、欺诈手段进行支付；进行或试图进行以延迟付款或欺骗债权人为目的的虚假交易或将其部分或全部资产出售给第三方，无论其是否为债权人；未经所有其他债权人同意，也没有保留足够的资产来清偿其债务，将机构转让给第三方，无论是否为债权人；虚假转让其公司主要机构，目的是逃避监管或损害债权人；向无担保债权人提供担保，或提高对先前有担保债权人的担保额，但没有保留足够的自由资产和无抵押资产来清偿其债务；法定代表人未出席且有足够资源支付债权人的情况下拒不支付、离开营业场所或试图躲避出现在其住所、总公司所在地或主要营业场所的；未在规定期限内履行司法重整计划应承担义务的。

在重整转化为破产时，司法重整期间实施的管理、债务、抵押或处置行为应被视为有效，只要这些行为是按照《商业企业破产与重整法》规定实施的。

七、破产清算

破产清算程序主要针对的是丧失清偿能力而又缺乏拯救可能性和意义的债务人，依据破产当事人的申请和具有管辖权的法院的破产受理与破产宣告裁定而发动，涉及破产财产的变价、分配、别除权的行使、破产程序的终结等问题。破产（清算）程序遵循效率和程序经济的原则。

（一）破产清算宣告的提起

破产宣告是指法院依据当事人的申请或依法定职权裁定宣布债务人破产以清偿债务的活动。以莫桑比克为例，莫桑比克《商法典》规定，当债务人：（1）在没有正当理由的情况下，未能在到期日支付一份或多份强制执行的流动负债；（2）不支付对任何流动负债的执行，不存放或不在法定时限内指定足够的资产进行扣押；（3）除司法重整计划外以下任何行为，包括仓促清算其资产或使用欺诈手段进行支付；（4）进行或试图进行以延迟付款或以欺骗债权人为目的的虚假交易，或将其部分或全部资产出售给第三方，无论其是否为债权人；（5）未经所有其他债权人同意，也没有保留足够的资产来清偿其债务，将企业转让给第三方，无论是否为债权人；（6）虚假转让其公司主要机构，以规避法律或损害债权人；（7）向债权人提供或加强对先前签订的债务的担保，但没有保留足够的自由资产和无抵押资产来清偿其债务；（8）法定代表人未出席且有足够资源支付债权人的情况下拒不支付、离开营业场所或试图躲避出现在其住所、总公司所在地或主要营业场所的；（9）未在规定期限内履行司法重整计划承担的义务时，可申请进行破产宣告。提起破产宣告的包括债务人或普通合伙人的未亡配偶以及继承人；根据法律或公司的组织章程，是债务人的合伙人或股东；任何债权人。但如果申请人是企业债权人，则应在提交申请的同时，提交法人实体登记处的证明，证明其活动是正常的。法院应当向债务人送达破产申请书，其可在10天内作出答复。债务人可以自愿申请破产，如果债务人在市场经济活动和金融危机中，认为自己不符合法律关于清偿债务的要求，应向法院申请破产，说明无法继续经营活动的原因。

（二）破产清算宣告的效果

就莫桑比克而言，宣告破产对债务人的所有债权人具有约束力，他们只能对债务人和承担无限责任合伙人的资产行使其权利。但是，双边合同不因破产而终止，如果履行合同减少或阻止了总负债的增加，或者如果它们是维护和保全其资产所必需的，经债权人委员会授权，破产管理人可以履行双边合同。订约方可在破产管理人的任命签署后90天内对其提出质疑，要求在10天内声明其是否履行了合同。破产管理人的否定声明或沉默使缔约方有权获得赔偿，赔偿金额在索赔过程中确定，如果适用，构成普通债务。债务人至宣告破产之日的逾期债务，无论是否因为破产宣告而生效，均优先于其他债权人予以抵销。以下情形不能抵消：宣布破产后转让的债权（但因公司合并、设立、分立或股权继承产生的情况除外）；在债务人的经济困难状况已为人所知或其转移是出于欺诈或故意而进行的情况下，即使是逾期债务也不抵消。如果债务人作为有限合伙人或股份持有人是其他任何公司的合伙人，则只有他在公司拥有并根据合同或公司章程规定的条款计算的资产才能成为企业资产。如果合同或公司章程未对此事进行约束，则由法院作出决定。除非根据法律法规或合同，公司必须自行清算，在这种情况下，破产人的资产，只有在支付了公司的所有债务后才会进入破产状态。在不可分割的共同所有权的情况下，如果破产者是所有权的一方，应出售资产，并从出售价款中扣除应付给其他共同所有人的款项，同时允许他们根据获得的最佳出价购买债务人的份额。

（三）破产清算的完结

在莫桑比克，一旦所有资产变现完成，并且收益已在债权人之间分配，破产管理人在30天内将其账目提交给法官，并附上单独记录的证明文件，附在破产记录中。法官下令表明有关账目已提交并向利益相关方作出公告通知，相关方可在10天内对其提出质疑。在通知期结束并已采取必要步骤确定事实后，法官会在5天内通知检察院作出裁决，之后如果有异议或意见，将听取破产管理人的意见，法官应就账目进行判决。法院如果驳回破产管理人提交的账目，应告知并确定其所负责任。法院可以决定不处置或扣押资产，并告知债权人大会，针对破产管理人提交账目中赔偿的可执行财产的所有权，可以提出具有暂停效力的上诉。破产管理人根据账目，在10天内提交最终破产报告，说明资产价值及其变现产出、负债价值和向债权人支付的款项的价值，并指明破产人应当继续承担的负债。提交最终报告后，法官将通过公告形式判决破产结束，上诉具有中止效力。债务人的债务在以下情况下终止：完成对所有索赔的支付；在完全变现所有资产后，支付超过50%的普通债权，如果完全变现的资产不足以达到这一目的，则允许债务人偿还达到一定百分比的金额。如果债务人没有被判定犯有任何破产罪，则从破产结束开始的5年后债务消灭；债务人犯有破产罪的，破产清算后10年债务消灭。在上述任一情况发生后，债务人可向破产法院申请宣告其债务消灭。债务消灭的申请应与相关文件一起单独提交，并在官方刊物和广泛发行的报纸上公布。自公告之日起30天内，债权人可以对债务人的申请提出异议。

前款规定的期限届满后，法院在 5 天内宣判，如果申请是在破产终结之前，则破产终结程序中的义务自行消灭。宣布债务消灭的判决将通知所有债权人，包括可能的第三人。对债务消灭的判决，可以上诉，上诉具有中止效力。终裁决定后，附上企业破产记录。

第三节　跨境破产

跨境破产通常是指“含有涉外因素或者国际因素的破产，在这种破产案件中，债权人、债务人或债务人财产位于两个或者两个以上的国家”。[①]跨境破产主要涉及管辖权、对国外破产程序的承认与协助等问题。以下内容以中非跨境破产中的实际问题为讨论对象。

一、管辖权问题

多数非洲国家针对破产案件，以法律规定的形式确定了其对相关案件的专属管辖权。例如，莫桑比克法院对境内破产案件具有专属管辖权。莫桑比克《商业企业破产与重整法》第 3 条规定，债务人住所地在莫桑比克的，其破产由莫桑法院管辖；债务人虽然在莫桑境外注册，但主要机构、子公司在莫桑境内的，其破产也受莫桑法院管辖。这就意味着中资企业即使是在中国注册，但主要机构或子公司在莫桑比克，相关破产案件就要受莫桑法院管辖。除此之外，2005 年莫桑比克《第 53/2005 号法令》第 2 条和莫桑比克《民事诉讼法》第 65 条都规定了莫桑比克对境内破产案件具有管辖权。有学者结合司法实践的情况，认定莫桑比克法院对境内破产案件具有专属管辖权。

仍有部分非洲国家针对跨境破产事务确立了平行管辖规则。举例来说，赞比亚则采用的是平行管辖规则。赞比亚在承认外国破产程序之后，应当协调破产程序与外国程序，其《企业破产法》第 160 条规定了，如果一项国外破产程序和一项根据本法规定进行的破产程序同时针对同一债务人进行，法院应根据本部分规定寻求合作和协调，并应适用以下规定：（1）如果在提交承认国外破产程序的申请时，一项破产程序正在进行，则根据本部分规定给予的任何救济均应与该破产程序相一致。（2）国外破产程序被认可之

---

① 石静遐：《跨国破产的法律问题研究》，武汉大学出版社 1998 年版，第 6 页。

后或在提交承认国外破产程序的申请之后，一项破产程序才启动的：（i）法院根据本部分规定给予的任何救济，应由法院审查，如果与该项破产程序不一致的，法院应修改或终止；以及（ii）如果该项国外破产程序为一项国外主要程序，根据本部分规定作出的停止或终止，如果与该项破产程序不一致的，应予修改或终止。（3）在批准、延长或修改按照本部分规定给予的救济时，法院必须确信该救济与根据任何其他法律应在国外破产程序中管理的资产有关，或涉及该程序中所要求的信息。另外，赞比亚 2017 年《企业破产法》第 161 条规定的外国破产程序中，如果某一债权人的债权已在国外破产程序中得到部分偿付，只要同一顺位的其他债权人获得的偿付比例低于该债权人已经获得的偿付，该债权人便不得在关于同一债务人根据本法规定进行的破产程序中就同一债权再获得偿付。

二、对中国破产程序的承认与协助

大多数非洲国家既没有破产事务方面的双边条约或协定，也没有民事诉讼裁判的承认和执行双边条约和协定，因此，中国与大多数非洲国家间的承认和执行对方破产裁决，仅能依据国内法的规定。以赞比亚为例，承认与执行外国判决的法律依据包括 1937 年《外国判决互惠执行法》、1967 年《破产法》，以及 2017 年《企业破产法》。1967 年《破产法》和 2017 年《企业破产法》规定了承认与执行一项外国判决的各项条件、理由和程序，而 1937 年《外国判决互惠执行法》主要规定了承认与执行一项外国判决应对履行的登记程序。具体而言，根据赞比亚 2017 年《企业破产法》第 146 条的规定，跨境破产的规则适用于以下 4 种情形：（1）外国法院或外国代表以规定的方式和形式提出与国外破产程序有关的协助请求；（2）外国以规定的方式和形式，就在赞比亚进行的破产程序提出协助请求；（3）一项国外破产程序和一项正在赞比亚进行的破产程序是针对同一债务人同时进行的；（4）外国的债权人或其他利害关系人对在赞比亚进行的破产程序的启动或参与有利益关系的。赞比亚 2017 年《企业破产法》第 148 条仍规定了公共政策免责条款，实施或参加跨境破产规定事项时，不得违反赞比亚公共政策。违反公共政策的，法院可拒绝该实施或参与的行为。在拒绝实施或参与的行为之前，该法院应就总检察长是否有必要出庭并就赞比亚的公共政策问题进行听证作出命令，但不得限制法院或破产执业者根据赞比亚其他法律向外国代表提供协助的权力。

第十二章　非洲商法协调组织法

“非洲商法协调组织”的法语全称为 Organization pour l’Harmonisation du Droit des Affairs en Afrique，简称 OHADA。[①] 成立该组织的目的是完善法语非洲国家的商事法律制度，为法语非洲国家商业的发展提供良好的法律环境。由于历史原因，大多数非洲国家的法律制度非常落后，并且内容迥异。这种落后、多样化的法律制度不利于当地投资与贸易的发展，不利于地区一体化的实现。为此，非洲大陆上许多重要组织都积极推动本地区法律的统一化与协调化进程，如西非经济共同体、南部非洲发展共同体等，但成效最为显著的当数非洲商法协调组织。了解该组织的法律制度，对促进中国企业或个人更好地在本地区进行投资、贸易，具有重要的现实意义。

第一节　非洲商法协调组织的建立

法语非洲国家很早就提出要成立一个地区性国际组织以对本地区各国的商法进行协调，在 1963 年的法语非洲国家司法部长会议上，还曾专门对该问题进行过讨论。但直到 20 世纪 90 年代，该问题才再次受到关注。由于该地区的经济发展问题，法语非洲国家认识到本地区的法律制度是影响经济一体化目标实现的一个严重障碍，因此它们开始就成立法律协调组织的各方面问题展开峰会讨论。1991 年 4 月在布基纳法索首都瓦加杜古召开的一次峰

① 该组织的英文简称为 OHBLA，即 Organization for the Harmonization of Business Law in Africa.

会上，非洲法郎区国家的财政部长授权由柯巴·姆巴耶先生[①]领导的法学家小组就成立此类组织的可行性进行评价。该小组提交了一份报告，并在1992年10月利伯维尔峰会上获得批准。在此次峰会上一个由3名法学家组成的指导委员会受命负责起草《非洲商法协调组织条约》，并确定将予统一化的法律领域。指导委员会在1年后提交了条约文本。1993年9月21日至22日，在阿比让召开的法郎区各国司法部长和财政部长联合会议上，《非洲商法协调组织条约》草案最终得以定稿。

1993年10月17日，14个法郎区非洲国家即贝宁、布基纳法索、喀麦隆、中非共和国、科摩罗、刚果（布）、科特迪瓦、加蓬、赤道几内亚、马里、尼日尔、塞内加尔、乍得以及多哥在毛里求斯路易斯港签署了该条约。[②] 几内亚和几内亚比绍随后加入了该条约。这样，《非洲商法协调组织条约》的初始成员国就有16个。刚果（金）在2012年9月13日加入非洲商法协调组织，成为该组织的第17个成员国。这17个国家中，除几内亚和刚果（金）外，其他国家都是法郎区成员国。除分别说西班牙语和葡萄牙语的赤道几内亚和几内亚比绍以及喀麦隆说英语的省份外，非洲商法协调组织的成员国全部是法语非洲国家。而且，除喀麦隆说英语的省份具有普通法传统外，其他成员国都具有大陆法传统。非洲商法协调组织的目标是突破创始成员国的范围，吸收其他非法语非洲国家和非大陆法传统的非洲国家加入。为此，《非洲商法协调组织条约》第53条规定，该组织向所有的非盟成员国开放，对于不是非盟成员国的国家，经非洲商法协调组织成员国的一致邀请，也可成为该组织的成员国。

作为一个国际组织，非洲商法协调组织具有完全的法律人格。它可缔结条约和协定、买卖动产或不动产、提起法律程序并成为诉讼中的当事人；其公务员和雇员行使职务时享有特权和豁免；其财产、物品、文件、馆舍不受侵犯等。[③]

---

① 他是塞内加尔最高法院首任院长、塞内加尔宪法委员会前任主席、国际法院前任法官及副院长。

② 2008年10月17日，非洲商法协调组织成员国国家首脑在加拿大魁北克签署了《非洲商法协调组织条约（修正案）》。该修正案对1993年条约中的第3、4、7、9、12、14、17、27、31、39、40、41、42、43、45、49、57、59、61、63条进行了修正。

③ 《非洲商法协调组织条约》第46－51条。

第二节 非洲商法协调组织的机构及职能

非洲商法协调组织是一个地区性国际组织，为了实现《非洲商法协调组织条约》赋予的各项任务，它必须设立相应的机构。2008 年修正后的《非洲商法协调组织条约》第 55 条规定，本条约一旦生效，第 27—41 条所规定的机构就应设立。该条约第 27—41 条专门就组织机构作了具体规定。根据这些规定，非洲商法协调组织的组成机构有国家和政府首脑大会、部长委员会、司法与仲裁共同法院、常设秘书处和地区高等司法学校。

一、国家和政府首脑大会

国家和政府首脑大会是根据 2008 年修正后的《非洲商法协调组织条约》的规定所成立的一个新的机构。此前 1993 年的《非洲商法协调组织条约》并没有规定这一机构。成立这一机构的目的，一是为了弥补非洲商法协调组织之前不存在一个最高权力机构这一缺陷；二是为了通过这一机构减轻部长委员会所面临的政治压力。① 如果不设立这样的机构，涉及条约修正等此类重大问题就无法进行。因为《非洲商法协调组织条约》是由国家和政府首脑会议通过的，此类条约的修正相应地也应由此类机构通过。作为一个超国家的地区性组织，即使其职能仅限于制定和实施商法，也会不可避免地会遇到很多政治方面的问题，甚至会引起成员国之间政治关系的紧张和冲突，而此类问题也只能由成员国的国家和政府首脑协商解决更为合适。

根据《非洲商法协调组织条约》第 27 条规定，非洲商法协调组织的国家和政府首脑大会由成员国的国家和政府首脑组成。每次大会的召开由担任部长委员会主席国的成员国的国家和政府首脑主持。国家和政府首脑大会可以决定涉及条约的所有问题，包括条约的修正与修订。经部长委员会主席国或三分之一成员国的提议，可以召集国家和政府首脑大会。但只有三分之二的成员国代表与会时，国家和政府首脑大会才能有效召开。国家和政府首脑大会的决议应协商一致通过，在无法取得协商一致时，应由出席会议的成员国代表的绝对多数票表决通过。会议的这种表决程序有利于通过的决议取得

---

① ［美］克莱尔·莫尔·迪克森：《非洲统一商法：普通法视角中的 OHADA》，朱伟东译，中国政法大学出版社 2014 年版，第 37—38 页。

成员国的认同和支持，同时又可以避免因绝对的协商一致导致某些决议无法通过，很好地实现了原则性和灵活性的结合。

二、部长委员会

部长委员会会议由部长委员会主席主持。部长委员会主席由各个成员国按照国名字母顺序轮流担任，任期一年。常设秘书处协助部长委员会主席开展各项工作。对于后加入《非洲商法协调组织条约》的国家在第一次担任部长委员会主席时，应在该条约的最初签署国轮流担任完部长委员会主席后，按照它们的加入顺序来确定。如果某一成员国在规定的自己任期内无法担任主席一职，部长委员会会按照所规定的顺序指定排在其后的成员国担任部长委员会主席。对于部长委员会主席应由成员国的司法部长还是财政部长担任，条约没有作出明确规定。穆鲁先生认为，这一问题应由成员国根据实际情况来确定主席人选。如果会议的主题主要涉及法律问题，则可考虑由司法部长担任主席；如果会议的主题主要涉及经济或财政问题，则可考虑由财政部长担任主席。①

部长委员会每年至少召开一次会议，会议根据部长委员会主席或三分之一成员国代表的提议召开。每次会议至少有三分之二的成员国代表出席，才是有效的。② 每次会议的各项议程安排由部长委员会主席根据非洲商法协调组织常设秘书处的建议而定。③ 对于部长委员会的决议，每一成员国都有一票表决权。部长委员会作出的任何决定应获得出席会议并参与表决的成员国的多数票通过。④ 不过，对于统一法草案的表决，必须由出席会议并参与投票的所有成员国一致同意始得通过。⑤

部长委员会具有行政和立法职能。就行政职能而言，部长委员会的职责包括：批准司法与仲裁共同法院和常设秘书处的年度预算；决定成员国年度捐款数额；选举司法与仲裁共同法院的成员；任命常务秘书及地区高等司法学校总理事；任命审计员对非洲商法协调组织各机构的财务进行审计；监管

---

① ［尼日尔］阿鲁赛尼·穆鲁：《理解非洲商法协调组织》，李伯军译，湘潭大学出版社2016年版，第35页。

② 《非洲商法协调组织条约》第28条。

③ 《非洲商法协调组织条约》第29条。

④ 《非洲商法协调组织条约》第30条。

⑤ 《非洲商法协调组织条约》第8条。

地区司法学校的组织、运作、资金和服务；批准司法与仲裁共同法院的程序规则；批准任何与实施《非洲商法协调组织条约》有关的规章。部长委员会也可要求司法与仲裁共同法院就有关统一法或《非洲商法协调组织条约》的解释或实施以及为实施该条约而发布的任何规章的任何问题提出建议。除有关批准统一法的决定，部长委员会的任何决定应获得出席会议并参与投票的成员国的多数票通过，每一成员国可投一票。就立法职能而言，部长委员会负责批准商法协调的年度规划以及统一法的采纳。①

三、司法与仲裁共同法院

司法与仲裁共同法院由部长委员会通过秘密投票选举的 9 名法官组成，任期 7 年，不得连任。作为候选人的成员国国民必须具备下列条件：是至少有 15 年职业经验且在各自国内担任高级司法职位的法官；或是某一成员国律师协会会员并有至少 15 年执业经验的律师；或是至少有 15 年职业经验的法学教授。而且法院的 9 名法官中至少有三分之一的成员是律师和法学教授。②

候选人名单由常务秘书根据成员国的提名拟定，每一成员国最多可以提名 2 个候选人，但同一成员国任何时候只能有 1 名候选人担任司法与仲裁共同法院的法官。法官根据部长委员会的绝对多数票当选。司法与仲裁共同法院的院长和 2 名副院长依次由法官选举产生，任期 3 年半，不得连任。选举之日剩余职务期限不足该期间的法官可以当选，履职至其任职期限届满之日。

法官一旦当选，其职位不得撤销，并且在任职期间，他们享有外交特权与豁免。他们不得行使政治或管理职能，如果他们希望参加其他可收取报酬的活动，就必须取得司法与仲裁共同法院的批准。这些规定旨在确保法官具有一定程度的独立性。另外，司法与仲裁共同法院所具有的超国家性质也是为了保证法官公正司法，无需为自己国家的利益而行事。

司法与仲裁共同法院有一个由书记官长负责的书记处。书记官长由司法与仲裁共同法院院长在征询该院的意见后，从成员国推荐的具有至少 15 年任职经历的书记官中任命。司法与仲裁共同法院院长在征询该院的意见后，

---

① 朱伟东：《非洲商法协调组织述评》，载《西亚非洲》2009 年第 1 期。

② 《非洲商法统一条约》第 31 条。

还可任命该院的秘书长，以负责协助行使管理仲裁程序的职能。司法与仲裁共同法院院长还可根据书记官长和秘书长的建议，设立其他有关必要职位。①

司法与仲裁共同法院的职能有两种：即司法职能和仲裁职能。司法与仲裁共同法院的司法职能包括咨询管辖权和争议管辖权。根据条约规定，司法与仲裁共同法院的咨询管辖权有三类：（1）在统一法提交给部长委员会批准前对统一法草案提出咨询意见的管辖权；②（2）对任何成员国或部长委员会有关《非洲商法协调组织条约》、实施该条约的规章或统一法的适用或解释的任何问题发表咨询意见的管辖权；③（3）对成员国国内法院审理涉及非洲商法协调组织立法的适用及其解释的案件发表咨询意见的管辖权。④ 它作出的咨询意见及解释不具有约束力，不过，实践中成员国国内法院不可能对这些意见置若罔闻，特别是，由于成员国国内法院作出的涉及该组织立法的判决可最终上诉至该法院，如果该判决与其意见相冲突，就可能被撤销。

根据《非洲商法协调组织条约》第 14 条的规定，司法与仲裁共同法院的争议管辖权是指，它对涉及非洲商法协调组织统一法调整的所有商事事项具有管辖权。不过，它只能作为最高上诉机构行使管辖权（但刑事事项除外，成员国国内法院对此仍有专属管辖权）。也就是说，它只能受理成员国国内上诉法院处理过的涉及统一法适用及解释的案件。这是为了确保统一法在各成员国内得到一致适用。可通过下列任一方式向司法与仲裁共同法院提起诉讼：(1) 由当事人直接提起，如果他希望对成员国国内上诉法院作出的涉及统一法适用的判决提起上诉。⑤ 当事人必须在收到国内上诉法院判决的 2 个月内向司法与仲裁共同法院书记处提起上诉。⑥ 如果司法与仲裁共同法院撤销国内法院的判决，它可对案件重新审理。⑦（2）由希望对国内最高法院管辖权提出异议的当事人直接提起，如果他未能使该法院信服司法与仲

① 《非洲商法协调组织条约》第 39 条。
② 《非洲商法协调组织条约》第 7 条。
③ 《非洲商法协调组织条约》第 14 条。
④ 《非洲商法协调组织条约》第 14 条。
⑤ 《非洲商法协调组织条约》第 14 条。
⑥ 《司法与仲裁共同法院程序规则》第 28 条。
⑦ 《非洲商法协调组织条约》第 14 条。

裁共同法院对该案件有管辖权。① 上诉必须在收到国内法院裁决通知的两个月内提出。如果司法与仲裁共同法院裁定国内法院没有管辖权，它就可判定国内法院的裁决无效。（3）由成员国国内最高法院提起，如果由于案件涉及统一法的适用，它认为自己没有管辖权。在这种情况下，成员国国内最高法院的诉讼程序自动终止。如果司法与仲裁共同法院查明自己无权审理该案，它就会将该案退给国内法院，由该法院对案件进行审理。②

司法与仲裁共同法院的判决是终局的、具有约束力，不得对其提出上诉。③ 成员国应保证判决能在各自的领域内得到执行，判决的执行应遵守被请求执行地国的民事程序规则。被请求执行地国的主管机关在收到执行判决的请求后，必须作出一个执行令，它只能对提交的判决书的真实性进行确认，而不得对其内容做实质审查。④

在仲裁职能方面，司法与仲裁共同法院仅充当仲裁中心的角色，它自己并不解决当事人提交的争议，它只是指定或确认仲裁员、听取仲裁程序进展情况及审查仲裁裁决。⑤

如果合同任一方当事人的住所或普通居所在某一成员国内，或合同的全部或部分将在某一个或几个成员国的领域内履行，则合同当事人可根据仲裁条款或庭外和解协议将合同争议提交司法与仲裁共同法院解决。⑥ 根据《非洲商法协调组织条约》的规定，争议可由独任仲裁员或三名仲裁员解决。如果当事人双方同意争议由独任仲裁员解决，他们可协商指定一名仲裁员，该仲裁员的指定还要获得司法与仲裁共同法院的批准。若双方当事人不能就独任仲裁员的指定达成一致意见，该法院可在此分歧发生后的30天内指定一名仲裁员。如果争议由三名仲裁员审理，则每一方当事人可指定一名仲裁员，当事人指定的仲裁员应得到司法与仲裁共同法院的批准。如果一方当事人拒绝指定仲裁员或不能作出指定，则法院应代其指定仲裁员。第三名仲裁员只能由法院指定，并作为首席仲裁。不过，如果双方当事人承诺他们之间可在给定的时间内选择第三名仲裁员，司法与仲裁共同法院只需对双方当事

① 《非洲商法协调组织条约》第18条。
② 《非洲商法协调组织条约》第15条、第16条。
③ 《非洲商法协调组织条约》第20条。
④ 《司法与仲裁共同法院程序规则》第46条。
⑤ 《非洲商法协调组织条约》第21条。
⑥ 《非洲商法协调组织条约》第21条。

人选择的第三名仲裁员进行批准即可。如果双方当事人不能在给定的时间内选择第三名仲裁员，法院就会作出指定。①

如果双方当事人不能就仲裁员人数达成一致意见，司法与仲裁共同法院应任命1名仲裁员审理争议，除非法院认为案件必须由3名仲裁员审理，在此情况下，每方当事人可在15天内指定一名仲裁员。仲裁员可从法院建立的仲裁员名单中进行选择，法院成员不列入仲裁员名单。法院可对任一方当事人对仲裁员提出的异议作出裁决。②

仲裁员在对部分裁决或最终裁决签字前，必须首先将其提交给司法与仲裁共同法院进行审查，以防止出现一些形式上的错误。③ 裁决在每一成员国领域内具有终局效力，经司法与仲裁共同法院院长签发执行令后它可在任一成员国领域内得到执行。但如果院长发现当事人之间不存在仲裁协议或仲裁协议无效、仲裁员越权裁决、对抗式程序原则没有得到尊重、裁决与国际公共政策相冲突，他就不会签发执行令。④

四、常设秘书处

常设秘书处是非洲商法协调组织的日常行政管理机构。根据1997年7月30日，非洲商法协调组织与喀麦隆政府达成的协议，常设秘书处的总部设在喀麦隆首都雅温德。常设秘书处独立于成员国，成员国在常设秘书处内没有官方代表，这样做的目的是确保常设秘书处免受政治压力的影响。

常务秘书负责常设秘书处的工作。常务秘书是根据《非洲商法协调组织条约》第40条任命的，任期4年，可连任1次。常务秘书对外代表非洲商法协调组织，它主要协助部长委员会的工作。常务秘书根据部长委员会决定的标准任命秘书处其他成员。目前，常务秘书由3名主任予以协助，这3名主任分别负责法律事务并协调与其他机构的关系、财政和会计事务以及一般的行政事务和非洲商法协调组织官方公报的出版工作。

常设秘书处有各种管理职能，同时为部长委员会提供协助。特别是，它要为部长委员会会议提出议程以及统一商法的年度规划。⑤ 此外，它要准备

① 《非洲商法协调组织条约》第22条。

② 《非洲商法协调组织条约》第22条。

③ 《非洲商法协调组织条约》第24条。

④ 《非洲商法协调组织条约》第25条。

⑤ 《非洲商法统一条约》第11条和第29条。

统一法草案，呈送成员国予以考虑，并要求司法与仲裁共同法院在统一法通过前提出建议。这些程序完成后，常设秘书处将统一法草案定稿，建议将其纳入下次部长委员会会议议程。① 在统一法被部长委员会通过后，常设秘书处还要负责将统一法在非洲商法协调组织官方公报上进行公布。统一法一旦予以公布，它就可在所有成员国内适用和实施。

常设秘书处还要组织司法与仲裁共同法院法官的选举工作。在选举前，它会按字母顺序编撰一份司法与仲裁共同法院候选人名单，供部长委员会考虑。作为一个管理机构，常设秘书处还要协调非洲商法协调组织各个不同机构之间的各种活动，并且随时关注非洲商法协调组织作为一个整体所开展的各项工作。由于地区高等司法培训学校附属于常设秘书处，因此常设秘书处还要负责地区高等司法学校的相关事务。

五、地区高等司法学校

地区高等司法培训学校隶属常设秘书处，其总部在贝宁首都波多诺伏。作为非洲商法协调组织的一个机构，地区高等司法培训学校具有自己的法律人格，享有行政和财政方面的独立性。同时，它拥有自己的国际身份，享有外交特权和豁免。《非洲商法协调组织条约》的所有成员国也是地区高等司法培训学校的成员，随后加入该条约的成员国在条约对其生效后，自动成为地区高等司法培训学校的成员。

部长委员会在 1995 年 10 月通过了地区高等司法培训学校的管理章程，该章程对学校的组织机构、功能、资源以及学校的津贴等问题作了详细规定。根据该章程，地区高等司法学校的机构包括一个负责学校管理的董事会、一个确保学术水准的学术委员会以及一个由部长委员会任命的校长领导的管理部门。学校董事会由作为董事会主席行事的非洲商法协调组织常务秘书、司法与仲裁共同法院院长或其指定的代表、成员国国内最高法院的 3 名代表、2 名来自国内培训中心的代表以及地区高等司法培训学校永久职员的 2 名代表组成。学校的管理部门包括校总务办公室、教学、实习和培训办公室以及财政与行政事务办公室。

地区高等司法培训学校的主要职责是发挥作为培训中心和文献研究和传播中心的作用，改善成员国的法治环境。作为培训中心，它要通过提供课程

① 《非洲商法统一条约》第 6 条和第 7 条。

培训，提高非洲商法协调组织成员国的法官及其他法律人员如律师、公证员、鉴定人、书记员、司法执达员等有关统一化的商法方面的能力建设。它提供的培训课程主要涉及下列内容：非洲商法协调组织通过的各类统一法、其他各种非洲共同体法律以及一些具体的法律领域，如经济犯罪、腐败和跨国犯罪、公私合营以及知识产权等。经学校董事会的同意，地区高等司法培训学校也可招收来自非成员国的法律人员接受该校的培训。地区高等司法学校也可与其他致力于培训法律职员或教授法律的机构或组织进行合作。

作为文献研究和传播中心，地区高等司法培训学校的主要职责是启动并促进有关非洲法律问题的研究，与司法与仲裁共同法院和成员国的最高法院通力协作，致力于实现非洲商法协调组织通过的各类统一法在成员国内得到统一的解释和适用，扩大非洲商法协调组织统一法在成员国内的传播推广。地区高等司法培训学校创办的文献中心向公众开放，该中心资料丰富，涵盖了众多领域，如非洲商法协调组织统一法、共同体法律、一般商法、会计法、税法、仲裁法、合同法、保险法、公司法、证券法、破产法等。该中心还有一个电子图书馆，收集了3000多种文献档案和340多种期刊。

第三节　非洲商法协调组织统一法的制定及实施

成员国设立非洲商法协调组织的目的非常明确，它们希望通过非洲商法协调组织制定并实施简便、现代、适应性强的商法制度，改善成员国落后的法律制度，为投资者提供一个良好安全的法律环境，促进本地区贸易与投资的发展。[①] 根据《非洲商法协调组织条约》第2条的规定，公约中的“商法”范围包括公司法、劳工法、会计法、运输法、买卖法以及部长委员会一致同意应纳入商法范围的其他事项。非洲商法协调组织为调整这些事项而制定的法律被称为“统一法”。《非洲商法协调组织条约》第二章专门就统一法的制定和适用作了详细规定。

一、统一法的制定

根据《非洲商法协调组织条约》第二章第6—9条的规定，统一法的制定程序可以分为三个阶段，草案拟定阶段、征求咨询意见阶段、批准生效

① 《非洲商法协调组织条约》序言。

阶段。

每次将予起草的统一法主题，根据部长委员会批准的商法统一化年度计划选定。在统一法起草阶段，由常设秘书处赞助该选题领域的公认专家拟定一个初步草案。将该草案随后发送给各成员国政府征求意见，各个成员国政府自收到这些统一法草案后有 90 天的期限可以提出针对草案的意见。但这一期限不是固定的，考虑到统一法草案的性质及复杂程度，经常设秘书处的请求，该期限可以再延长 90 天，以便成员国政府能够发动公众广泛参与统一法草案的讨论。①

在此阶段，各成员国都设立有国内委员会，以对统一法的初步草案进行审议。成员国国内委员会在上述期限内完成统一法草案的审议后，成员国将他们提出的书面意见提交给常设秘书处。② 此后，常设秘书处召开一个所有国内委员会的全体会议，以便对统一法草案达成一致意见。该草案随后又返回给各成员国，征求它们的意见，这些意见再送交给常设秘书处。经过反复的讨论和修改，常设秘书处将形成最终的统一法草案文本。

常设秘书处接着将议定好的统一法草案的最终文本转交给司法与仲裁共同法院，由其发表咨询意见。司法与仲裁共同法院应在收到咨询请求后的 60 天内，提出自己的意见。③ 司法与仲裁共同法院必须确定，该草案是否符合《非洲商法协调组织条约》及非洲商法协调组织的一般宗旨。司法与仲裁共同法院认为它在此方面的作用举足轻重，特别是，这一过程能够使它在统一法生效前有机会了解统一法所蕴含的原理，并确保它随后就统一法的解释和适用所作出的判决与该原理一致。

在征求司法与仲裁共同法院的咨询意见的 60 天期限届满之时，常设秘书处将统一法草案的最终文本提交给部长委员会，并建议部长委员会将统一法最终草案列入其下次会议的议事日程内。④ 根据《非洲商法协调组织条约》第 8 条的规定，部长委员会讨论通过统一法草案的最终文本时，必须取得出席会议并参加投票的成员国代表的一致同意，而且出席会议的成员国至少应达到三分之二多数。成员国放弃投票或没有参加表决会议不会构成统

---

① 《非洲商法协调组织条约》第 7 条第 1、2 款。

② 《非洲商法统一条约》第 7 条第 2 款。

③ 《非洲商法统一条约》第 7 条第 3 款。

④ 《非洲商法协调组织条约》第 7 条第 4 款。

一法通过的障碍，但是成员国有否决权，因为一致通过规则使得出席会议的某一国家可以通过投否决票阻止批准统一法。通过的统一法草案最终文本将在60天内由常设秘书处在非洲商法协调组织的官方公报上予以公布。自公布之日起90天后，统一法草案最终文本将在成员国内生效，除非统一法规定了其他生效方式。通过的统一法文本也将在成员国国内官方报纸或通过其他合适的途径予以公布，但这种方式不会影响统一法的生效。①

非洲商法协调组织自成立以来，已批准并实施了10部统一法，它们分别是《一般商法统一法》《商业公司及经济利益集团统一法》《债务清偿集体程序统一法》《仲裁统一法》《债务清偿简易程序及执行措施统一法》《公路货物运输合同统一法》《担保统一法》《会计统一法》《调解统一法》《合作社统一法》。其中，《商业公司和经济利益集团统一法》和《破产统一法》已分别在2014年1月30日和2015年9月10日进行过修订，修订后的两部统一法已分别在2014年5月5日和2015年12月24日生效；《一般商法统一法》和《担保统一法》也都在2010年12月15日进行过修订，修订后的两部统一法已在2011年5月16日生效。部长委员会还分别在2017年1月26日和11月23日对《会计统一法》和《仲裁统一法》进行了修订，修订后的法律分别于2018年1月和4月生效。

二、统一法的实施

经济一体化法律的有效性在很大程度上取决于它在成员国内被接受和实施的方式。正是通过实施，共同体法律体系和国内法律体系之间的鸿沟得以弥合。在经济一体化中，调整其活动的规范和成员国国内法律之间的关系对于经济一体化的发展至关重要。因此，经济一体化所面临的一个主要挑战是确保共同体法律在成员国内得到实施。地区经济共同体条约通常会对共同体法律和成员国法律之间的关系以及共同体法律如何在成员国内实施作出规定。在共同体条约没有对此作出规定时，各国一般会根据本国宪法的相关规定或本国的相关判例来解决共同体法律如何在国内实施的问题。这实际上就涉及国际法与国内法的关系问题。对于国际法在国内的实施，坚持“一元论”和“二元论”的国家有不同的观点和做法。

非洲商法协调组织的成员国既有坚持“一元论”的国家，也有坚持

① 《非洲商法协调组织条约》第9条。

"二元论"的国家，为了保持统一法在各成员国得到统一适用，维护统一法的权威和效力，《非洲商法协调组织条约》第10条明确规定，统一法在成员国内直接适用并具有约束力，即使成员国此前或此后的国内立法与其有相冲突的规定。该条明白无误地确立了统一法在成员国内的直接适用性。统一法的这种直接适用性体现出一种超国家的特征，这种特征实际上"是每个成员国为了非洲商法协调组织就其进行法律协调方面的有关事项作出具体安排而放弃本国部分国家主权的表现"，"各种统一法的通过程序以及它们所体现出来的强制性和可废止成员国国内法律的特征同样体现了非洲商法协调组织各种法律文本的超国家特性"。① 因此，要在地区性共同体条约中作出这种安排需要成员国付出极大的勇气和决心。迄今，在非洲的区域性条约中，只有《非洲商法协调组织条约》明确作出了这样的规定。这同样体现了非洲商法协调组织成员国领导人改善本地区商法环境的决心和勇气。

《非洲商法协调组织条约》第10条规定容易产生适用上的歧义。根据该条规定，统一法可以推翻与其相冲突的国内法中的个别规定，还是可以推翻与统一法调整事项相同的成员国的任何国内法。对此问题，科特迪瓦在2000年曾请求司法与仲裁共同法院对此发表咨询意见。司法与仲裁共同法院在2001年4月30日发表了咨询意见。根据该咨询意见，《非洲商法协调组织条约》第10条规定的效力仅在于排除并禁止适用与统一法有相同目的且与之相冲突的成员国内任何国内立法或规章中的规定，而且"规定"应理解为是指某一条款、子条款或只是单一句子。司法与仲裁共同法院在咨询意见中还指出，如果并非所有的国内法中的规定都与统一法的规定相冲突，不予统一法相冲突的规定就可继续适用。

一般而言，对于统一法中的非强制性规定，如果当事人有其他约定或成员国国内立法中有其他规定，则可以不适用。例如，《商业公司和经济利益集团统一法》第517条规定，"除非公司章程中另有其他约定，股东大会应在公司注册办公室所在地举行，或在公司注册办公室所在地的成员国内的其他地方举行"。换言之，这就使公司章程可以约定在某一外国境内举行股东大会。相反，如果公司章程中没有规定股东大会举行地，就应适用统一法的规定，即股东大会必须在公司注册办公室所在地的成员国内举行。根据

---

① ［尼日尔］阿鲁赛尼·穆鲁：《理解非洲商法协调组织》，李伯军译，湘潭大学出版社2016年版，第29页。

《担保统一法》第20条，担保书下的责任视为连带责任，但该条规定又指出，如果有关成员国国内法或当事人的协议对此有其他明示规定的，则该条规定不适用。

对于统一法中的强制性规定，是不允许当事人通过约定或成员国通过国内立法予以排除适用的，它可以推翻成员国内此前或此后制定的与其冲突的规定。统一法中的强制性规定主要有两类。一类为某些协议或程序规定了必须遵守的特定要件，如违反这些要件规定，相关协议或程序就会被认定为无效。例如，《商业公司和经济利益集团统一法》第198条规定："进行合并、分立或部分营业资产转让的公司，必须向法院书记室提交一份声明，在该声明中它应指明，为完成此类交易所采取的全部行为，并声明这些行为是根据本法采取的。如非如此，此类交易将被宣布为无效。"另一类强制性规定由于具有公共政策性质而不允许当事人通过协议或由成员国通过国内法予以减损。

还必须注意的是，统一法并非可以适用于成员国内所有事项，对一些特殊事项，统一法会限制自己的适用。例如，《非洲商法协调组织条约》第5条规定，统一法中可以有有关刑事制裁的条款，但这要留给每一成员国决定和实施可在其领域内实施的实际刑罚。同样，要由成员国自己来确定可免予扣押的财产的类型①，或在其领域内可执行权利由何构成。②

第四节　非洲商法协调组织取得的成就及存在的问题

一、非洲商法协调组织取得的成就

非洲商法协调组织取得的成就主要体现在以下几个方面：商事立法得到统一、商事司法协同运转、争议解决方式灵活多样、营商环境不断改善。

（一）商事立法得到统一

非洲商法协调组织的成员国中除喀麦隆同时存在普通法省份和大陆法省份外，其他国家都具有大陆法传统。但由于它们继承了不同宗主国的法律制度，它们的法律制度之间存在很大不同。而且许多成员国的法律自殖民时代

---

① 《债务追偿简易程序和执行措施统一法》第50条和第51条。

② 《债务追偿简易程序和执行措施统一法》第30条。

以来从未修改过，很多法律已经过时，不能适应现代商业发展的需要。对于商人来说，更为头疼的是，他们很难收集到这些过时、多样的法律规定。为此，制定统一而现代的商事法律制度就成为非洲商法协调组织的宗旨之一。

非洲商法协调组织自成立以来，已批准并实施了10部统一法。这些统一法调整的事项涉及商人身份的界定、商事登记、商业租赁、商业营业资产的经营和买卖、商业中介（行纪商、居间商、代理商）、商业合同、公司的成立、公司类型（股份公司、有限责任公司、无限责任公司等）、公司重组和转型、公司证券发行、一般会计原则、财务报表和账户的制作、公司破产和清算、债务担保、债务追偿、货物运输、仲裁程序等诸多事项。这些立法既有实体规定，也有程序规定，既提供了法律的确定性，又有制度性的程序保障。这些统一法取代了成员国国内过时的法律制度，而且非洲商法协调组织通过的统一法都可以在相关网站上容易地找到，便于人们了解这些法律的内容。通过这些努力，非洲商法协调组织区域内引进了先进的商业立法，逐步形成了一个共同法律区域，减少了法律的不确定性，增加了法律和司法的透明度。

（二）商事司法协同运转

根据《非洲商法协调组织条约》的规定，统一法具有超国家性和直接适用性等特征，它可以推翻成员国内与其冲突的国内立法规定，可以直接在成员国国内法院适用。即使统一法直接在成员国内适用，仍会产生问题：如果各成员国法院在适用统一法时作出不同的解释，就会造成法律的混乱，从而损害非洲商法协调组织为吸引外国投资而作出的努力。为避免出现这种情况，非洲商法协调组织设立了司法与仲裁共同法院，由该法院负责对统一法进行解释，并通过对成员国国内法院涉及统一法的案件行使终审权，以推动统一法在各成员国内的统一适用。统一法的采纳以及司法与仲裁共同法院的设立能够使投资者确定法律的内容，运用司法手段维护自己的合法权益，从而可以减少商业领域的政治干预和腐败的产生。

司法与仲裁共同法院自运作以来，在解释统一法、确保统一法在成员国内得到统一适用方面发挥了重要作用。司法与仲裁共同法院发布的各类咨询意见、作出的各类判决、裁定等已有1000多件，案件涉及《非洲商法协调组织条约》以及已经实施的10部统一法的解释和适用，而且该法院受理的成员国国内法院的上诉案件来自所有成员国。这种情况表明司法与仲裁共同法院的权威得到成员国国内法院的尊重，二者之间已经建立起良好的协同运转关系，这就非常有利于在非洲商法协调组织内建立安全的司法环境。

（三）争议解决方式灵活多样

为了解决司法的不安全性问题，非洲商法协调组织设立了司法与仲裁共同法院，它不但可以作为涉及商法事项诉讼的最终法院，而且可以作为仲裁管理机构向当事人提供仲裁服务。为此，非洲商法协调组织专门制定了自己的《程序规则》《司法与仲裁共同法院仲裁规则》。为了调整和规范在成员国内进行的仲裁，非洲商法协调组织还制定了《仲裁统一法》。此外，在考虑到本地区的法律文化传统以及国际上争议解决的最新发展趋势后，非洲商法协调组织还通过了《调解统一法》。从《仲裁统一法》《调解统一法》《司法与仲裁共同法院仲裁规则》的规定来看，它们吸收了国际上先进的仲裁立法和仲裁规则的规定，而且它们的适用范围十分广泛，它们不但调整一般的国际商事争议，还可以调整国际投资争议。这样，在非洲商法协调组织的成员国内进行投资或经商的外国人就可根据实际情况选择是通过诉讼程序、仲裁程序还是调解程序来解决相关争议。

非洲商法协调组织提供的这种灵活多样的争议解决方式对于外国投资者或商人来说十分重要。这种现代的、灵活多样的争议解决方式不但有利于快速解决争议，而且有利于法院判决或仲裁裁决得到快速地承认与执行。例如，《非洲商法协调组织条约》《仲裁统一法》《调解统一法》《程序规则》《司法与仲裁共同法院仲裁规则》对司法与仲裁共同法院的判决、仲裁裁决以及其他仲裁裁决与和解协议的执行规定了统一、高效、简单的承认与执行方式。在非洲商法协调组织成立前，本地区各成员国之间不存在判决或仲裁裁决相互承认与执行的立法或双边条约，而且在非洲商法协调组织的 17 个成员国中还有乍得、刚果（布）、几内亚比绍、赤道几内亚、多哥不是 1958 年《承认与执行外国仲裁裁决的纽约公约》的成员方，这就导致判决和仲裁裁决在该地区的承认与执行会面临许多障碍。

（四）营商环境逐步改善

非洲商法协调组织为成员国制定了统一化的商法制度，涵盖的范围涉及公司法、一般商法、证券法、执行程序、仲裁和调解等众多领域。这些统一化的商法制度具有下列好处：它有助于所适用的法律的确定性；有利于促进跨国商业交易的发展；保证了商业交易的安全；提高了争端解决机制的可信度。特别是司法与仲裁共同法院可对统一法的解释和适用进行最后的监督，这既可以确保非洲商法协调组织法律得到统一的解释，也可以将成员国国内的上诉法院自动地置于它的直接控制之下，这有效地改善了该地区司法的不确定性。非洲商法协调组织所提供的统一化的商法以及多样化的争议解决方式可以消除该地区法律和司法的不安全性，改善本地区的营商环境，增加对外国投资的吸引力。

世界银行在评价一些国家和地区的营商环境时，将法律制度的质量和司法机构的力量作为重要的衡量因素。在世界银行发布的《营商环境》中，通常都会将影响商业领域的法规作为分析的指标，这些指标可以具体分为如下领域：开办企业、办理施工许可证、获得电力、财产登记、信贷获取、中小投资者保护、税收支付、跨境贸易、合同履行以及破产规范等。在这些领域中，其中开办企业、财产登记、信贷获取、中小投资者保护、合同履行和破产规范几个领域在评价和衡量某个国家和地区的营商环境时尤为重要。从非洲商法协调组织制定的统一法来看，它们的调整内容已完全覆盖了这几个尤为重要的领域。因此，非洲商法协调组织通过的统一法对于本地区营商环境的改善发挥了重要作用。从 2011 年起，世界银行还专门发布了非洲商法协调组织的营商环境报告，迄今已分别在 2012 年和 2017 年发布了两份该地区的营商环境报告，对该地区在商法领域进行的改革给予了极大关注。从两份报告的内容来看，非洲商法协调组织由于推行商法领域的改革，已使该地区的营商环境逐步好转。

二、非洲商法协调组织存在的问题

非洲商法协调组织自成立以来，在本地区的商事立法和司法方面取得了大量成绩，但非洲商法协调组织的发展也存在不少问题。如果这些问题得不得有效解决，可能会影响其今后的发展。

第一，多样化的工作语言不利于一些活动的开展。在 2008 年《非洲商法协调组织条约》修订前，该组织的工作语言只有法语。由于该组织的成员国中还有以西班牙语为官方语言的赤道几内亚、以葡萄牙语为官方语言的几内亚比绍以及以英语和法语作为官方语言的喀麦隆，特别是考虑到该组织面向非洲其他国家开发，为了吸引其他更多非洲国家加入，就需要增加该组织的工作语言。为此该组织在 2008 年修订条约时将西班牙语、葡萄牙语和英语也列为工作语言。虽然根据《非洲商法协调组织条约》的规定，在统一法的不同语言译本产生冲突时，以法语文本为准。但因语言的多样化而引起的问题，如法律文本的翻译、诉讼活动的代理、司法程序的进行等不会短期内消失。

第二，大陆法传统会影响向非洲普通法国家的拓展。非洲商法协调组织的立法及司法受法国影响较深，体现出鲜明的大陆法特征。虽然在非洲普通法国家的法律人士看来，该组织通过的法律制度中有很多与普通法国家中的制度相似，但作为不同的法律传统，该组织法律制度中仍有许多概念和制度不为普通法国家的法律人士所了解和熟悉。因此，许多人认为该组织仅适合非洲大陆法国家，不利于非洲普通法国家的加入。非洲商法协调组织也意识到这一情况不利于吸收非洲普通法国家，它正逐步改变这一状况，例如，在起草新立法时，它更注意借鉴不同法律制度的内容，而不再仅仅模仿法国的法律制度。但也有人认为，法律传统问题不会影响非洲商法协调组织的拓展。解决之道就是妥协。例如，加拿大、喀麦隆和欧盟都是不同的法律传统可以和谐并存的例子。因此，可以将非洲商法协调组织内具有双重法律制度并有英语和法语两种官方语言的喀麦隆作为英语普通法国家加入该组织的标本和实验场。

第三，该组织的资金来源会制约其进一步发展。为了避免因资金短缺导致非洲商法协调组织昙花一现，《非洲商法协调组织条约》第 43 条专门规定了该组织的资金来源。根据规定，非洲商法协调组织的资金来源包括成员国缴纳的年费，成员国或其他国际组织提供的援助，各类捐助和遗赠。在该组织成立初期，它的运行主要靠外来援助，但援助的款项常常入不敷出。为了解决非洲商法协调组织面临的财政困难并为其长远发展做好打算，非洲商法协调组织部长委员会早在 2003 年 10 月 18 日在加蓬首都利伯维尔召开的一次会议上，就批准了一项税收计划。根据这项计划，对从第三国进口而在非洲商法协调组织成员国内销售的商品征收 0.05% 的共同体税。但这项税收计划并没有立即实施。2008 年 10 月 17 日在加拿大魁北克召开的非洲商法协调组织国家和政府首脑会议通过了一项宣言。这项宣言的目的是授权成员国的财政部长实施非洲商法协调组织采取的安排和措施，以便从 2009 年 1 月 1 日起有效落实上述税收计划，实现非洲商法协调组织的财政自立。通过这样的方式，可以减少非洲商法协调组织对外来援助的依赖，获得稳定的资金来源，从而有助于实现各机构工作的顺利开展。

第四，统一法的制定过程缺少成员国公众的广泛参与，难以获得高度的认同感。统一法的立法过程中，常设秘书处以及部长委员会发挥着重要作用，而作为各成员国国内立法机构的议会却被排除在这一过程之外。此外，国内学者、立法、商人及其他利益相关者也很少参与到立法过程。为了让公众参与到立法过程，大部分成员国都设立了一个非洲商法协调组织国内委员会，该委员会主要由立法、司法、学术界、商界等部门的代表组成。当常设秘书处将统一法最初草案提交给各成员国政府讨论时，各成员国政府可将该草案交由本国的国内非洲商法协调组织委员会进行评论，并提出相应意见。常务秘书已认识到这些委员会对统一法的制定发挥着重要作用，并准备建议承认这些委员会是非洲商法协调组织体制内的正式机构。此外，统一法的最初草案也基本上是发达国家的法律专家起草的。许多学者认为，考虑到成员国国内的学者、律师在商法、比较法方面知识的欠缺，在非洲商法协调组织成立初期请外国专家起草统一法草案无可厚非，但在本地区已具备此类立法人才时，就应尽量由本地的专家来起草统一法草案，这样不但可以提高本地团体对新立法的认可度，也有利于使新立法更适合本地区的社会经济现实。

第五，非洲商法协调组织法律资源的交流与推广尚待加强。该组织成立后，在统一法的推广与传播方面作出了重要贡献，但一些律师、法官、学者、商人等仍抱怨立法资料、法院判决以及学者的评论仍很难获得。根据《非洲商法协调组织条约》的规定，统一法通过后，应在非洲商法协调组织的官方期刊上公布，常设秘书处再将这些期刊发送到各成员国，此外，各成员国政府的公报也应公布此类立法。但由于受资金限制，出版的期刊数量极为有限，获得此类期刊的人数不多。非洲商法协调组织正设法改变这一状况，例如，常设秘书处正在建设该组织的官方网站，该网站不但有各个统一法的文本，也有法院的判决、学者的评论等。

第五节　非洲商法协调组织对中国开拓非洲市场的意义

非洲商法协调组织的成员国主要位于西部和中部非洲，这些国家自然资源和矿产资源丰富，天然矿物包括金、钻石、铜、铁、钴、石油、天然气等。一些国家的资源供应在世界市场上占据着重要份额，如科特迪瓦拥有世界2/3的可可产量，几内亚拥有世界3/4的铝矾土储量，加蓬有丰富的林业资源，号称“绿金之国”，刚果（布）和刚果（金）具有丰富的石油、铜矿和林业资源。中国与这些成员国的经济互补性强，双方的经贸合作与相互投资具有广阔的空间和巨大的潜力。近年来，中国与这些国家的进出口贸易持续保持快速增长的趋势，在中非贸易中占据重要地位。根据商务部西亚非洲司的统计数据，从2007年至今，中国同非洲商法协调组织成员国的刚果（布）、刚果（金）、喀麦隆、加蓬、贝宁、几内亚、赤道几内亚、多哥等一直有较多的贸易往来。此外，这些国家在交通、能源、电信、环保等基础设施建设和产业升级换代方面，具有巨大的投资空间。近年来，中国在乍得、几内亚、刚果（金）、喀麦隆、赤道几内亚等国进行了很多非金融类投资项目。

长期以来，这些国家在立法和司法上的不确定性影响了包括中国在内的一些国家在该地区的投资和贸易，而非洲商法协调组织的成立就是为了改善成员国的立法和司法状况，消除法律的不确定性，保护投资者的投资利益，增强投资者在该地区的投资信心。如前所述，非洲商法协调组织成立以来，在对成员国的商法进行统一化方面取得了显著成就，所通过的统一法涉及商业领域的不同方面。这些统一化的立法可以避免投资者因不了解不同国家的法律而影响其在这些国家的投资。在非洲商法协调组织成员国内，成员国适用的是相同的商法，只要了解这些法律制度，就可在所有成员国内进行投资贸易，而不用考虑因法律冲突可能带来的各类障碍。非洲商法协调组织虽然目前只有17个成员国，但该组织向所有非洲国家开放。随着该组织的不断发展，会有越来越多的非洲国家加入该组织，如加纳、安哥拉、圣多美普林西比等都表达了在今后加入该组织的愿望。随着更多非洲国家的加入，该组织会成为投资非洲市场的又一个重要据点。

此外，由于非洲商法协调组织成员国所处的地理位置，向这些国家投资有利于向北部非洲、东部非洲和南部非洲拓展。同时，有些非洲商法协调组织的成员国还是其他组织的成员国，如贝宁、布基纳法索、科特迪瓦、马里、尼日尔、塞内加尔和多哥既是西非国家经济货币联盟的成员国，还是西非国家经济共同体的成员国，而喀麦隆、中非共和国、刚果（布）、赤道几内亚、加蓬和乍得还是中部非洲经济货币共同体的成员国。这样，在这些成员国内进行投资还可以享受这些成员国在其他组织内的投资优惠措施及投资便利条件，从而可以进一步向非洲其他地区拓展投资市场。

非洲商法协调组织的成员国除喀麦隆外，都具有大陆法传统，并且该组织所通过的统一法也是以大陆法为基础，在一定程度上借用了法国当代商法。中国也是大陆法传统国家，并且中国的一些商法也深受法国商法的影响。由于大陆法传统国家在立法模式、法律渊源、法律概念、法律教育、诉讼程序等方面有许多相似之处，这就非常便于中国商人和投资者了解非洲商法协调组织的商法制度，避免因误解法律规定所带来的不必要的损失。在争端解决方式方面，非洲商法协调组织非常重视通过仲裁解决商事争端。中国商人和投资者也历来重视通过仲裁解决商事争端，而且非洲商法协调组织的仲裁规则与中国国际经济贸易仲裁委员会的仲裁规则有许多相似之处，这无疑是吸引中国商人和投资者在该地区进行贸易和投资的又一考虑因素。

如果考虑到中国和非洲商法协调组织成员国之间现有的多边和双边法律框架，该组织的法律制度的作用就更加凸显了。在多边法律框架方面，在非洲商法协调组织的17个成员国中，还没有一个国家以联合国国际贸易法委员会《国际商事仲裁示范法》为版本制定本国的仲裁法，或对旧的仲裁立法进行修改。其中刚果（布）、几内亚比绍、赤道几内亚和多哥还没有加入《纽约公约》。在双边法律框架方面，非洲商法协调组织成员国中还有贝宁、布基纳法索、中非共和国、科摩罗、几内亚比绍、尼日尔6个国家没有同中国签订双边贸易协定，还有中非共和国、科摩罗、几内亚比绍、尼日尔、塞内加尔、多哥6个国家没有同中国签署双边投资保护协定，其中贝宁、喀麦隆、乍得、刚果（金）、几内亚5个国家虽然同中国签署有双边投资保护协定，但迄今尚未生效。这种情况非常不利于中国商人和投资者解决在当地发生的贸易和投资争议。非洲商法协调组织通过的法律制度很好地解决了这一困境。例如，《非洲商法协调组织条约》《仲裁统一法》《司法与仲裁共同法院仲裁规则》为通过仲裁解决争议以及为仲裁裁决的承认与执行提供了很好的法律框架，《仲裁统一法》《司法与仲裁共同法院仲裁规则》《调解统一法》还将投资争议纳入仲裁和调解范围，这为投资争议的解决提供了很好的途径。因此，在目前中国和非洲商法协调组织成员国之间缺乏相应的多边和双边法律框架的情况下，非洲商法协调组织的法律制度为中国在该地区的投资与贸易提供了另一种有效的法律保障。

对于有意在该地区进行投资和贸易的中国商人和企业而言，应首先了解非洲商法协调组织目前已通过的10部统一法，充分利用这10部统一法的规定，选择合适的投资方式、经营类型，在出现争端时，根据实际情况，选择是通过诉讼、仲裁还是调解方式来解决争议，以保护自己的合法权益。投资者只有了解了某一地区的法律制度，知道自己的合法权益会得到法律上的保障时，才会决定在该地区进行投资贸易。

第十三章　非洲国家民商事纠纷解决机制

在全球化的背景下，多元化纠纷解决机制在全世界兴起，非洲国家民商事纠纷解决机制也大致可以分为诉讼、仲裁和调解等。而因为法律文化传统的关系，非洲国家的诉讼、仲裁和调解等制度整体上接近，但是不同语系国家的具体法律规则还是存在差异的。因此，本章选取非洲代表性国家作为例证，以点代面介绍非洲国家的民商事纠纷解决机制。

第一节　非洲国家的民商事诉讼规则

本节我们选取南非、马拉维、安哥拉、喀麦隆等国为例，介绍其民商事诉讼规则。在具体介绍每个代表国家的民商事诉讼制度之前，必须介绍其法院系统及其分工。需要特别注意的是，世界各国的法院系统架构及民商事诉讼规则都或多或少与我国法院架构和民事诉讼规则存在差异，因此不能依据中国法相关规则强行类推揣测其他国家的情形。

一、南非法院架构及其民商事诉讼规则

（一）南非的法院架构

南非的法院系统分为普通法院和专门法院。普通法院系统纵向划分为宪法法院、最高上诉法院、高等法院和裁判法院。专门法院则是为针对解决某特定类型纠纷而设立的法院比如劳动法院、酋长法院等。

宪法法院坐落在约翰内斯堡，它是一切涉及解释、保护和实施宪法问题的最高法院，宪法法院共有 11 名法官，包括院长和副院长各 1 名以及 9 位法官。南非宪法法院审案通常由 11 名法官组成合议庭。宪法法院是根据南非现行宪法最新设立的法院，它就宪法问题和宪法问题决议案等作出具有终

审权的判决，且该判决对南非公民、立法、司法与行政机关、所有法院均有约束力。

除宪法事务外，坐落于司法首都布隆方丹的最高上诉法院是南非普通法院体系最高级别的司法机构，它对受理的一切案件都具有终审权，并将形成先例对南非所有法院产生约束力。最高上诉法院作为上诉法院，仅行使上诉管辖权，不受理一审案件。南非最高上诉法院由1名大法官、1名副大法官和25名法官组成，上诉案件的审理采用合议制，一般由9名法官组成合议庭，以听审的多数法官意见为准。

由资深大法官管理的高等法院兼具上诉管辖权和初审管辖权，主要受理其管辖范围内性质严重、下级法院无权判决的刑事案件，包括对某些特殊案例可以判处终身监禁（南非已废除死刑）。行政诉讼案件通常也由高等法院一审受理。同时高等法院也是裁判法院（也译作治安法院、地方法院）的上诉法院，对裁判法院裁决的案件有复审权。高等法院审结一宗案件一般需要16个月。高等法院审理案件一般由1名法官审理，案件复杂的由2名法官审理；上诉案件则由3名或5名法官组成小组审理。在刑事案件中，通常会有2名“陪审员”共同听审，该“陪审员”与中国或美国的陪审员均不同：首先这2名“陪审员”是法律专家，即执业律师或退休法官；其次这两名“陪审员”虽然共同听审，但其仅向审理法官提供参考意见，该意见对审理法官不具有拘束力。此外，南非高等法院也是南非的“省级法院”，但南非高等法院的管辖区域与南非的省级行政区划并不严格一致。南非共有9个省，但目前却南非共有13个高等法院和一个巡回法院。巡回法院是南非高等法院的派出机构，其作出的裁决视同高等法院的裁决。

裁判法院也译为“治安法院”或“治安官法院”，系南非的初审法院，受理民事案件和情节不特别严重的刑事和案件，其机构设置和职能划分较复杂。作为刑事诉讼的基层法院，裁判法院又可以划分为两类：区域裁判法院和普通裁判法院或地区法院。[①] 截至2023年3月，南非共有裁判法院751个，其中区域裁判法院300个，普通裁判法院（又称为地区法院）451个，裁判法院法官1900名左右。裁判法院在审理时也有陪审员参与，其意见仅

---

① 国内有翻译资料将 Ordinary Magistrate's Court or District Court 翻译为治安法院，而将 Regional Magistrate's Court 翻译为地区法院；本材料的翻译方式不一样，本书将前者翻译为普通裁判法院或者地区法院，将后者翻译为区域法院，以避免误解。

供法官参考，不具拘束力。裁判法院审理一审案件采用独任制，审理上诉案件则采用合议制。

区域裁判法院受理影响相对较重的刑事案件，可判处犯有谋杀等罪行的人终身监禁，可审理判处犯有武装抢劫等罪行的人最多 20 年监禁的刑事案件，而且最高可判处 30 万兰特罚金，还可以审理从酋长法院上诉的案件，区域裁判法院审结一宗案件一般需要 15 个月。普通裁判法院受理情节相对轻微的刑事和民事案件，谋杀、叛国、恐怖主义或蓄意破坏等不在其受案范围，其判刑幅度为最高 3 年监禁或最高 10 万兰特罚金。普通裁判法院审结一案需要 6 个月。在刑事案件中，裁判法院在法律规定的最低刑罚以下判刑，必须报高等法院复核。

基于特殊的历史和社会现状，南非还设立了许多专门法院，其地位与高等法院或地方法院类似，受理特别案件、解决特殊问题，主要有所得税法院、劳动法院和劳动上诉法院、土地索偿法院、竞争上诉法院、选举法院、离婚法庭、小额诉讼法院、酋长和首领法院等。平等法院处理不平等歧视、仇恨言论和骚扰案件，涉及基于种族、性别、性取向、国籍等的歧视行为或言论，且此类案件原告不要求必须是歧视行为的直接受害者。酋长和首领法院，酋长法院与地方法院管辖平行，诉讼当事人可自主选择酋长法院或地方法院。劳动法院和劳动上诉法院，就劳动案件而言，劳动上诉法院既是初审法院，又是实际上的终审法院。此外，自 2009 年开始，南非还设立了商业犯罪特别法院，目前一共有 9 个商业犯罪特别法院。

（二）南非的民事诉讼规则

南非没有确立民商分立的法律体系，因此在诉讼领域并不专门区分民事诉讼和商事诉讼。南非法律受英美法系和大陆—荷兰法律体系的影响，是典型的混合法系国家，但是从具体制度而言，在民事诉讼领域，其存在明显的英美法系特点，比如与美国法类似，规定有强制答辩和不答辩判决制度、径行判决制度、证据开示制度、动议命令制度等。南非民事诉讼法的规则中，《高等法院法》《裁判法院法》《裁判法院规则》分别规定上诉审和一审的程序问题，而《统一法院规则》的部分规定也适用于法院审理民事案件。

1. 南非民事诉讼书状规则

南非的基层法院为裁判法院，裁判法院又可以分为区域裁判法院和普通裁判法院。在裁判法院提起诉讼，需向法院提交民事起诉状。民事起诉状必须是书面形式，要求陈述案件的主要事实。民事起诉状陈述书面事实只需要声称即可，不需要提供证据。所谓案件主要事实，是原告声称的，用以支撑起诉因的主要事实。支撑诉因的主要事实即是如果为真，能够支撑法律上应当判决原告胜诉的事实，与我国民事诉讼的法律关系的事实内容或要件类似。具体判断哪些事实是主要事实，可以采用被告驳回动议的判断标准，即不论证据只关注民事起诉状本身，如果假定民事起诉状陈述的事实全部为真，若仍不能判决原告胜诉，则代表原告民事起诉状陈述主要事实存在遗漏或者缺陷。显然，民事起诉状无需陈述与案件有关的全部事实，但是必须陈述主要事实，否则被告可以主张无需审理直接驳回。

原告向南非法院提交民事起诉状，可以自己代理自己提交，也可以委托律师提交，如果委托律师的，书状可以由律师代为签字。南非民事诉讼起诉采取登记制，法院不进行实质审查。一旦法院受理起诉，则会开出传票。

南非民事诉讼的书状不仅包括起诉状，也包括答辩状。根据《裁判法院规则》第17条的规定，被告在送达之后20天内应当提交书面答辩状或者向原告送达出庭答辩表。根据《裁判法院规则》第12条的规定，如果被告未能在20天期限提交答辩状，则法院书记官应当将被告为答辩之事实记载进案卷。如果被告提交了出庭答辩表，但并未在20天提交答辩状，则原告应当送达书面要求被告在5天内提交答辩状，如果5天之后仍未答辩，则法院书记官应当将被告为答辩之事实记载进案卷。在书记官记录未答辩事实之后，原告可凭该案卷文件及原起诉状和传票向法庭申请不答辩判决。原告可以主张的内容包括：原起诉状和传票中索赔的金额、诉讼费用、利息，其中利息金额要根据南非《法定利率法（1975年）》的规定确定。值得注意的是，绝大多数英美法系国家的民事诉讼都规定了强制答辩，即被告必须书面答辩，否则法院直接判决原告胜诉。这与我国民事诉讼法下答辩仅是权利因此可以不书面答辩而是等待开庭再口头答辩明显不同。因此，中国人和中国企业收到南非法院传票以及起诉状的，绝对不能等开庭再口头答辩，否则已然败诉，根本没有口头答辩的机会。

被告收到起诉状之后可以提交答辩状，也可以提交书面陈述请求要求原告陈述更为具体的事实——具体到合理的人能够理解原告起诉的内容。起诉状和答辩状可以修改，比如原告收到被告的答辩状之后，可以根据答辩状内容相应修改起诉状的事实陈述；被告也可以根据新起诉状修改答辩状的内容。但是修改书状存在时间限制，在时限届满或者双方确定不再修改书状，则构成提交书状阶段的完结。提交书状阶段完结的法律意义有两点：第一，当事人无充分且正当的理由不得再修改书状；第二，当事人后续诉讼行为受其书状的约束——即当事人不得在诉讼过程中改变自己的事实主张和诉讼请求。这和我国民事诉讼法的规则明显不同——当事人可以在法庭辩论终结之前变更诉讼请求。

2. 南非民事诉讼的传票规则

南非民事诉讼一审程序中的传票分为三种：普通传票、整合传票和临时传票。[①] 其中普通传票简要记载原告起诉被告之事实，整合传票除了传票本身还附有其他附件文件以证明起诉的具体事实细节，而临时传票则适用于原告作为债权人主张基于票据或者其他书面债权文件的索赔。临时传票之所以取名临时传票，是因为在使用临时传票的情景中，被告首先必须挑战临时传票基于的票据或者债权文件的有效性，如果成功则进入下一步诉讼阶段，如果不成功则法院直接基于起诉状及传票判决原告胜诉，不必开展庭审。临时传票的相关规则类似于我国的支付令制度。

根据《统一法院规则》第 17 条的规定，传票应包含以下内容：

（1）传唤答辩及出庭及如果不答辩或者不出庭的后果；

（2）同意原告请求判决的表格（如被告签署该文件，则法院直接判决原告胜诉）；

（3）出庭答辩表（如被告签署该文件，则案件继续审理）；

（4）依据《裁判法院法》第 109 条的通知（债务人搬迁地址）；

（5）依据《裁判法院法》第 57、58、65A 和 65D 的通知（关于被告出庭、提交答辩书状以及债务人被告的财务状况）；

（6）原告接受诉讼文书的地址；

（7）当事人名单；

（8）关于法院具有管辖权的陈述；

（9）案件事实陈述；

（10）诉讼请求。

值得注意的是，南非法院民事诉讼的传票由原告及其律师制作，法院不负责。法院书记官在受理案件的时候进行形式审查，符合要求的则在上面盖章并填写案号。原告而非法院负责传票和起诉状的送达，原告可以通过其律

---

① 南非《裁判法院法》第 5—7 条。

师联系南非各地治安官办公室进行送达。①

3. 南非民事诉讼的直接驳回申请规则

虽然南非民事诉讼规定强制答辩，但是在特点情况下被告可以不答辩而是提交直接驳回申请。所谓直接驳回申请是指在特定情形下，原告的起诉及送达存在缺陷，法律允许被告不答辩而是直接指出起诉和送达的法律缺陷，要求法院直接驳回原告起诉的申请。这个规则与美国联邦民事诉讼规则第12条b款规定的直接驳回原理相通，规则类似。按照《裁判法院规则》第17条第2款的规定，以下情形被告可不答辩而提出直接驳回申请：

（1）传票和起诉状未能陈述诉因（即从法律上被告不知道原告起诉什么）；

（2）传票中陈述的内容太过于模糊或者令人尴尬（即被告于事实上不知道原告起诉什么）；

（3）起诉状的形式不符合法律规定；

（4）传票送达不符合法律规定；

（5）送达的传票与法院存档的传票实质不一致。

被告一旦提出直接驳回申请，则答辩期间自动停止计算，直到法院对被告的申请作出裁决为止。法庭应当考量被告申请是否成立，并且举行听证会听取双方意见。如果法庭认为被告提出的理由全部不成立，则应指令被告在法院确定的期限内答辩，一般该期限短于20天。如果被告的申请理由有一项成立，则法庭应当驳回原告申请；不过一般这种情况下原告会向法院申请暂不驳回，而是给原告机会修改书状传票或者重新送达，法院一般会准许。

4. 南非民事诉讼的证据开示规则

《裁判法院规则》第23条、第24条、第26条规定了证据开示，其中第23条规定一方当事人可以向对方当事人索取书面文件，第24条规定医疗检查、现场和物品检视、专家证言的提出和图表、图样证据的提出等。

根据书面证据开示的规则，任何当事人可以因为何起诉或者答辩中的诉辩事项书面向对方提出索取书面文件的请求，无论该文件是以电子文件、邮件、票据、录音录像等形式存在均可。被请求方应当在20天之内向对方送达誓证书，陈述被索取的文件的状态：第一，其持有、占有或者可以合法获

① 南非民事诉讼制度中传票和起诉状的送达分很多情形，原则上必须一起送达，但是制度上也留有余地可以先送达传票，视被告的反应再决定是否送达起诉状。

得这些文件的情况；第二，其持有、占有或者可以合法获得这些文件但是其有法律规定的（主要是免证特权）可以拒绝提供的理由；第三，其不持有、占有或者可以合法获得这些文件的情况。[①] 如果被请求人回复属于第一种情况，则请求人可以书面要求检视或者复制这些文件，应给予被申请人 5 天准备时间。如果被申请人的回复属于第二种或者第三种情况且申请人不认同，则应向法院申请获得文件的命令。[②] 如果被申请人拒绝提供文件且未能按照时限回复申请人，法律后果之一是请求范围内证据文件，被申请人于庭审时不得举出作为证据。

书面文件证据开示的请求提出有时间限制。除非法庭特别准许，否则在提交书状阶段完结前不得提出开示请求。《裁判法院规则》第 25 条规定了庭前会议，在庭前会议确定庭审事项后，除非法庭另有指示，不得再进行证据开示。

《裁判法院规则》第 24 条规定了医疗检查、现场和物品检视、专家证言的提出和图表、图样证据的提出等。根据该条规定，一方可以请求对一方进行医疗检查（如伤者接受医疗检查）并获得检查报告；可以对涉案现场和相关物品进行检视；如果一方计划安排专家证人出庭作证，或者计划使用自己编辑的图表或者图样（对证据的加工和简单化呈现）作为证据手段，则应先向对方提出。

《裁判法院规则》第 26 条规定了当事人除了向对方索要书面证据、要求进行医疗检查、要求检视现场或者物品之外，还可以向对方提交询问函，要求对方书面回答与事实有关的问题。除了向对方当事人取证之外，民事诉讼的当事人还可以向案外人发送证据传票，要求案外人提交与案件有关的证据。当事人发送证据传票必须由法院书记官开出，且针对的案外人不能超过 4 人，证据传票的送达由治安官办公室负责。这些规则与美国民事诉讼规则的规定类似但有区别，美国民事诉讼规则下，证据传票无需经过法院书记官，也不需要由治安官进行送达而是当事人自行送达，且原则上来说人数不限。

5. 南非民事诉讼的庭审规则

如果在书状交换和证据开示阶段，双方当事人未能达成和解，法院认为

① 《裁判法院规则》第 23 条第 2 款。

② 《裁判法院规则》第 23 条第 6 款。

存在事实上的争议（因此未作出径行判决），则案件进入庭审。《裁判法院规则》第 29 条对庭审作出了明确的规定。

《裁判法院规则》第 29 条虽然没有明确的规定，但是作为惯例以及作为法条的暗示，裁判法院审理民事一审案件采用法官独任审判的方式。一般来说，南非民事诉讼中陪审团审判的适用已经越来越少见。按照第 29 条的规定，独任法官对于庭审的进行有宽泛的掌控权：比如在进入庭审前，如果通过书状以及当事人提交的各种诉讼文件，独任法官认为全部事实问题或者法律问题可以轻易地解决，法官可以指示进行听证解决这些问题；又比如独任法官如果认为本案涉及某个法律争议点，单独解决这个法律争议点即能够解决全案争议，则法官有权命令当事人双方仅就该争议点进行听证辩论。①

在庭审开始前或者刚刚处于开始阶段，独任法官有权命令双方提交案件法律争议焦点和争议事实。值得注意的是，法官一般会指示双方当事人自行沟通，在能够达成一致的情况下尽量达成一致，只有对法律争议焦点和争议事实为何达不成一致的情况下，才会提交法院裁决。同当事人受书状约束一样，当事人也受法律争议焦点和争议事实清单的约束，即原则上来说庭审应当且仅按照争议焦点清单展开。②

南非庭审的流程具有典型的英美法特征。与我国民事诉讼庭审不一样，南非庭审并无宣读起诉状和答辩状的阶段，而是有双方当事人或者代理律师做简要的开庭陈述；庭审过程只有法庭调查阶段没有法庭辩论阶段，法庭辩论仅简单存在于法庭调查的过程中——即当事人及其代理律师不得就某个证据的证明力及证明价值进行辩论，一项证据能证明什么事实完全由陪审团或者法官处理。此外，庭审的发言顺序也并非先原告后被告，按照第 29 条第 7—10 款的规定，承担举证责任的一方先举证。特别注意，如果对方当事人提出且法官认可，法官可以在一方当事人举证完毕但是未能履行证明责任的情况下直接作出判决。③ 例如，原告承担举证责任，但是原告提交的证据包括证人的口头证言并未证明起诉的诉因的某一项或者多项要素，则无需被告举证，法官可直接判决原告败诉。

---

① 《裁判法院规则》第 29 条第 4、5 款。

② 《裁判法院规则》第 29 条第 3 款。

③ 《裁判法院规则》第 29 条第 7—10 款。

6. 南非民事诉讼的上诉规则

按照南非法律规定，当事人有上诉的权利。在收到判决书之日起 20 天内，当事人可以上诉。一方当事人上诉的，应当在 20 天之内将上诉告知书提交到原审法院书记官处并将告知书副本送达对方当事人，对方当事人也要上诉的，应当在收到告知书之日起 10 天内提起上诉。① 除非法律另外规定或者法官指示，上诉需缴纳 1000 兰特的上诉费。

南非民事上诉的审理采用合议制，其中有 1 名法官担任审判长，负责主持上诉审程序。如果上诉的事项仅针对下级法院判决的法律错位，则如果双方当事人同意，可以按照《统一法院规则》第 50 条第（8）款的规定，要求上诉法院书面审理——即不传唤证人和采纳证据，仅按照一审的书面材料及当事人上诉的书状材料审理案件。

二、安哥拉法院架构及其民商事诉讼规则

安哥拉位于南部非洲的西海岸，曾是葡萄牙殖民地。1975 年获得独立后，安哥拉为了避免国内法律的空白，安哥拉《宪法》第 84 条规定原来在安哥拉实施的葡萄牙法律系统继续有效；在独立后的立法过程中，安哥拉仍然以葡萄牙法作为其立法模板。安哥拉国会是其最高立法机构，有权批准国内法案和安哥拉拟签署的国际条约。安哥拉的法律渊源以成文法为主，基本不存在有强制约束力的判例。安哥拉是 MIGA 成员国，在安哥拉进行跨国信贷可以考虑投保 MIGA；安哥拉是 WTO 成员方，在安哥拉进行的跨国信贷应当遵循 WTO 相关规则。

（一）安哥拉的法院架构

安哥拉法院系统独立于行政机关。根据安哥拉《宪法》的规定，法院系统包括宪法法院、最高法院、省级法院、市级法院等，而根据 2015 年的法院改革计划，除宪法法院之外的法院改为最高法院、上诉法院和地区法院，但是改革的进度较为缓慢和混乱，目前出现省级法院与上诉法院、市级法院和地区法院同时开展业务的情形。

安哥拉宪法法院最初于 2008 年创设，一共有 11 名法官。安哥拉总统任命 4 名法官，国会任命 4 名法官，高级司法委员会任命 2 名法官，民意推选

① 《裁判法院规则》第 51 条第 3、4 款。

1 名法官。宪法法院专门受理涉及宪法的案件，其判决在全安哥拉具有效力。

安哥拉最高法院于 1985 年创立，坐落在卢安达，有法院院长 1 名，副院长 1 名，其他法官 16 名，全部由安哥拉总统任命。法院院长同时是首席大法官。安哥拉最高法院的法官们按业务分为刑事、民事和行政三个庭。最高法院受理来自下级法院的上诉，在非宪法领域，最高法院是所有案件的终审机关。

安哥拉省级法院一共由 18 个，分别设立在 17 个省（其中 Benguela 省设立了两个）。省级法院是民事案件的上诉法院和刑事案件的一审法院。省级法院的法官由最高法院任命，但是行政事务由司法部负责管理。安哥拉省级法院审理案件由 1 名法官负责，一般还有两面非法律专业的陪审员。

安哥拉市级法院是安哥拉法院系统中最低的一级，负责审理一审民事案件。市级法院的法官由省级法院任命，但是值得注意的是，市级法院的法官并不需要专业法律背景，普遍存在没有接受法学教育的人担任市级法院法官的情形。

（二）安哥拉的民事诉讼规则

1. 安哥拉的民事诉讼的时效规则

安哥拉民事诉讼时效区分合同和非合同两种情形，前者一般诉讼时效为 20 年，后者诉讼时效一般为 3 年，而在涉及租金、职业服务的费用等问题时，诉讼时效更短。值得注意的是在非合同案件如果涉及刑事问题时，刑事诉讼时效的规定适用于整个案件，包括民事部分。

2. 安哥拉民事诉讼的书状和送达规则

在安哥拉，提起民事诉讼的方式是向有管辖权的法院提交起诉状。起诉状必须陈述管辖权、寻求救济的程序为一般还是特殊程序、案情、法律理由以及诉讼请求。值得注意的事，任何民事案件的案情如果本身涉及纳税的可能，原告在提交起诉状时必须提交完税证明。如果公司起诉，必须提交公司的营业执照。同时由于一般必须聘请律师代为诉讼，原告提交起诉状时还必须提交委托书。

安哥拉民事诉讼的送达事务归法院负责，法院官员负责将起诉状和传票送达被告。如果被告是公司，必须送达给公司的法定代表人，而不能是其他人员。只有经过证明无法送达给法定代表人的，才可以送达给公司雇员。直接送达无法实现的情形下可以公告送达。安哥拉法律规定送达位于外国的被告一律采用挂号信送达（安哥拉目前并非海牙送达公约成员国）。

3. 安哥拉民事诉讼的缺席判决制度

和南非一样，安哥拉民事诉讼也采用强制答辩制度，即被告不答辩会败诉。但是被告不答辩并不立即会败诉，原告需要向法院提交结案陈述，并且还需向被告送达提交结案陈述的通知。因此，安哥拉的缺席判决制度同南非、美国的不答辩判决存在一定差异，与我国的缺席判决制度也存在差异。

4. 安哥拉民事诉讼的证据收集规则

安哥拉并没有法定的证据开示规则，因此民事诉讼的双方并没有法定的义务向对方提供证据。但是作为司法实践，现实中双方当事人（尤其是其委托律师）都会一定程度上配合对方要求获得相应证据的请求。此外，当事人及其律师没有独立的调查取证权，如果向第三人请求提供证据，必须经过法庭准许。当事人如果想要在庭审中提交特定证据或者要求专家证人出庭的，必须事先告知法庭和对方。安哥拉法律规定了律师委托人免证特权，律师为完成代理业务开展工作形成的成果，法院不得命令当事人或者委托律师提供。

5. 安哥拉民事诉讼的庭审程序

安哥拉民事诉讼一审没有陪审团，而是由法官直接审理案件。虽然安哥拉是大陆法系国家，但是其庭审和英美法庭审类似，只有举证阶段（即法庭调查）和结案陈述，没有法庭辩论。特别注意，与南非民事诉讼类似，在安哥拉的民事诉讼中，当事人受书状的约束，即书状一旦确定，非特殊情况不能随意变更。

安哥拉民事诉讼中法官具有很大的程序指挥权，法官有权在庭审前和庭审中确定争议焦点，认定事实，并指示当事人基于法庭确定的争议焦点和认定事实开展庭审。法官也有权随时作出决断性裁判，而不是等待双方举证或者结案陈述结束。

安哥拉民事诉讼一审中虽然原则上没有争议焦点的顺序，但是责任是否存在和损失的确定一般是前者先，后者后，而且可以分开处理。比如法官可以命令一个时间段，仅陈述责任是否存在的问题而不管赔偿金额的大小。如果认定没有责任，则无需继续审理；如果认定有责任，再审理赔偿金额的问题。安哥拉民事诉讼一审的审限为 1 年（存在例外），这与南非等英美法系国家没有审限的做法有明显区别。

6. 安哥拉民事诉讼的上诉规则

安哥拉民事诉讼一审终结后可以上诉，但是上诉有特定金额的限制，只有超过特定金额的案件才可以上诉。安哥拉民事诉讼从市级法院上诉到省级法院采用重新审理原则，即上诉法院可以从事实到法律全面审查，但是如果当事人从省级法院上诉到最高法院，上诉只能针对法律问题，而不能针对事实问题。

安哥拉民事诉讼上诉的期间很短，当事人必须在下级法院作出判决之后8天之内提交上诉申请。当事人提交申请的，要将申请提交到原审法院，由原审法院将上诉申请和卷宗转给上诉法院。上级法院收到上诉申请和卷宗后，会指示当事人提交书面上诉意见。

安哥拉省级法院审理上诉案件由法官组成合议庭审理，审理可以采用书面形式或者开庭审理形式，但是其独特的一点在于虽然审理事实，但是不允许当事人再提交证据，证据仅以一审提交的证据为限。

三、喀麦隆法院架构及其民商事诉讼规则

（一）喀麦隆的法院架构

喀麦隆法院体系从体系构成角度看是法国法体系和普通法体系的混合体，喀麦隆法院大致可以分为三个层级，最高法院、上诉法院和基层法院，其中后者又可以分为高等法院、习惯法院、初审法院等。

根据喀麦隆《宪法》第5条的规定，喀麦隆最高法院为其最高的司法裁判机关，创立于1961年，坐落在喀麦隆首都雅温得。喀麦隆最高法院的法官由总统任命，法院权力独立于立法机关和行政机关，但是高等司法委员会对其有监督职权。喀麦隆最高法院分为司法、行政和监察三个庭，分别处理不同的上诉案件。喀麦隆最高法院受理上诉案件仅限于法律问题，不审理事实问题。对于喀麦隆州政府、选举问题的案件，由最高法院一审审理。

在最高法院之下，喀麦隆设立了上诉法院。喀麦隆共有10个大区（省级以上行政区划），每个大区设立1个上诉法院。与最高法院不同，且与英美法的上诉法院不同，喀麦隆上诉法院既审判事实问题也审判法律问题。喀麦隆宪法第五章专章规定了喀麦隆上诉法院的设立。

喀麦隆基层法院可以分为高等法院、习惯法院、初审法院等。高等法院负责审理较为重要的刑事和民事案件，如根据金额超过1亿中非法郎的争议或者超过1000万中非法郎且涉及人身法律问题的案件由高等法院审理。初

审法院负责审理高等法院一审之外的案件，而习惯法院的权力与初审法院平行，但是适用法律和管辖范围往往是涉及喀麦隆当地习惯法律事务的问题。

（二）喀麦隆法院民事诉讼规则

1. 喀麦隆法院民事诉讼书状及其送达

向喀麦隆法院提交民事起诉状是提起民事诉讼的第一步。喀麦隆最高法院3号命令的第1条规则规定，书状一律采用书面形式，只有在初审法院或者习惯法院提起民事案件且当事人没有委托的律师的情况下才可能口头起诉。喀麦隆法院的起诉张必须简要陈述重要事实，且陈述的方式必须为“积极、简要且明确”，而且案件事实的陈述应当分为事实陈述小段，且每段话不间断数字标号——这与英美法的起诉状撰写要求类似。而根据喀麦隆最高法院第三十三号命令规则5的规定，书状必须陈述当事人依赖其为依据提起法律请求的重要事实。这个规则背后隐藏的含义为，如果原告甚至都没有主张必需的事实，则不存在证明该事实的必要。在此情况下，如果被告向法庭申请快速结案，法庭可以不经审判直接判决原告败诉。

在喀麦隆民事诉讼中，书状的送达是非常重要的法律问题。喀麦隆最高法院在Okoye案中明确表示，如果未送达被告则针对被告的任何判决或者法庭命令都是没有确立管辖权的，因此未送达的案件判决和命令一律无效。按照喀麦隆法律，送达书状的事务由当事人自己负责，法院不代为送达，但是法庭有明确指令的除外。喀麦隆最高法院在BLCC案中明确表示，送达是确立法院管辖权的前提，如果送达存在缺陷，即使被告知晓被起诉之事实，亦不能使法院确立管辖权。喀麦隆法下的送达分为直接送达和替代性送达（包含公告送达）两类，原则上来说必须采用直接送达，只有在合理尝试直接送达不能且经过法庭批准的情况下才能采用替代性送达的方式。

2. 喀麦隆法院民事诉讼听证和庭审

喀麦隆法下并未明确区分庭审和听证，庭审可以理解为完整且严肃的听证。原则上来说，喀麦隆法院审理民事案件的时候，应当是原告首先陈述案情并举证，但是如果听证的法律问题是由被告提出，则可以由被告首先陈述案情并举证。在起诉送达后，庭审之前，双方当事人均有权向法庭提出审前决断申请，类似于美国民事诉讼中的直接驳回动议、径行判决动议等。在这种情形下，喀麦隆法庭一般会举行听证，由双方就部分甚至单个法律问题进行辩论。如果是提出决断申请的一方听证获胜，往往意味着案件的终结，无需再行庭审。比如，被告可以依据最高法院第二十八号令规则1和规则2，基于原告陈述的事实不足以支撑起法律请求，因此法庭应当直接驳回起诉，判决被告胜诉。

3. 喀麦隆法院民事诉讼的判决规则

与我国法院民事判决书加强说理的要求类似，喀麦隆法院内部提出了对判决书的质量要求。西喀麦隆上诉法院 Buea 法官在 Martinez Joseph 案中对下级法院法官判决书说理仅四句话的做法提出了严厉批评。喀麦隆最高法院认为一份好的判决书应该系统完整地回应和处理说有重要的法律争议点及当事人提交的证据。

同我国一样，喀麦隆法院也确立了法院审理民事案件不得超过当事人诉讼请求的规则。在 Sonel 案中，审案法官 Mbuagbaw 明确表示，作为一项程序原则，当事人没有在书状中明确主张的请求，法院不得相应裁判支持。喀麦隆法院认为该规则的理由是，如果当事人没有主张而法院支持，则超出了法院的管辖权范围。

喀麦隆民事诉讼有一种较为独特的结案文书——无诉。在 Clara Orock 一案中，法庭在庭审之后认为根据事实和证据双方当事人都无权获得胜诉判决，在此情况下，法庭作出了一个无诉裁决——即宣布案件终结，但是原告被告均未胜诉。无诉的规则规定在喀麦隆最高法院命令第四十五号的规则 1 和规则 2。

4. 喀麦隆法院民事诉讼上诉规则

喀麦隆法下，上诉是民事诉讼当事人的根本性权利。Asuagbor 法官认为上诉权是植根于喀麦隆法律文化的核心性和根本性的程序权利。按照喀麦隆法的规定，上诉除了可以针对法院判决，还可以针对法庭命令、事实认定、法院的行为等，但是同时，上诉必须是针对下级法院审理案件的错误，因此只有当事人提出且下级法院处理的问题才能上诉。因此，如果当事人未提出特定法律或者事实问题，而是在上诉时提出的，上诉法院会直接驳回。

由于喀麦隆法院上诉可以针对判决以外的法庭文件或者行为，决定了这样的上诉必然是临时性和非全面的上诉。这导致在喀麦隆民事诉讼中，一个案件可以多次上诉，从一审法院到上诉法院，上诉法院裁决后再次回到基层法院继续审理。这种情形类似于美国法院民事诉讼的模式，与我国的民事诉讼实践存在较大差异。

根据喀麦隆法律的规定，上诉的期间为 3 个月。① 上诉法院有权决定根据当事人的申请，在有正当理由的情况下允许延长上诉期间。在考虑是否延长上诉期间时，迟延的时间、现实的情形（如提交上诉状的困难）以及对方当事人的立场均是考量因素。当事人要上诉的，上诉书状应当提交给原审法院而非上诉法院，提交上诉法院可能导致上诉法院拒收，可能耽误上诉期间。当事人在提交上诉申请时，同时可以向上诉法院申请中止原判决执行。注意按照喀麦隆法以及美国法、英国法等的规则，一审法院的判决一旦作出立即生效，当事人可以申请强制执行，即使一方当事人提交了上诉申请——即喀麦隆法下的上诉期间与中国法下的上诉期间在法律效果上存在明显区别：中国一审法院判决在上诉期间不生效自然不存在执行问题；喀麦隆法院一审判决即使在上诉期间也已经生效，但是上诉人可以要求上诉法院命令中止执行。

第二节　涉非洲国家国际仲裁和调解机制

一、非洲商法协调组织的国际仲裁规则

因为非洲国家作为英法等西方国家的殖民地的历史，较长时间内在非洲国家的民商事或者投资纠纷一般会选择在国际商会或者 ICSID 通过仲裁解决。进入 21 世纪后，涉非洲国家的国际民商事争议呈现出“本土化”的倾向。非洲商法协调组织（OHADA），通过设立司法与仲裁共同法院（CCJA），行使 17 个成员国涉外商事领域的司法职能和仲裁职能，取得了明显的影响。

（一）司法与仲裁共同法院 CCJA

OHADA 成立于 1993 年 10 月 17 日，截至 2023 年 3 月共有 17 个成员国，成员国中有 15 个国家为原法国殖民地，OHADA 法律受法国大陆法系影响较大，目前组织的官方工作语言主要为法语，相关的条约与法律的书写语言也均为法语。OHADA 组织的成立旨在制定商法领域统一的立法，通过促进成员国之间的法律统一性与确定性来改善投资环境。

① 喀麦隆最高法院规则第 31 条。

1. CCJA 的设立

OHADA 一直积极推动仲裁成为解决商事纠纷的有效机制。OHADA 下设的 5 个机构中，最核心的机构是司法与仲裁共同法院，简称 CCJA，该法院同时具备司法和仲裁两种职能。CCJA 的独特之处，在于其裁决的超国家性与高效性。根据《OHADA 条约》的相关规定，CCJA 是涉及 OHADA 法律适用案件的最高法院，可以对任一成员国国内高等法院和上诉法院涉及 OHADA 案件的裁决进行复审和最终审判，CCJA 的判决是终审裁决并具有执行力，可在每个成员国立即执行。

2. CCJA 的职责和法律适用

CCJA 主要有三项职责：第一，负责《OHADA 条约》《OHADA 统一法》等相关法规的统一解释和适用工作，对于任一成员国和 OHADA 机构有关条款范围内的任何问题，CCJA 负责发表咨询意见和建议。第二，CCJA 是涉及 OHADA 法律适用案件的最高上诉法院，可以对任一成员国国内高等法院和上诉法院涉及 OHADA 案件的裁决进行复审和最终审判，CCJA 的判决是终审裁决并具有强制执行力。第三，组织和监督仲裁程序的进行，任命和确认仲裁员。须被告知仲裁程序的进程，对仲裁裁决草案进行审议，可对仲裁草案程序方面的问题提出修改建议。就此方面而言，CCJA 的职能与众多国际仲裁中心类似，承担行政事务，但是不具体经办案件。

CCJA 的仲裁法律渊源有两大类，分别适用于不同的情形。第一种是 CCJA 作为常设仲裁机构，适用 OHADA 的基础条约的规定以及负责组织仲裁的司法机构 CCJA 的《仲裁规则》进行机构仲裁。第二种是选择《仲裁统一法》作为所适用程序法进行的临时仲裁，仲裁地由双方合意指定，尊重当事人的意思自治，如果事人选择《仲裁统一法》作为适用法律，都属于 OHADA 仲裁，即便仲裁地在 OHADA 成员国领土范围之外。第二种情况的意义在于，在成员国领土范围之外但是选择了《仲裁统一法》的，在执行阶段不存在是否承认的问题——因为法律上就视作是 OHADA 仲裁。

3. 通过 CCJA 仲裁解决中非经贸纠纷的优势

OHADA 成员国拥有丰富的自然资源和矿产资源，在世界资源市场的金、铜、铁、钴、钻石、石油、天然气等资源均占据着重大的份额。我国经济与 OHADA 国家经济的互补性，我国与 OHADA 国家的贸易合作与投资活动互动频繁。我国与 OHADA 国家刚果、加蓬、几内亚、赤道几内亚、喀麦隆、贝宁的贸易额在非洲国家中总量排名靠前。

我国投资者在OHADA成员国发生投资争议时，除了采用国家投资争端解决机制如ICSID之外，还可考虑OHADA仲裁机制，其优势主要体现为：第一，OHADA更了解东道国法律和争议状况，判决更加公平公正；第二，相比其他国际仲裁裁决在OHADA成员国承认与执行的阻碍，OHADA的超国家性使CCJA仲裁裁决的承认与执行在OHADA成员国国内更容易实现。

（二）CCJA仲裁相关规则

如前所述，在CCJA仲裁适用规则时有两种情况，第一是选定CCJA则适用OHADA基础条约以及CCJA《仲裁规则》，第二是选择临时仲裁方式但是当事人选择OHADA《仲裁统一法》的，直接适用《仲裁统一法》，仲裁视为OHADA仲裁——无论实际仲裁地是否在OHADA成员国。在第二种情况下，CCJA仲裁规则不一定适用，但是《仲裁统一法》肯定适用。

1. CCJA《仲裁规则》的主要规定

CCJA仲裁规则（2018年）第2.1条规定了CCJA仲裁的范围，根据该条规定，CCJA仲裁既包括国际商事纠纷的仲裁，也包括国际投资仲裁。

CCJA仲裁规则没有规定紧急仲裁和快速仲裁程序，按照CCJA仲裁规则的规定，如果遇到紧急事项需要处理而仲裁庭尚未组成，则当事人可以向有管辖权的法院申请临时救济措施。① 与ICC国际商事仲裁规则类似，CCJA规定仲裁庭关于召开先决会议的权利和义务，根据第15条规定，仲裁庭必须在组庭后收到当事人的第一份申请文件之日起45天内召开会议。会议的结果以会议记录呈现，应当包括对当事人双方诉讼主张的描述，案件采用的特定程序规则，审理进度表等。②

CCJA仲裁规则明确规定了法院对仲裁庭的监督审查权，权利原则上来说仅限形式审查，审查的内容包括仲裁庭对管辖权的认定和仲裁裁决。③ 值得注意的是，不同于内国法法院审查仲裁裁决，对仲裁裁决的审查申请只能向CCJA法院提出，各成员国法院无权审查。④ CCJA仲裁规则第29条第2款列举了撤销仲裁裁决的理由：（1）无仲裁协议或者仲裁协议无效或者失效；（2）仲裁庭未遵守程序规则；（3）仲裁庭未遵循正当程序规则；（4）

① CCJA仲裁规则第10.1条。

② CCJA仲裁规则第15条。

③ CCJA仲裁规则第29条。

④ CCJA仲裁规则第29条。

仲裁裁决违反国际公共政策；（5）仲裁庭组成或者独任仲裁员的任命不合规则（irregularly composed or appointed）；（6）仲裁裁决未能陈述裁决理由。①撤销仲裁裁决申请需向 CCGA 秘书处提出。②一旦 CCJA 法院撤销仲裁裁决，当事人如果向 CCJA 法院申请，则法院可以行使管辖权，按照民商事诉讼模式审理该争议。③

2.《仲裁统一法》的主要规定

《仲裁统一法》的适用范围为，在任何仲裁地为 OHADA 成员国领土范围内的仲裁，均适用《仲裁统一法》。④ 而由于国际商事仲裁的意思自治原则，即使当事人确定的仲裁地不在 OHADA 成员国领土范围，当事人仍可选择适用《仲裁统一法》。

《仲裁统一法》第 4 条明确规定了仲裁条款独立性原则。仲裁条款独立性判断的时候应该依据当事人的共同意图，不必须要依据任何内国法。⑤

根据《仲裁统一法》第 5 条的规定，仲裁庭可以为 3 人庭和独任庭两种。3 人庭的组成方式为，双方当事人各选定 1 名仲裁员，这 2 名仲裁员共同选定第三名仲裁员担任首席仲裁员。如果一方或者双方未能在 30 天选定仲裁员，则仲裁员应由涉案 OHADA 成员国的法院指定。⑥独任仲裁员应由双方共同指定，如果在 30 天不能达成一致或者未指定的，也是由涉案 OHADA 成员国的法院指定。⑦ 注意这里的规定与中国仲裁法的规定不一致，中国法下 3 人庭的首席仲裁员由双方共同指定，无法指定的由仲裁委员会主任指定。

《仲裁统一法》明确规定了自裁管辖原则，即仲裁庭自己有权认定管辖权异议，包括仲裁协议是否存在或者有效的问题。《仲裁统一法》还规定凡是主张仲裁协议不存在或者无效的，必须在提交答辩陈述之前提交。⑧ 当事人有权决定仲裁审理期间，如果当事人未做决定或无法达成一致，则仲裁期

---

① CCJA 仲裁规则第 29 条第 2 款。
② CCJA 仲裁规则第 29 条第 3 款。
③ CCJA 仲裁规则第 29 条第 5 款。
④ OHADA《仲裁统一法》第 1 条。
⑤ OHADA《仲裁统一法》第 4 条。
⑥ OHADA《仲裁统一法》第 5 条。
⑦ OHADA《仲裁统一法》第 5 条。
⑧ OHADA《仲裁统一法》第 11 条。

限为 6 个月。①

《仲裁统一法》第 19 条规定仲裁裁决如果是 3 人庭作出，按照少数服从多数意见的规则确定②，但不同于中国仲裁法，其并未规定如果 3 人之间无法形成多数意见按照首席仲裁院的意见裁决。

如果仲裁地系在 OHADA 成员国而仲裁机构非 CCJA，则撤销仲裁裁决的监督权由仲裁地成员国法院享有，但是法院的决定可以上诉到 CCJA。这一点与 CCJA 仲裁规则下的裁决撤销程序存在差异，如果 CCJA 是仲裁机构的话，撤销申请只能向 CCJA 法院提出。

不同于 CCJA 仲裁规则的规定，《仲裁统一法》下的撤销仲裁裁决的理由为：据以作出仲裁裁决的仲裁协议无效或者失效，或者无仲裁协议；仲裁庭组成或者独任仲裁员的任命不合规则；仲裁庭未能履行其职责；仲裁程序未能遵守对抗制原则；仲裁庭违反了仲裁地 OHADA 成员国的国际公共政策；仲裁裁决未能陈述裁决理由。

注意《仲裁统一法》下撤销仲裁裁决的期限起止分别为作出仲裁裁决之日和对方申请强制执行仲裁裁决之日起 1 个月。该规定既不同于 CCJA 仲裁规则的规定，也不同于中国仲裁法的规定。

二、中非联合仲裁中心仲裁规则

（一）中非联合仲裁中心

2015 年，50 个非洲国家和中国共同举办中非企业论坛，制定了《约翰内斯行动计划》，通过决定在南非建立 CAJAC 中非联合仲裁中心（CAJAC）。中非联合仲裁中心充分利用现有裁机构的资源，上海国际仲裁中心（SHIAC）和南部非洲仲裁基金会（AFSA）是最早的两个受委托的仲裁机构，负责在约翰内斯堡和上海建立的两个中心。2017 年 3 月，在北京、深圳和内罗毕又建立了 3 个中非联合仲裁中心；后来由 OHADA 负责运营的中非联合仲裁（西非商法统一组织）中心也设立。截至 2023 年 3 月，共有 6 个中非联合仲裁中心设立，覆盖西非、南非、东非，囊括非洲英语区、法语区和部分葡语区国家和少量阿拉伯语国家。中非联合仲裁中心的仲裁员还对中国及非洲各国的文化规范及商业惯例有着深入的了解认识，能够在仲裁

---

① OHADA《仲裁统一法》第 12 条。

② OHADA《仲裁统一法》第 19 条。

时作出更为周全的裁决，因此，中非联合仲裁中心也成了中国非洲民商事纠纷非司法解决的重要途径。

中非联合仲裁中心依托中国和非洲已经存在的国际仲裁机构或者法律组织设立，在运营上由各个依托组织负责，类似于我国常见的一块牌子两套人马的情形；但是在具体开展仲裁业务时，中非联合仲裁中心与其依托存在的机构保持相对的独立性，无论是仲裁员还是仲裁规则，都存在区别。

以中非联合仲裁（上海）中心为例，该中心由上海国际仲裁中心负责运营。该中心有单独的 CAJAC 仲裁规则，区别于上海国际仲裁中心的仲裁规则。根据中国与非洲国家的协议，如果选任中非联合仲裁（上海）中心仲裁，则最终的仲裁结果在非洲可能视为内部仲裁裁决，如获得 OHADA 认可；而上海国际仲裁中心的仲裁裁决要在非洲国家获得承认和执行，则是需要按照《纽约公约》进行承认和执行的。因此，处理中国企业与非洲企业之间的经贸纠纷，采用中非联合仲裁（上海）中心仲裁，可以兼得地利和人和——可以在中国境内仲裁，但同时又能被非洲国家视为自身的仲裁裁决获得较高的执行力。

（二）中非联合仲裁中心的仲裁规则

2022 年，中非联合仲裁中心规则（以下简称“中心规则”）发布，该规则作为标准规则在中国和非洲的 6 个 CAJAC 通用；同时根据规则第 3 条的规定，除了中心规则之外，各个中心也可以制定本地规则，从而实现 6 个中心之间规则的统一性和灵活性。

1. 中非联合仲裁中心的案件受理范围

根据中非联合仲裁（上海）中心的官网介绍，该中心的业务范围分为以下几种情形：第一，争议当事人包括注册地和/或主营业地位于中国境内的主体以及注册地和/或主营业地位于非洲国家境内的主体；第二，当事人的注册地和/或主营业地均在中国，但商事关系产生、变更、消灭的法律事实和/或标的物位于非洲国家境内的商事争议；第三，当事人的注册地和/或主营业地均在非洲国家，但商事关系产生、变更、消灭的法律事实和/或标的物位于中国境内的商事争议；第四，其他当事人约定将提交中非联合仲裁上海中心仲裁的争议。如果考量前三部分，我们可以明显看出不同于普通的国际仲裁机构，中非联合仲裁中心是存在明显的中国——非洲业务导向的。当然，这不代表中非联合仲裁中心不可以受理不涉及中国或者不涉及非洲的民商事纠纷，第四部分是典型的兜底授权，其范围较为宽泛。

2. 中非联合仲裁中心的仲裁语言

不同于一般的国际仲裁中心将英语设为基本仲裁语言的规定，中非联合仲裁中心并未指定基本仲裁语言。这是因为中非联合仲裁中心要考虑中国和非洲的实际，客观上来讲，汉语、英语、法语、葡萄牙语和阿拉伯语都可能是需要使用的语言。因此根据中非联合仲裁中心规定，如果当事人明确选定某语言，则该语言为仲裁语言；如果当事人不指定仲裁语言，则仲裁中心或者仲裁庭有权决定。

中非联合仲裁中心仲裁规则还规定，一宗仲裁案件中，如果当事人需要，可以使用额外的语言进行。如果使用额外的语言，则当事人需要支付合理的费用。这种规则与其他的国际仲裁机构仲裁使用一种语言不同，体现了灵活性。

3. 中非联合仲裁中心的组庭规则

根据中非联合仲裁中心仲裁规则规定仲裁庭可以是 3 人庭，也可以是独任庭。如果是 3 人庭的，应由双方分别指定一名仲裁员，并共同指定首席仲裁员；如果当事人没有指定或者未能指定的，则由根据中非联合仲裁中心指定——这种规定与我国仲裁法的组庭规则相同；但同时，规则也规定如果当事人另有约定或者根据中非联合仲裁中心决定，在当事人分别选定了 1 名仲裁员的情况下，首席仲裁员也可以是由 2 名已经指定的仲裁员选任——这也保留了与国际通行做法一致的余地。选任独任仲裁员的规则为首先当事人指定，其次仲裁中心指定，但是当事人另外约定选任方式。

4. 根据中非联合仲裁中心仲裁裁决的作出

由 3 名仲裁员组成的仲裁庭审理的案件，裁决由全体仲裁员或多数仲裁员作出。书面异议意见应当保留在卷宗中，并可以连同仲裁裁决一起通知当事人。异议意见不构成裁决的组成部分。仲裁庭无法形成多数意见时，应当依照首席仲裁员的意见作出裁决。其他仲裁员的书面意见应当保留在卷宗中，并可以连同仲裁裁决一起通知当事人。①

仲裁裁决应当由仲裁员签署。持不同意见的仲裁员可以在裁决书上签名，也可以不签。②

---

① 中非联合仲裁中心仲裁规则第 48 条第 4 款。

② 中非联合仲裁中心仲裁规则第 48 条第 5 款。

5. 中非联合仲裁中心仲裁规则下的异议放弃

在英美法系国家的诉讼或者仲裁中，禁反言原则和放弃原则是常见的司法规则。在我国仲裁法中，并未明文规定异议的放弃，而中非联合仲裁中心仲裁规则明文规定了异议放弃。

一方当事人在任何时候得知仲裁程序有任何不当之处，或不符合规则规定或仲裁协议规定的情况，并有意提出异议的，必须立即以书面形式向仲裁庭提出异议，如果仲裁庭尚未组成，则向受案的中非联合仲裁中心提出异议。未能立即提出异议的，视为放弃异议权，除非该当事人可以向仲裁庭或受案的中非联合仲裁中心证明有正当理由导致其未能立即提出异议。①

三、菲迪克标准合同下的建设工程纠纷解决专业机制

我国与非洲的经贸往来中最重要的板块包括货物贸易、直接投资和建设工程，其中建设工程主要体现为中国企业在非洲各国承揽各种道路交通、工业厂矿项目的建设。中国企业在非洲承揽建设工程一般签订建设工程合同都会采用或者借鉴国际通行的建设工程样本合同，其中菲迪克标准合同广受欢迎，适用率非常高。菲迪克标准合同规定有建设工程纠纷的专业解决机制，与诉讼、仲裁、调解等方式不一样，这些纠纷解决方式有严格的程序条件，同时具有高度的行业性和专业性。了解这些机制，有利于中国建设工程企业在非洲的权益维护。

（一）菲迪克组织及菲迪克标准合同

国际咨询工程师联合会，英语缩写为 FIDIC，中文音译为“菲迪克”。菲迪克于 1913 年由比利时、法国和瑞士发起在比利时根特成立，是国际上权威的工程领域工程师组织。

菲迪克下设许多专业委员会制订了许多建设项目管理规范与合同文本，已为联合国有关组织和世界银行、亚洲开发银行等国际金融组织以及许多国家普遍承认和广泛采用。菲迪克《施工合同条件》（1999 年版）的标准文本逻辑性强，结构清晰，对承包人和业主之间的风险分担公平合理。同时，对承包人和业主的权利义务和工程师职责权限明确的规定，使合同双方的义务权力界限分明，工程师职责权限清楚，可有效避免合同执行中过多的纠纷

① 中非联合仲裁中心仲裁规则第 64 条。

和索赔事件发生。目前菲迪克《施工合同条件》被很多国家采用，且被世界银行和其他金融机构采纳推荐，对保证工程质量，合理地控制工程费用和工期效果显著。菲迪克《施工合同条件》的文本对我国建设工程施工合同的标准文本起草也提供了样本和参考作用。

（二）菲迪克标准合同中的纠纷解决机制

菲迪克《施工合同条件》中的纠纷解决机制主要有三层，分别为工程师决定、争端裁决委员会裁决以及仲裁。原则上，这三层纠纷解决机制按照从先到后的方式采用，只有上一层未能解决纠纷才能采用下一层。这里的仲裁与常规的商事仲裁并无区别，因此本节仅介绍工程师决定和争议裁决委员会裁决。

工程师是菲迪克中的专业术语，按照菲迪克《施工合同条件》第1.2.2.4款的规定，工程师是指“雇主为合同之目的作为工程师工作并在投标函附录中指明的人员，或由雇主按照第3.4款［工程师撤换］随时指定并通知承包商的其他人员”。工程师的角色类似于我国建设工程中的监理，但是其权限较监理更大，比如工程师在菲迪克《施工合同条件》下就有裁决业主和承包商纠纷的职能。按照菲迪克的规定，如果承包商向业主索赔，业主拒绝提供签证，则构成工程争议。按照菲迪克的规定，争议将提交给工程师。工程师应该通过会谈等方式开展争议解决工作，鼓励双方协商解决。如果不能达成一致，工程师必须在42天内应制定一份“公平决定”考虑所有相关情况的事项或索赔，并且必须详细描述原因和详细的支持细节。值得注意的是，工程师虽然是业主的代表，在承担争议解决功能时应当是居于中立的技术专家身份。对于工程师的决定，双方当事人可以书面提出“不满意通知”。如果双方在28天之内未提出“不满意通知”，则工程师决定具有终局效力。一旦提交“不满意通知”，则工程师决定失效，争议交由争端裁决委员会。

争端裁决委员会是菲迪克下的纠纷解决机构，在一项建设工程中可以临时设立解决纠纷，也可以常设并多次解决纠纷。但无论如何，其设立时限不超过工程施工的过程，因此争议裁决委员会与仲裁委员会、法院等常设机构还是存在明显差异。争议裁决委员会采用常设形式的，由业主和承包商在签订施工合同时选任，可以为一人独任，也可以为三人组成。通常选任的委员会成员需为工程建设领域专家，且能够熟练适用工程合同语言如英语或者法语等。如果是临时选定争议裁决委员会，其组成方式与常设委员会的组成方式一致。在收到建设工程一方提交的申请后，争议裁决委员会综合考量工程的整体情况作出裁决，但是这种裁决更像工程专业的技术裁决而非法律裁决。裁决发出后，如果争议双方不在28天提交“不满意通知”，则裁决生效，对于双方具有拘束力——虽然这种拘束力并非司法或者仲裁裁决的拘束力，即当事人仍然可以在法院对相关争议提出索赔，但是法院在有争议裁决委员会裁决的情况下，会基于禁反言原则支持裁决内容。如果一方在28天内提出了“不满意通知”，则案件要交由仲裁处理。值得注意的是，菲迪克条件下，即便争议要通过仲裁处理，争议裁决委员会的裁决已无效力，却可以作为证明争议（应当按照裁决内容处理）的合理性的证据。因此，一般如果没有非常充分的把握，当事人即使不完全满意裁决，也往往会接受。

四、非洲国家民商事争议调解规则

由于调解是一种高度灵活并且基于当事人意思自治的纠纷解决机制，世界上很多国家或者组织的调解规则、调解示范法存在明显的共同性：规定较为原则、没有太多实质性规则内容、具有操作性的内容不多等。学习调解规则，重点把握调解规则的适用范围、调解的核心原则、在不同国家法下的调解的事实能否作为证据、和解协议的执行即可。由于本章篇幅原因，本节通过介绍《OHADA统一调解法》（以下简称《统一调解法》）的相关规则作为例证介绍非洲的相关调解规则。

OHADA组织于2017年制定了通行于OHADA国家的统一调解法。由于调解是一种高度灵活并且基于当事人意思自治的纠纷解决机制，与很多调解规则、调解示范法一样，《统一调解法》的规则较为原则，内容也较少，总共仅17条。以下简要介绍统一调解法的核心规则。

（一）《统一调解法》的适用范围

《统一调解法》第2条规定，该法适用于调解活动，包括机构调解和个人调解。但统一调解法不规制法官或者仲裁庭在诉讼或者仲裁过程中尝试促成当事人和解的行为。即《统一调解法》不适用于诉讼或者仲裁活动，即使相关人员的行为事实上属于调解。①

（二）《统一调解法》下的调解核心原则

《统一调解法》第7条和第8条规定了调解的核心原则。第一，调解必

---

① 《统一调解法》第2条。

须遵循当事人自愿原则，当事人对是否进行调解、调解的实体和程序、启动和退出调解有决定权。第二，调解必须坚持中立原则。调解员应当保持中立，要及时披露相关利益信息，保持道德完整性、独立性和中立性。第三，调解要坚持保密性原则。调解员要为当事人保守秘密，包括对一方当事人或者对双方当事人。第四，调解也要注意效率问题。①《统一调解法》第 8 条规定，除本法规定之外，成员国的相关法律和调解机构的相应规制也可以作为遵循前述原则的指引。②

（三）《统一调解法》下的调解员与当事人的沟通规制

《统一调解法》对调解中调解员与当事人的沟通作了较为细致的规定。首先，《统一调解法》明确规定调解员可以在双方出席的情况下进行沟通，也可以仅与一方进行沟通，但是必须事先或者事后尽可能及时的情况下将单独沟通的事实披露给对方。③

如果调解员从一方当事人处获得相关信息，调解员可以讲该信息披露给对方当事人。但是如果发出信息的一方明确表示该信息需要向对方保密，则调解员不得披露给对方。④

（四）《统一调解法》下的调解免证规则

《统一调解法》下明确规定了调解免证规则。调解免证规则是指，不得将调解本身之事实或者调解行为或者调解过程中披露的事实作为证据的规则。按照我国民事诉讼法的规定，民事案件审理过程中调解或者和解的相关事实，不得作为对作出陈述一方不利的证据——这种规定是属于教窄的免证规则；《统一调解法》下的规则与英美法规定类似，免证范围很大。

按照《统一调解法》的规定，免证的范围有五种情形：第一，发出调解邀请或者同意调解邀请，表明愿意调解的；第二，调解过程中表达或者提出的关于和解的观点；第三，调解过程中作出的事实陈述或者认可；第四，一方在调解过程中作出的愿意接受和解方案的表态；第五，仅为和解目的而草拟的和解文档。⑤

---

① 《统一调解法》第 7—8 条。

② 《统一调解法》第 8 条。

③ 《统一调解法》第 9 条。

④ 《统一调解法》第 9 条。

⑤ 《统一调解法》第 11 条。

除了调解员要为调解保密，不得在诉讼和仲裁程序中作证外，统一调解法还明确规定法庭和仲裁庭也不得传召仲裁员作者。①

（五）和解协议的执行

统一调解法下，和解协议的效力比一般的民事合同效力高，只要和解协议符合特定的程序要求。统一调解法首先规定通过调解达成的书面和解协议有法律效力。其次，双方当事人在达成和解之后，可以通过请求公证员公证，并可以由公证处将和解协议登记在公正册。如果达成和解协议之后，一方不履行和解协议，当事人可以申请成员国有管辖权的法院强制执行。法院应当在 7 个工作日进行形式审查，并作出执行命令。如果法庭认为和解协议违法成员国公共政策的，可以拒绝执行。法院执行和解协议的命令不可上诉，法院拒绝执行和解协议的命令仅可向 CCJA 上诉。②

非洲国家民商事纠纷解决的主要机制有民事诉讼、仲裁（广义包括投资仲裁）、调解以及其他方式如建设工程领域的专业机制，也包括模拟法庭、协商等。非洲国家的法律文化传统存在明显的多样性，各个不同法系国家的法律规则差异很大。学习非洲国家民商事纠纷解决机制，要把握诉讼、仲裁、调解的主线，要把握四大语言区的法律文化特点，还要重视几个重要的非洲国际或者区域组织如 OHADA 或者非盟等。应当从比较法的视角，把握非洲法与中国法，大陆法与英美法的两组对比关系，关注其异同，追究法律制度背后的理论逻辑，才能从根本上掌握非洲国家民商事纠纷解决机制的原理与规则。

---

① 《统一调解法》第 11 条。

② 《统一调解法》第 16 条。

后　记

湘潭大学一直注重非洲研究和非洲专业人才的培养。1978年，成立了我国改革开放后的第一家非洲研究机构“湘潭大学非洲研究室”。1980年，倡议成立了全国性学术机构“中国非洲史研究会”，并在全校为本科生开设“非洲概况”通识课，为历史本科专业开设“非洲通史”选修课。1984年，第一次组织全国的非洲学者编写出版了全国通用教材《非洲通史》（北京师范大学出版社1984年版）。

为了适应中非关系的新发展，1999年，湘潭大学率先招收非洲法专业硕士研究生。2000年湖南人民出版社出版的《非洲法导论》成为该专业研究生必读教材，还在全国多版本的通用教材《外国法制史》中加写“非洲法”专章。后又招收非洲法专业博士研究生。2020年，为全校本科生开设“走进非洲”通识课。

2023年，湘潭大学法学学部又率先在法学本科专业开设“非洲商法”选修课，大受学生欢迎。为此，湘潭大学中非经贸法律研究院组织编写了《非洲实用商事法教程》，作为学生的参考教材。该教材不囿于传统商法的框架，偏重其“实用性”，以中国对非经贸合作的实际需要为出发点，选编相关内容。例如传统商法必写的“证券法”该教材没有写，相反把传统商法不怎么涉及的“劳动法”和“土地法”等加进来。全书除导论外，分为十二个专题编写。编写者大多有在非洲学习访问的经历。具体分工如下：第一章“导论”，洪永红（湘潭大学中非经贸法律研究院）；第二章“非洲公司法”，郭炯（湘潭大学中非经贸法律研究院）；第三章“非洲贸易法”，刘功奇（湘潭大学中非经贸法律研究院）；第四章“非洲投资法”，张小虎（湘潭大学中非经贸法律研究院）；第五章“非洲工程承包法”，刘明萍（长沙理工大学法学院）；第六章“非洲PPP法”，方晓庆（对外经贸大学法学院）；第七章“非洲劳动法”，洪永红、陆智艺（湘潭大学中非经贸法律研究院）；第八章“非洲土地法”，林涛（湘潭大学中非经贸法律研究院）；第九章“非洲金融法”，李雪冬（浙江师范大学非洲研究院）；第十章“非洲矿产法”，黄牡丹（深圳职业技术学院）；第十一章“非洲破产法”，龙婷（湘潭大学中非经贸法律研究院）；第十二章“非洲商法协调组织”，朱伟东（中国社科院西亚非洲研究所）；第十三章“非洲民商事争端解决”，覃斌武（湘潭大学中非经贸法律研究院）。全书最后由洪永红和郭炯统稿、定稿。由于首次编写此类教材，错误在所难免，欢迎各位专家、读者批评指正。

洪永红于湘潭大学永雄楼

2023 年 3 月 16 日